北岳中国文学年选　《名作欣赏》杂志鼎力推荐

权威遴选　深度点评　中国最好年选

2017年

文化观察选粹

金浪　主编

山西出版传媒集团　北岳文艺出版社
BEIYUE LITERATURE & ART PUBLISHING HOUSE

·太原·

图书在版编目(CIP)数据

2017年文化观察选粹 / 金浪主编. —太原：北岳文艺出版社，2018.1
ISBN 978-7-5378-5544-0

Ⅰ.①2… Ⅱ.①金… Ⅲ.①文化研究—中国—文集 Ⅳ.①G12-53

中国版本图书馆CIP数据核字(2018)第003988号

| 书名：
2017年文化观察选粹 | 主编：金　浪
策划：续小强　王朝军 | 责任编辑：左树涛
书籍设计：张永文 |

出版发行　山西出版传媒集团·北岳文艺出版社
地　　址　山西省太原市并州南路57号
邮　　编　030012
电　　话　0351-5628696(发行部)
　　　　　0351-5628688(总编室)
　　　　　0351-5628691(产品开发部)
传　　真　0351-5628680
网　　址　http://www.bywy.com
E - mail　bywycbs@163.com
经 销 商　新华书店
印刷装订　山西人民印刷有限责任公司

开　　本　787mm×1092mm　1/16
字　　数　250千字
印　　张　17.75
版　　次　2018年1月第1版
印　　次　2018年1月山西第1次印刷
书　　号　ISBN 978-7-5378-5544-0
定　　价　48.00元

序—在2017：微信朋友圈里的文化观察

/ 金浪

在2017年尚未结束的时刻，来回顾一年中的文化热点事件，让人印象最深刻的便是微信朋友圈在文化事件的发生中已然占据着越来越重要的位置。微信时代的到来影响的不只是人们的生活习惯、支付方式和社交形态，同时也带来了文化生产机制上的巨大改变：一方面，作为自媒体平台的微信朋友圈加速了文化热点事件的生成，随时随地的阅读与转发使得10万+的阅读量已然不是难事；另一方面，众多微信公众号的纷纷崛起，倒逼传统纸媒加入竞争行列，而不少独立评论人更热衷于以个人公微来赚取打赏。这一系列的变化打破了传统纸媒对文化生产的垄断，使得多元的声音能够汇入文化评论的众声喧哗，也加剧了当下文化评论在快餐化、碎片化道路上的狂飙突进。本书收录的八个热点事件无一例外地都以微信朋友圈作为事发现场，即便有部分文章来源于传统纸媒，但在纸媒刊发前后，其实也都以各种形式在微信朋友圈里广为流传。可以毫不夸张地说，微信朋友圈已然成为观察2017年文化热点事件不可或缺的视野。

在较为平淡的2017年上半年，电视剧《人民的名义》乃是名副其实的热点事件。3月28日，该剧在湖南卫视"金鹰独播剧场"开播，很快便引发了全民观剧热潮，创造了单集过8的收视率纪录，而电视剧的热播也带动了同名小说的热销，短时间内狂销76万册，使之成为名副其实的畅销书。在商业上的成功之外，《人民的名义》更是在公众中引发了热议，一时间，剧情成为"吃瓜群众"茶余饭后的谈资，而达康书记的表情包也一度刷爆了微信朋友圈。一部最高人民检察院影视中心参与出品的主旋律电视剧，能获得如此高的社会认可，的确堪称奇迹。一方面，反腐题材在对大众政治窥秘需求的满足中使得社会矛盾得到了象征性的升华和转移，主旋律与大众文化实现了融合，另一方面，该剧的社会接受也存在着某种错位，相较于正面角色侯亮平而言，年轻观众便更热衷于追捧"霸道总裁"式的GDP书记李达康，而反面人物祁同伟、高小琴也博得了普遍的同情，其中折射出的社会心理变化恐怕非三言两语能够道尽。

如果说《人民的名义》满足了大众向上的政治窥秘欲望，那么，2017年上半年的另一个文化热点事件则将目光投向了社会底层。4月底，一篇名为《我是范雨素》的文章在朋友圈中迅速传播，转发量很快便突破10万+。人们在欣赏文字本身的朴实无华之外，更是为身为家政女工的作者范雨素艰辛的生活及其诚实的生活态度所感动。然而，文章的走红也引来网络红人和菜头的批评，和菜头指责范雨素的写作并不符合一名家政工的职业道德操守，对此秦晓宇则撰文反驳，肯定范雨素的写作才是这个时代最言之有物的写作。实际上，范雨素的走红并非个案，近年来随着新媒体的流行，农民诗人余秀华、打工诗人许立志、纪录片《我的诗篇》及同名诗集的浮出水面，已使得底层文学渐渐走入了人们的视野，而底层文学的意义，与其说在于提供了一种新的文学样式，不如说从根本上构成对主流文学趣味及其背后的中产阶级价值观的挑战，而如何给予范雨素这样生活在底层的人们以更多关爱，也许并不仅仅是个文学问题。

虽然一年一度的高考总是能引发社会关注，但2017年却有着特殊意义。因为正是在50年前，因"文革"被迫中断了10年之久的高考的恢复，为众多渴望改变命运的人提供了机会。为此各大媒体都推出了纪念恢复高考50年的专题报道，部分1977年高考亲历者也受邀回顾自己的经历并畅谈高考的意义。虽然已不再是万人争过独木桥，但今天高考仍被认为对个人命运而言至关重要。然而，近年来社会上针对高考的质疑却一刻也没有停止，有人以应试教育扼杀了民族创造力为由，呼吁改革甚至取消高考。前几年，对于衡水中学的报道便常常将之视为高考制度催生出来的怪胎。相较于这种对高考的批评之声，高考面临的更大危险其实源于教育资源严重分配不均所导致的问题。尽管高考制度依旧，却已经越来越不利于落后农村地区的孩子，高考正在丧失其曾经发挥过的促进阶层流动的功能。

继上半年《人民的名义》之后，2017年6月下旬开播的讲述三国时期历史的电视剧《军师联盟》再次以超高人气引发了热议。与《人民的名义》的热议满足大众的政治窥秘不同，《军师联盟》的热议焦点乃围绕历史想象展开，尤其是在关于司马懿的评价上，争论双方便呈现出了巨大分歧：有论者赞美剧中司马懿的塑造体现了历史大一统和现实政治之间的辩证统一，肯定其是该剧塑造得最为成功的人物之一，反对者则批评剧中对司马懿的"洗白"是对历史人物的歪曲与贬低。如果说在对司马懿形象的评价上已然体现了公众对待历史的不同态度，那么更多的争论则在影视虚构与历史真实的关系问题上展开：有论者高度肯定《军师联盟》的改编接地气，迎合了年轻观众的口味，代表了历史剧发展的新方向，而反对者则批评《军师联盟》以拼贴的方式任意歪曲历史，是对当下流行的历史虚无主义病的妥协。如何在市场盈利与历史真实之间保持一个恰当的平衡，必将成为长期困惑历史剧创作的普遍难题。

手机和网络的普及不仅深刻改变了当代生活方式，也同样促进了手机游戏产业的蓬勃发展，《王者荣耀》便是近年来国产手机游戏中的佼佼者。自2015年面世以来，《王者荣耀》便受到玩家热捧，注册用户突破两亿人，日活跃用户5000多万人，成为了腾讯游戏帝国中最赚钱的一款游戏。然而，2017年全国各地却频频爆出青少年因为玩《王者荣耀》导致的悲剧，学校、教师、家长纷纷谴责《王者荣耀》，认为其应对青少年沉迷网络负责。从7月1日起，人民网连续发文对《王者荣耀》进行批判。在各方压力下，2017年7月2日，腾讯方面发出了游戏"限时令"等多项措施，同时也将围绕《王者荣耀》的争论推上了风口浪尖。有论者批评主流媒体对游戏的污名化，将不利于游戏产业的发展，也有论者赞同对游戏加强管理，并指出游戏背后的社交网络才是导致青少年沉迷其中的重要原因，更有论者批评腾讯限制措施中存在的漏洞，如果不在立法层面进行约束，游戏背后的资本逐利将很难得到真正遏制。

《西游记》作为家喻户晓的经典，历来便是影视改编的重要对象。近年来，随着《西游·降魔篇》（2013年）、《大圣归来》（2015年）、《西游记之三打白骨精》（2016年）等影片的上映，已然掀起了一轮又一轮的《西游记》改编热潮，而这一热潮在2017年同样得到了延续。4月，《西游·伏妖篇》上映，暑期档又上映了根据自何在同名小说改编的《悟空传》，加之4月中旬86版电视剧《西游记》总导演杨洁的去世在微信朋友圈中引发的"怀旧热"，更使得2017年关于《西游记》的讨论呈现出集中爆发的态势。有论者批评这两部电影都偏离了原著的精神，《西游·伏妖篇》延续了《大话西游》对于《西游记》的颠覆式重构，而电影《悟空传》同样把小说中的反抗精神改写为了爱情故事，但也有论者高度肯定这种后现代改编，并指出即便是被观众认为最忠实原著的86年版电视剧《西游记》，也是80年代文化精神高度参与下的结果。而正是一次又一次的改写和重写，才使得《西游记》成为了一部活的经典。

2017年最为火爆也最堪称奇迹的电影自然非《战狼2》莫属。自7月27日上映之后,《战狼2》便不断打破着华语电影的各项纪录:包括单日票房4.26亿、中国内地电影票房总榜第一、首部跻身全球票房Top100的中国电影等,这些成绩使之当之无愧地成了2017年中国电影票房最大的黑马。《战狼2》的成功,首先在于能够娴熟运用好莱坞商业大片的语法,而现实中中印边界争端所激发的爱国情绪,同样也为电影票房助力不少。然而,与观众通过分享民族主义情感而对电影的高度认同不同,评论界对于这部电影的评价却并不一致。有论者高度肯定《战狼2》的成功在于创造了一种与好莱坞美式英雄截然不同的中国英雄形象:冷锋不是美队钢铁侠,而是体制内的超级英雄,甚至还有人认为电影表征了中国在逆全球化时代构建世界新秩序的可能,但也有论者批评电影对好莱坞语法的模仿只是对美式英雄的简单复制,尚未摆脱西方文化想象的制约。这一分歧的背后已然超出了电影的范围,其中孰是孰非只能留待读者自己去判断。

在2016年3月与2017年5月的两次"围棋人机大战"中,世界顶级棋手李世石和柯洁都在与AlphaGo的对战中败下阵来,由此引发了关于人工智能的讨论。一时间,人工智能不仅成了各大媒体的宠儿,甚至老牌人文杂志《读书》也连续刊出多篇讨论文章,以至于有人将2017年命名为"人工智能元年"。一方面,人工智能的惊人发展已使之成为人文知识分子不得不关心和回应的问题;另一方面,人工智能也对传统人文知识分子的知识构成提出了挑战。面对人工智能的挑战,有学者悲观地认为人类从此将步入后人类时代,也有学者从乐观主义角度认为人工智能会把人类从重复性劳动中解放出来;有学者指出当前人工智能技术尚未突破主体性瓶颈,因此还不能构成对人类的威胁,但也有学者认为人工智能的真正威胁在于导致劳工的失业,并形成新的技术垄断,因此亟待建立完善的福利保障制度。人工智能与人类智慧到底是什么关系?人工智能带来的究竟是解放还是新的奴役?相信这些疑问不久都会得到解决。

上述八个热点事件,构成了本书观察2017年中国文化状况的主要线索。需要说明的是,虽然本书在选文上为求客观公允,力图还原争论的多方立场,但目力所限,在选文上仍难免存在疏漏与不周全处,而篇幅的限制,也使得本书只能挂一漏万,在选文定篇的时候注定了要遗憾地放弃掉更多的文章。至于在这个信息爆炸的时代,本书从微信朋友圈中观察的这八个热点事件,能否担起呈现2017年文化整体状况的重担,本人并无十足把握,只能留待读者去检验。最后,我要向本书收录文章的作者们表达感谢,感谢他们在现实关怀下进行的同步性思考与写作。如果没有他们的贡献,这个时代的文化现场也就会变得暗哑无声失去光彩。另外，我要再次感谢北岳文艺出版社的王朝军先生，感谢他对本书的鼓励与支持，使得从2016年起步的文化观察工作能够得以延续。此外，我还要感谢重庆大学人文社会科学高等研究院文艺学专业的硕士研究生邹居东与王祺，他们作为我的助手，承担了文献搜集和文章录入方面的烦琐工作。

目 录

《军师联盟》:这是历史该有的样子吗?

《王者荣耀》之围:游戏产业的涅槃与困境

《西游记》的后现代命运

《战狼2》：大国崛起时代的文化镜像

人工智能与后人类时代的来临

《人民的名义》爆红：
主旋律也可以有大市场

由同名小说改编的反腐剧《人民的名义》自3月首播以来，创下了最高8%的收视率，成为2017年现象级的电视剧。围绕着人物形象塑造、表现尺度、法治与人治等问题，线上线下都进行了极为热烈的讨论。让人惊奇的是，一部主旋律的反腐剧为何会在公众中引发如此热议？叶炜在《〈人民的名义〉为何爆红？周梅森写作如何避免陷入套路？》一文中，回顾了编剧周梅森的创作道路，正是丰富、深厚的生活与实践经验使得其作品能避免套路，经得起市场的考验。

张慧瑜的《〈人民的名义〉与大众文化中的政治想象》则从观众接受的角度，分析了该剧作为大众文化与主旋律题材文艺作品的融合，有效地疏解了社会焦虑，在调动了大众的文化参与的同时，反思了改革开放的历史。滕威在《〈人民的名义〉寻求的是最大的市场公约数》中，认为该剧是更大程度上的一部市场化了的电视剧，但具有相当强的现实性与典型性。

孙佳山的《〈人民的名义〉：反腐剧、涉案剧的前世今生与主旋律问题》则对反腐剧、涉案剧的流变做了一番回顾与梳理，并以《人民的名义》为例，思考了此类电视剧如何在未来实现更好的发展。

《人民的名义》为何爆红？
周梅森写作如何避免陷入套路？

/叶炜

　　近一段时间，根据周梅森长篇小说《人民的名义》改编的同名电视剧开播，创下了湖南卫视3年来所有开播电视剧收视率的最高值。而《人民的名义》一书则从今年1月上市以来，特别是同名电视剧开播以后，已先后印刷6次，销量更是在短期内超过了76万册。这不能不说是一个奇迹。问题是，《人民的名义》为何如此火爆？这部电视剧有何魔力值得全民如此娱乐？作为政治小说代表作家的周梅森，走过了什么样的创作道路？新作《人民的名义》以及他的政治小说写作有哪些缺陷？

　　我以为，《人民的名义》之所以能够在当下形成一个现象级的话题，至少有两个方面的原因：一个是这部剧满足了社会的期待和百姓的需求，反腐败是国之大事和人心所向，这样的一部电视剧和小说自然会吸引大众的目光。换句话说，这部作品同时满足了国家和百姓的双重期待。另一个原因则是，这部作品本身集合了周梅森之前影视剧创作和小说创作的精华，可以说是他政治小说创作的最成功的一次实践。对此，周梅森自己也有较为清醒的认识，他在接受采访时表示，这部作品的成功是在情理之中的："这部剧的火爆，一开始也超出我的意料之外，但是想想呢，它也在情理之中。因为它不是偶然写的一个东西。在此之前，我起码有七八部各个时期的小说。所以说，这也是对我付出的心血的回报。这是长期观察生活，厚积薄发，找到了社会痛点，才会引起了社会各界的广泛关注。"

周梅森的作品中从来没有出现过正不压邪的问题，即便是号称反腐尺度最大的《人民的名义》也是如此。

这一创作基点，涉及他对生活和时代的评价。周梅森曾经说过，我认为当前的时代是好的，改革开放成就辉煌，我们的生活一天比一天好，法制一天比一天健全。我在作品中并不回避问题的存在，可是我更想让人们看到的是我们身边有一大批优秀的共产党人、一大批优秀的执法工作者，他们在坚守着自己的岗位，为我们的时代做出了卓越的贡献。正是站在这个立足点上，周梅森所有作品都是在肯定进步的前提下谈问题。周梅森自己也承认，他在小说中塑造的都是自己心目中的理想人物，他下笔时往往有一个度，虽然现实生活还存在许多问题，但周梅森觉得作品必须给人以力量，他的作品中必须出现理想人物、理想人格。基于这一点，我想谁都不会否认周梅森的创作带有典型的浪漫主义色彩。

作家的浪漫对于现实生活，也许会构成一种粉饰，往往会消磨我们对现实生活的警惕。他曾经说过，从长远的历史来看，我们中国还是能够出现像李达康、齐全盛、刘重天这样的理想干部的。周梅森的话不无道理。我觉得，周梅森的作品至少给各级官员树立了一个标杆，告诉他们真正的好官是什么样子的。

虽然《至高利益》差点被"毙"，虽然《绝对权力》经历了7次大的修改和8个月的严格审查，连最符合主旋律的《人民的名义》也经过反复修正，但是不管历经多少磨难，《至高利益》《绝对权力》《人民的名义》都和观众见面了，我想这离不开周梅森所确立的这个创作底线。他的几乎所有作品都是在这样一个前提之下：那就是，充分肯定政治文明、民主法制、经济生活等都在不断前进，然后再谈问题。由此，我们在《人民的名义》中，再次看到了周梅森所流露出的浓重的理想主义色彩。

周梅森是一位从社会底层成长起来的作家，他的经历十分丰富：当过矿工、文学编辑，挂职出任过政府官员，从事过房地产开发、实业经营、证券投资等。这样丰富的生活经历给周梅森提供了多种文学选择。

很多人把周梅森称为当今中国政治小说的第一人，其实他最早涉猎的是抗战、煤矿、历史题材。

90 年代初，已在江苏作协谋得专业作家这一不错差事的周梅森，被卷进"下海"的大潮，他先赴深圳，又跑到上海，与朋友一道搞起了房地产开发。1996 年，周梅森回到徐州过节，家乡的变化让他惊叹不已，一股按捺不住的创作激情油然而生。他想，如果以作家的身份采访，得来的东西大多是间接的，何不直接来个挂职体验生活。于是，他来到徐州市政府做起了副秘书长。开常委会、下基层，但凡秘书长该干的活儿周梅森一样不落。两年中，他跑遍了徐州的边边角角。五年投身商海的一波三折加上两年的挂职政府官员的生活，成就了周梅森的首部政治小说《人间正道》。该书被改编成电视连续剧播出后反响强烈，甚至还引起了一场对号入座的诉讼风波。这就导致了周梅森毅然决然的创作转型。

转型后的周梅森的作品火爆书市和荧屏，被誉为"中国政治小说第一人"。

他的身上挂满了令人目不暇接的光环：当代中国最具品牌效应的编剧、中国畅销书前十名作家、2003 年度文化风云人物，有关媒体称他为"政治片"和"反腐剧"的掌门人。

荣耀不可谓不多，但我总觉得，在这些表面的繁华背后，周梅森总有那么一点点失落感。这是为什么呢？还是让我们先分析一下周梅森的后期小说。考察一个作家的价值，最终总要回到作品上面来。

在许多人感叹"严肃文学没有了市场"的今天，以写政治类小说而声名鹊起的作家周梅森，近年来却是备受读者的欢迎。从最新作品《人民的名义》到《人间正道》《天下财富》《中国制造》《至高利益》《绝对权力》，不仅发行量大，而且借助影视手段，拍成一部又一部连续剧，频频在中央电视台和地方卫视黄金时间播出，收视率居高不下。《人民的名义》就不用说了，他的长篇小说《国家公诉》第一版就印了 12 万册，并同时由最高人民检察院政治部、江苏省人民广播电视总台联合拍摄成 30 集电视连续剧，在全国各地热播。与此同时，四川省委把他的作品《绝对权力》作为教育党政干部的教材，广东省委专门给党员发放周梅森作品的影碟，要求党员干部认真观看思考。《中国制造》连续 20 余次印刷，累计发行 30 万册。《绝对权力》半年内加印 6 版，累计 15 万册。这是一个值得关注的现象。

有人以为周梅森是在题材上占了便宜，他写的都是大众关心的热点问题。这个判断有其合理性，但也不能完全说明问题。在接受专访时，周梅森总结了《人民的名义》持续火爆的最重要的原因，就因为它是一部负责的作品。对作品负责、对自己负责、对读者负责，这些构筑了周梅森作品的基石。

周梅森的政治小说很难归类。有人说他是写反腐的，有人说他是写官场的，也有人说他是写灾难的，他认为都不准确，都是第一阅读层面上的感觉和意义。

其实，他近来的大部分作品，关注的都是一个问题：体制。最新作品《人民的名义》以检察官侯亮平的调查行动为叙事主线，讲述了当代检察官维护公平正义、查办贪腐案件的故事。《人间正道》写了一群干事的人和不干事的人的矛盾，在这部作品中，他提出的一个观点是"不干事就是最大的腐败"；《中国制造》写了两个共产党干部在改革开放新形势下观念的碰撞和冲突，探索了制约社会进步和发展的体制问题；《最高利益》写了一个市委书记上任后，面对一座城市历届一把手的政绩工程的抉择，追问了什么是共产党人的最高利益；《绝对权力》以反腐为主线，探讨的是作为党的高级官员如何正确地行使权力、维护权力，为人民掌好权、用好权；《国家公诉》中，周梅森写了一场大火造成150多人死亡的灾难，试图通过这场灾难进一步剖析体制上有哪些地方需要改革和改进，着重对渎职行为和滥用权力进行重新认识，它最终要说明的是如何能够真正实现"以法治国"，而不让它仅仅成为一句口号。

周梅森特别擅长在一个突发事件的背景下，描写形形色色的官场人物。在《人民的名义》中，一位国家部委的项目处长被人举报受贿千万。当最高人民检察院反贪总局侦查处处长侯亮平前去搜查时，看到的却是一位长相憨厚、衣着朴素的"老农民"在简陋破败的旧房里吃炸酱面。当这位腐败分子的面具被最终揭开的同时，与之牵连甚紧的汉东省京州市副市长丁义珍，却在一位神秘人物的暗中相助下，以反侦察手段逃脱法网，流亡海外。案件线索最终定位于由京州光明峰项目引发的一家汉东省国企大风服装厂的股权争夺，牵连其中的各派政治势力却盘根错节、扑朔迷离。再如《国家公诉》，作者通过一场突如其来的火灾所导致的长山市的官场剧变，揭示出案件背后各种利益集团的倾轧冲突，以及权钱交易等惊人的腐败现象，并以办案为主线，塑造出一位不畏权贵、忠于事实、忠于法律、一身正气的女检察官的形象——叶子菁。叶是长山市人民检察院检察长，在这起案件的侦察过程中，无意中卷入前市长和市委前书记的斗争，办案因此遇到了重重阻力。如果冲破阻力一查到底，自己身家性命可能就此不保。是秉公执法还是明哲保身，叶子菁面对着上级、下属、单位、家庭的巨大压力……小说在情节设置上环环相扣，一波未平，一波又起，读后令人触目惊心、热血沸腾。

周梅森政治小说对为官者的道德品质相当看重，理想人物往往都是品德高尚的人，比如《人民的名义》中的李达康、侯亮平，《至高利益》中的李东方，《绝对权力》中的齐全盛、刘重天，《国家公诉》里的唐朝阳等；而反面人物的政治品德往往十分低劣，比如《人民的名义》中的祁同伟、《至高利益》中的赵达功、《绝对权力》中的赵芬芳、《国家公诉》里的王长恭等。周梅森认为，如果一个人不为官，他道德品质再坏，产生的危害也有限；做了官，如果他的道德品质很差，那造成的危害就相当大了。比如赵达功这样的人物，他不贪也想干一番事业，自己的妻子贪污，他立即移交司法机关；他对省委书记的反击也很有道理，但是观众看完了《至高利益》后却觉得他很坏。赵达功的妻子批评他："你就把这个省当作你自己的家，你在挥霍人民的血汗钱的时候，心里从来没有想过老百姓。"这就是为官者不讲政治道德。

但是周梅森也经常强调制度建设和法制建设，电视剧《国家公诉》的主题歌是周梅森自己作的词，其中有一句"青天梦遮断了一个民族的钢铁之躯"。周梅森说，中国的"青天梦"太长了，总盼着出现包青天，但最后解决问题还得靠制度建设。

周梅森面对的问题是：怎么样在发掘崇高的同时，又要从生活出发，把人当作人来写，而不是当作概念化的英雄来膜拜？

《文学报》微信公众号 2017 年 4 月 15 日

《人民的名义》与大众文化中的政治想象

/张慧瑜

《人民的名义》高调落幕，成为一部现象级电视剧，被人民群众过度解读。达康书记的表情包深获青年网友的喜爱，这种"能干的霸道总裁"式的干部改变了以往文艺作品中的党员形象。

电视剧在商业上获得成功，单集收视率破8，创下近10年来国产电视剧的收视最高纪录，引起巨大的社会反响。之前，人们只能在《新闻联播》中看各种腐败案件，看大老虎落网，现在可以通过电视剧这种通俗的文艺形式，来抽丝剥茧一般看当下的反腐过程。

以人民的名义，何为人民，人民在哪里？人民是个政治概念。在毛时代，人民的背后是阶级政治。现在，"人民"的概念已经变得模糊了，在荧幕上重新塑造一个抽象的人民，是不容易的。现在，观众直接看到了"政治"，消费"政治"。政治向来是禁忌、敏感话题，但也同时是被高度关注的议题，是人们愿意"窥秘"的对象。

一、特别之处：主旋律与大众文化的完美结合

1. "大众文化"的四个特点：消费主义、个人主义、城市文化、青春文化。

大众文化是我们这个时代最主要的文艺生产模式，也可以叫商业文

化、流行文化。这30年来，过去的工农兵文艺变成了大众文化，文艺也像其他的商品一样，成为一种可供消费的文化产品。

这种文艺体制上的计划经济向市场经济转变，有两个标志：一是国家不再是文化产品的唯一投资人、出资人；二是创作者的身份发生了变化。国家和政府的角色变成了管理者，所谓"市场主导，政府引导和调控，企业自主运营"。

大众文化作为一种特殊的文艺形态，是80年代以来出现的。先是港台、日本的大众文化进入大陆，随后本土的大众文化工业也开始兴起。直到90年代市场化、21世纪以来文化产业化，大众文化已经成为当下中国最主要的文艺形态。大众文化的进入，使得20世纪50年代到70年代形成的工农兵文艺陷入瓦解和终结。

大众文化有几个鲜明的特色：一是商业文化、消费文化，是受利润和资本驱动的文化；二是个人主义文化，个人主义本身是市场经济下的产物，强调个人奋斗等；三是城市文化，文化产业和消费主要集中在大城市，农村没有文化市场；四是青春文化，青年人成为文化消费的主力军，因此网络游戏、电影等文化产品都带有青春色彩。

从这里可以清晰地看出大众文化的边界和排斥性，并不是所有人都能成为大众文化的消费者。由于中国社会和经济结构的不平衡，只有特定区域、特定社会阶层、特定年龄的人群才能消费大众文化产品。

在大众文化之外，还存在着另外一种文艺形态，这就是群众艺术，比如广场舞，就是一种非市场化的、群众自己参与的艺术活动。还有21世纪以来，与发展文化产业同时产生的是加强公共文化服务建设，如艺术表演团体、公共图书馆、群众艺术馆、文化馆、文化站等，以及在农村地区推行文化下乡活动和文化惠民工程。

2. 主旋律与市场从冲突走向融合

《人民的名义》特殊的地方在于，这是80年代革命文艺、工农兵文艺瓦解之后少有的一部作品，它能与当下的主流政治、主流宣传产生如此密切的关系。电视剧的出品方是最高人民检察院影视中心。可以说，这是一次体制内的文艺单位的主动出击。80年代以来，其实很多文艺、媒体机构都是党的媒体、文艺制作单位，但是并没有成为宣传工具，更多的是处于防御的阶段，这与80年代以来文艺生产的根本格局有关系。

80年代末期，有很多娱乐片、商业片，所以为了正面宣传主流价值观，出现了主旋律的说法。比如用军费拍摄的《大决战》以及90年代的劳模电影《焦裕禄》《孔繁森》等。与毛时代的主旋律不一样，这种80年代兴起的、改革开放之后的主旋律，主要以爱国主义和民族主义为底色，不再强调阶级斗争、世界革命。即便如此，主旋律依然没有人看，主要是单位发票，组织观看。

而改革开放以来的大众文化价值观，是勤劳致富，个人奋斗，讲述美国梦、中产梦。这与官方的主旋律存在裂隙，90年代民营资本一般不会去投资主旋律作品。但是21世纪以来，情况发生了变化。

21世纪以来，这种主旋律与大众文化的冲突、不兼容开始和解，二者出现合流和合作，呈现出和谐双赢的状态。这体现在两点，一是民营资本主动拍主旋律题材，像电视剧《激情燃烧的岁月》《亮剑》《人间正道是沧桑》都是民营投资的，很赚钱，冯小刚的电影《集结号》也很成功，香港导演陈可辛慨叹拍解放军的电影也能挣钱，于是，他监制了《十月围城》；二是主旋律也开始商业化，如《建国大业》《建党伟业》《建军大业》，以前都是用特型演员来扮演领袖，现在都用最具市场号召力的商业明星，而且很多明星是零片酬来扮演。

3. 大众文化的功能是疏解社会焦虑

《人民的名义》是大众文化与主旋律的完美结合。成功的大众文化能扮演疏解社会焦虑的角色。它可以成功触及时代痛点，同时又能有效转移和转化痛点，用白日梦的方式转移社会焦虑，起到润物细无声的效果。

大众文化最擅长讲述中产梦、白日梦的故事，比如白手起家、变成有钱人的美国梦，如前些年《后宫·甄嬛传》很流行，白领职场的晋级必须变成厚黑、腹黑的后宫，最后甄嬛成为人生赢家。只是现在这些心灵鸡汤大家不相信了，于是又出现一些毒鸡汤，解构这些白日梦的故事，比如电视剧《欢乐颂》，小白领无法向上爬了怎么办？樊胜美、关雎尔和邱莹莹选择了与高管安迪、富二代曲筱绡做邻居，这些土豪朋友可以随时帮助她们，姐妹情谊抹平了阶级鸿沟。

其实，《人民的名义》当中也包含着祁同伟、高小琴如何奋斗的故事，底层人的奋斗是如何被抹黑的，不是从《人民的名义》开始，是从2012年《北京爱情故事》开始的，里面的穷二代石小猛只能依靠出卖灵魂向上爬，富二代反而可以做有为青年。

《人民的名义》反映了一些社会问题，甚至大尺度地表现了很多社会问题、矛盾，与此同时，又把这些进行了转移和化解。总之一句话，我们的社会和时代存在着各种问题和矛盾，但这都是"腐败惹的祸"，只要铲除"腐败"、大力反腐，也就是说政治秩序变得清明，就会解决一切问题。

二、反腐剧、政治剧、社会剧，从三个角度理解《人民的名义》

1. 这是一部反腐剧，以人民的名义，不如说是以反腐的名义

反腐与反官僚主义是共产党执政的主旋律，从40年代在延安就开始。新中国成立后，反对官僚主义、防止党脱离群众一直是50年代到70年代政治斗争的核心内容，领导干部是否走向特权化也是社会主义事业能否成功的关键因素。

在20世纪50到70年代，为了避免干部官僚化，有几种举措，一是在干部来源上强调工农兵出身；二是赋予群众监督领导干部的合法性，领导干部不仅需要下基层密切联系群众，而且对基层群众有所畏惧；三是，文艺作品也示范一种干部通过结合群众来克服困难的故事，尤其是面临社会危机、自然困难的时刻，干部不是像超人一样的个人主义英雄，而是依靠组织化的群众来战胜困难。

到80年代商品化改革的时候，反官倒、反官商勾结，是一种以群众运动、群众游行的方式来实现的。到90年代，这样的方式就不可能了。

反腐剧是90年代出现的，重要的背景是国企改革。反腐剧"三驾马车"周梅森、陆天明和张平，他们的创作大致始于90年代中期，大部分写国企改革。如反腐剧的经典作品《苍天在上》（1995）、《生死抉择》（2000）、《大雪无痕》（2001）、《绝对权力》（2002）等，往往表现90年代经济体制改革过程中出现的国有资产流失、工人下岗等尖锐的社会问题，与此同时又把这种经济领域的矛盾转移、转化为政治领域的反腐行动。

《人民的名义》延续这个脉络，展示了大风厂职工抗议这一经济纠纷背后的官商勾结及其赤裸裸的权钱交易。反腐的目的是站在普通百姓一边，

打击强取豪夺、与民争利的利益集团。当然，反腐剧的局限也在于最终矛盾的解决依赖于更加清明、更有权势的领导（如侯亮平就是带有尚方宝剑的钦差大臣）。也就是说，反腐剧表现了经济体制改革过程中所带来的问题，又把这种问题诉诸一种好干部、清明政治的解决方案。

反腐剧本身是一种特殊的类型剧，很容易过度商业化，表现色情、凶杀、暴力等元素，再加上也容易把权力斗争表现为黑吃黑，甚至腐败分子更有人性。因此，这种类型在2004年被禁止，随之兴起了谍战剧。

商业剧一般都有好人与坏人、英雄和敌人。《人民的名义》里面有三类敌人和坏人：一是女性的色诱和堕落，这体现在既是受苦女人，又是心机女的高氏姐妹；二是把金钱及代表金钱的商人表现为奢侈腐化的源头；三是把穷小子的奋斗表现为攀附权贵、出卖灵魂的19世纪的于连。这种把美女、金钱、穷小子书写为罪恶之源的表现方式，一方面是大众文化惯常使用的人性变恶的标尺，另一方面又带有封建时代、贵族时代的文化痕迹。

从这个角度来说，值得追问的不仅仅是如何把这些利欲熏心之徒绳之以法，而是出身贫困的高氏姐妹、汉东大学政法系的高才生祁同伟，为何会被迫、主动出卖自己的身体和灵魂才能完成阶层身份的逆袭。值得追问或许不是如何让祁同伟、高小琴借助正常渠道实现人生的晋升，而是为何在市场经济的时代如此强调只有拼命往上爬，成为金字塔尖上的人才是成功者，相反做普通人、从事普通的工作就是失败的人生。

2. 这是一部政治剧，有政治窥秘的色彩

这部剧带有政治窥秘的色彩，观众难得从这部反腐、反贪剧中窥视当下的官场生态，而且还是省一级的高层政治。政治在社会生活中是看不到的，比如领导开会，这是政治讨论的过程，但群众不可能参与，更看不到。

西方的政治，是一种看得见的政治，比如大众媒体展示一种迎合选民的选举政治的过程。不过，善于作秀的政客们经常口若悬河、口是心非，而选民也被放置在看客、围观者和听众的位置上。与这种西方政治家喜欢与媒体打交道，借助媒体来传递政治主张、渴望被媒体曝光不同，中国官员要低调、内敛得多。

在工农兵文艺的时代，文艺和政治密切相关，文艺直接表现、参与到政治进程之中。毛泽东讲，"用小说反党是一大发明"，政治需要文艺上的意识形态斗争来推进，不断革命才能实现，社会主义的"人民当家做主"的理念才能实现。

在那些表现基层社会的情节剧中，路线斗争、群众辩论成为政治决策的组成部分，如社员大会、工厂会议中，普通社员、基层工人等人民群众也是积极的参与者。借助人民民主和群众路线，普通群众被引入基层事务的决策过程中。

80年代以来，政治从文艺作品中消失了，在大众文化景观中呈现两种截然相反的状态。

一种情况是，文艺不再是政治的传声筒，不表现政治，个人情感、家庭、商战等社会、经济事务成为文艺的主旋律，工厂、车间的故事也看不见，没有工人、没有弱势群体，只有白领职场和谈情说爱。

第二情况是文艺的政治冷漠症。大众文化是一种去政治化的政治，但从另一个角度来说，又在塑造大众文化的政治，表现为两种：一是伟人的政治，即伟人改变历史、推动历史发展的政治，是一种英雄史观，《大决战》就是英雄政治、帝王将相的政治；二是讲述钩心斗角，权斗、宫斗、办公室政治的故事，这体现在官场小说、宫廷剧、历史剧、职场剧的流行，从1997年的《雍正王朝》到2013年《后宫·甄嬛传》，都是如此，从民间变成宫廷，变成了内部人的政治斗争，群众是"吃瓜"群众。

在这个意义上，《人民的名义》的看点也是展示了各级官员在行政会议和私人聚会上的钩心斗角，尤其是"汉大帮""秘书帮""沙家帮"之间的"智斗"。但与其他权斗作品不同的是，这部主旋律剧清晰地区分了权力斗争的正义与邪恶，而正义的一方代表着"人民的名义"。对于"吃瓜群众"来说，观看这些可望而不可即的政治隐秘具有极大的消费快感。

《人民的名义》中有两个形象很重要，一个是人民，另一个是干部。这依然不是纯粹的法律故事，而是带有人民民主政治元素的中国特色的政治剧。

这部剧少有地表现了一种人民的形象——大风厂持股工人的故事。工人要获得合法的股权，这是一种经济权益，而不是"工人当家做主"的政治权力。其实这种有组织的工人群体，在90年代的国企改革中，已经成为历史了。但是让这些工人重新登场还是有政治意味的，虽然他们很被动，不是被贪官出卖，就是被好干部所拯救。

这部剧中呈现了三种干部。一种是李达康式的GDP能人、改革干部，代表改革开放的核心形象，是也推动地方经济发展的核心力量；二是腐败的坏干部，是权钱勾结、鱼肉百姓的坏分子；三是像陈岩石、沙瑞金这样的好干部，他们关注民生，照顾底层人的利益，是弱势群体的代言人。

这样三种干部的形象是同时存在的，也就是说干部一方面要招商引资，另一方面又要救助底层百姓，与此同时，还不能贪赃枉法变成腐败分子。

相比90年代所塑造的焦裕禄、孔繁森那样的苦情劳模形象，青年观众更喜爱改革干部李达康。因为他既能一心一意谋发展（而且是绿色经济），给当地百姓带来实实在在的经济福利，又能两袖清风、拒绝腐蚀。这也是当下主流价值观所需要的能"以经济建设为中心"又清廉自律的好干部。

3. 这是一部批判现实主义的作品，反思了改革开放的历史

这部剧带有鲜明的现实主义风格，也显示了现实主义创作的优势。现实主义创作的基本特点有两个，一是塑造典型环境中的典型人物，把人物放在现实的社会关系之中；二是不管是典型环境，还是典型人物都带有社会隐喻性，也就是说现实主义创作恰好是一种高度象征性的社会寓言。

近些年，也出现了一批反思改革开放的社会剧，如2007年电视剧《大工匠》第一次表现了90年代国企改革的艰辛；2011年电视《下海》表现了那些离开小地方南下广州发财的人，不得不接受"死一次活过来的才是英雄"的硬道理；还有《蜗居》《北京爱情故事》等电视剧。

在这个意义上，《人民的名义》里面确实直面了很多现实问题，如官员腐败、基层懒政、权贵交易等都是触目惊心的。观众看了也很过瘾，只是人们略感不满意的是，除了腐败、人性之外，是不是还有其他社会制度方面的原因。

"文化纵横"微信公众号2017年5月13日

《人民的名义》寻求的是最大的市场公约数

/滕威

一、何为主旋律电视剧?

电视剧制作在今天是高投资、高产出但也是高风险的产业。高投资,不用解释,单单一个小鲜肉演员,片酬可以达到税后破亿;高产出的意思是,现在电视剧已经不仅仅是制作售卖、上映播放这么单一的获利模式了,一部电视剧如果成为一个IP,附带兴起的产业利润是高额的,而且伴随电视剧的播出,电视台、视频网站、自媒体以及广告公关业的各种复合营销,使得在播出期间,商品的覆盖是全方位无所不在的。但也是高风险的产业,毕竟电视剧播出是有广电总局等机构监管的,所以一部剧制作完成被腰斩,甚至完全无法播出的情况也不少见,很多制作方也是血本无归。因此,深谙主流文化与市场逻辑的剧才能赚个盆满钵满。

《人民的名义》敢冠以"人民",我觉得它有一个预期的观众群,就是尽可能地抓住最多的观众。跟《欢乐颂》《三生三世十里桃花》《择天记》这些剧不一样,这些剧它的观众定位已经是分层的了,它不可能预期退休的老年观众追捧这样的题材。但《人民的名义》每个人物角色的设定、各条情节脉络的设计表明,它的预期是每个人,无论年龄、性别、阶层、职业……都能在这部剧中找到自我。比如小老板、创业者也会对蔡成功有所认同,希望90后认同的是有点儿杀马特、每天混迹于网络的郑胜利

（当然实际上并没有成功），甚至小学生从小皮球等孩子的行为言语中也能找到共鸣。用周梅森自己的话说，"寻找最大公约数"，这才是这部剧的重要特征之一。

我看到一些大数据，关于这部剧很多描述都是"反腐大剧""主旋律""尺度最大"，我觉得很奇怪。我们总有个认识，好像《新闻联播》才是主旋律，《建国大业》这类电影才是主旋律。大家要知道，《人民的名义》是体制内外的机构合作的。比如前阵子票房破6亿的《湄公河行动》，就是公安部大力支持下的一个成功的市场案例。所以当我们说主旋律的时候，不要想当然地就以为等同于官方，等同于意识形态。无论是葛兰西还是阿尔都塞，都向我们指出了意识形态并非某种单数的、虚假的意识，而是通过各种途径（比如教育甚至包括家庭等）获得由衷认同的。当我们说，"尺度最大""反腐主旋律大剧"这些的时候，我们潜在的参照对象是官方意识形态，比如当你说"尺度最大的《新闻联播》"这类说法本身包含一个对《新闻联播》的价值判断。在我看来，《人民的名义》的所谓主旋律，更多的是市场意义上的，就是俘获最大的观众群体。

二、《人民的名义》的现实性

"人民的名义"这一词组，在语言学上，它是偏正性的词，重点在"名义"上。但是大家关注的都是在"人民"这个词。人民重要，毫无疑问。但在这里，谁是人民，谁以人民的名义，他（他们）何以能以人民的名义？在马克思主义的理论传统与20世纪的革命历史中，人民这个词也不是不言自明的。谁是人民，谁能代表人民，谁能被人民赋予权力……这些都有严肃的讨论和前赴后继的斗争。但是在《人民的名义》这部剧中，谁代表人民，谁能以人民的名义来抓捕、审判、执法是不言自明的。这就往往引起剧中人物的质疑。比如赵德汉，开始对冲进家里来的侯亮平等人非常愤怒，他质问他们的身份。侯亮平十分得意地拿出了他的反贪总局的证件。很多人质疑陆毅的演技，其实这不全是他演技的问题，这个人设本身有问题。主创是希望剧中第一男主侯亮平，正如名字所暗示的，亮剑平天下，但事实上这个正面人物的英雄形象并未成功树立。观众恐怕认同比较少的就是他，所以就会说陆毅演得不好。为什么没树立起来？一个很重要的原因是，他自身携带的道德自恋。这从他第一次和腐败分子也就是赵德汉交锋的时候就能看得出来。尽管主创者非常用心地刻画侯亮平的各种性格，我开玩笑说，陆毅太不容易了，面对腐败分子的时候要正义凛然，面对妻儿要卖萌秀恩爱，面对陈海要义薄云天，面对下属要恩威并施，还要周旋于女老板之间唱《智斗》……换别人也不见得能演好。但这么努力地要刻画这个英雄人物立体丰富的性格，为什么观众不买账呢？为什么反倒是李达康、祁同伟、高育良这些人设明显有缺陷的角色吸粉无数？我觉得就是侯亮平这个角色所携带的道德自恋：我是反贪总局的，我是检察官，你是腐败分子，你是坏人，我可以代表人民抓捕你。你们看，他和祁同伟对决那场戏，尽管是平行剪辑，但他是坐直升机空降下来的，而祁同伟是困兽犹斗的。他接近小木屋的时候，还特意脱下外套，穿着白衬衫，意在表现其正大光明、大义凛然。但这场戏结束后，观众几乎一边倒地同情祁同伟。祁同伟自杀后，他对师兄之死没有任何个人的情感的付出，只是很程式化地表现了对"一个优秀警察走上了犯罪道路"的一点惋惜而已。这显得很不人性。而且其他领导就开始夸奖起侯亮平说他"前途无量"。这都让观众感到不舒服，所以对祁同伟的同情也有情可原。很多人把祁同伟比喻成于连，这真是蛮拧。且不说于连对镇长夫人的真爱，也不说连与玛蒂尔德小姐的相爱相杀，他并非是为了向上爬而恋爱结婚的野心家；而且于连最后拒绝玛蒂尔德用父亲的权力拯救他脱离牢狱，摆明了是誓与法国统治阶级抗争到底。宁死也不向统治阶级屈服，这是于连清醒而明确的选择。这跟祁同伟完全不是一码事，如果观众把祁同伟当于连来接受，这倒是"症候性"的。

侯亮平的台词很多，说教气息浓重，很少内心戏。反倒是腐败分子虽然不占据话语空间，但因此内心戏丰富，容易获得观众认同。侯亮平一身正气，他自以为自己是替天行道，因此始终没有追问自己的权力受谁监督的意识。虽然剧里面经常说，人民赋予我们的权力，受人民监督，但人民并不能直接到侯亮平家里去搜查。所以对于侯亮平的"自以为是"，观众很难买账。这是这个剧不太成功的地方。

另外一点，剧中正面人物的很多台词我们都没印象，但对那些反面人物的"金句"我们印象深刻。比如高育良的一把手论、祁同伟的出身任性论，还有反腐影响经济发展……这说明，在电视剧文本之外的社会语境中，这些言论有一定的代表性。现在电视剧直接把这些话讲出来，直接亮在大众媒体上，这才是现实主义，直面问题和矛盾。所以我觉得，这部剧的现实性恰恰体现在对当下社会生态高度真实地再现，请原谅我用这么经不起推敲的词来概括，一时不太好表述。它真实地再现了各种质疑、各种撕裂、各种艰难、各种没有解决方案的想象性解决，以及各种刻板套路、陈词滥调与刻板形象。

三、《人民的名义》的典型性

我本来不想说这一点，但最近因为范雨素、林奕含、饭局女生等话题，让我的一个判断越来越清晰，就是我们现在的性别文化正以加速度在倒退。这种倒退不是复古，这是"反动"。比如说，《人民的名义》里面有众多的女性角色，大家从官方海报就可以看出来，侯亮平居中，众星捧月，但女性角色要么在边角，要么在下方。剧中的女性不是政治利益交换的牺牲品，比如梁老师；就是丈夫的依附，比如吴老师；要摆脱丈夫自己单干的，就依赖另外的男人并成了犯罪分子，比如欧阳。即使是智勇双全、事业有成、家庭幸福的钟小艾，也就是在侯亮平需要秀恩爱的时候才出现，更别提陆亦可。无论女性多么有才识、品性，都仍然是作为男性的陪衬而出现的。我说，这就是这部剧典型的地方，它不挑衅任何主流价值观，无论好坏，它只是呈现它们。这样才能获得各种不同身份的观众的认同，才可能占有最大的市场份额，实现利益最大化，成为所谓现象级神剧。

这部引发全民讨论的现象级电视剧，虽然并非艺术经典，但最大的意义在于将观众带回到社会现实面前。在电视荧屏上已经太久没看到当下的世界了，三生三世的穿越，为神成仙。尽管，观众很快会被吸引到新的剧情当中，很快会被祁同伟放下的雪茄夹到了老谭（《欢乐颂2》靳东）的手上而迷得不要不要的，但《人民的名义》文本内外所呈现的复杂、冲突、撕裂的话语与现实，毕竟让我们从玄幻之境重返当下，尽管这种重返是如此短暂。

"海螺社区"微信公众号2017年5月16日

《人民的名义》：
反腐剧、涉案剧的前世今生与主旋律问题

/孙佳山

　　《人民的名义》能火到这个程度，超过了所有人的预期。即便是对买了这部剧的湖南卫视的年轻的采购班子而言。你如果那会儿告诉它这部剧是今天这样的爆红，他们也绝不会相信，一定会觉得你在忽悠他们。因为这部充满着主旋律特征的反腐题材电视剧，在没有任何征兆的情况下，最高点的时候拿下了8个多点的收视率——这是1999年，中国广播电视行业实现全盘卫星电视化之后收视率最高的电视剧。这是什么概念呢？就是1999年之前，比如《渴望》《北京人在纽约》等那些"骇人"的收视率的意义，其实非常有限，因为大家那时就能收来那么五六个频道，《人民的名义》最高8个多点的收视率，换算一下放在那时也是数一数二的。

　　那么，当我们在讨论《人民的名义》的时候，我们在讨论什么？尽管在剧本创作、拍摄制作等角度，实事求是讲还比较粗糙，这部电视剧的水准其实在我国电视剧历史上，只能算中上之作。但无论如何，站在我国电视剧史的角度，尤其是在电视开机率、收视率持续下滑，视频网站大幅分流的大趋势下（比如我就是在视频网站上看的该剧，而这并没有被算进收视率），《人民的名义》还能有这样的表现，就更是不容易。

　　所以，我们首先要明确一个问题。本着"不吹不黑"的原则，虽然在制作层面的瑕疵很多，但不管是收视率，还是话题度，《人民的名义》在

中国电视剧史上，都是数一数二的作品，这应该没什么问题。

就我个人而言，我一开始因为当时手头有别的事，并没太关注这个电视剧，只是随着它开播后话题度的不断上升，特别是新媒体上广泛传播的达康书记表情包——这么主旋律的作品也被青年亚文化消费了，让我意识到这事肯定是不简单。后来，国内几家主流的新闻报刊很快就先后找到我，采访我对这个剧的看法，让我认真准备一下我才赶紧恶补追剧。其实我一开始也是懵懵的，但同样的话来来回回说了几遍之后，就逐渐开始给自己说明白了、给自己说会了，一点一点的不仅自己信了，而且也有了整体性的认识。

在现有的关于《人民的名义》的讨论中，也真是一点不意外，大道理太多了，各种车轱辘话、片儿汤话的分析太多了。当然并不是这些与《人民的名义》相关的话题就没有意义，而是说现有的这些大道理与这有关、与那有关，但唯独就是与作为电视剧的《人民的名义》无关，毕竟《人民的名义》首先是一部电视剧，而不是别的。所以我们最需要做的是先把电视剧脉络上的《人民的名义》说清楚、唠明白。这事儿不说透，其他都是白扯，毕竟它首先是一部电视剧。

2015年6月，中纪委宣传部调研组到国家出版广电总局、最高人民检察院调研并举行座谈，希望两部门配合，用文艺推动反腐。

这件事的意义非常丰富，我们就以此为基点对反腐剧、涉案剧的来龙去脉一层层地剥离。通俗地说就是讲一讲它们的过去、现在和将来，具体的展开都会锚定在这个事件上，来来回回都要从这件事出发。

我的主体汇报思路也分为以下两点：一个是把反腐剧、涉案剧在电视剧意义上的前因后果说清楚、唠明白；另一个是谈一下反腐剧、涉案剧和主旋律的关系，今天的主旋律到底是咋回事儿。

第一，也是我要展开的第一个角度，就是从反腐剧、涉案剧的角度入手，谈谈《人民的名义》作为一部电视剧，在中国电视剧的脉络里到底是怎么回事。中纪委2015年6月的那次座谈是《人民的名义》能够出现的最直接原因，可以说没有那次座谈就没有《人民的名义》。为什么？

因为在2004年初的全国电视剧题材规划会上，当时反腐剧、涉案剧数量多、质量差的问题被突出地反映出来。

所以我们稍微多看几眼，就会发现中纪委宣传部的这次座谈，其实非常懂行，因为他们明确指出了"不能一写反腐就写成案件剧"，这也确实是当时的反腐剧、涉案剧的最大问题。纯粹从知识分子概念辨析的角度来看，在中国的广电体系下，反腐剧在概念上其实隶属于涉案剧，是可以被放进涉案剧这个"大筐"里的。只抽象谈缺点的话，那个年代的反腐剧、涉案剧的问题确实比较大、比较明显，除了色情、暴力之外还惊悚、恐怖，有的也真的暴露了当时公安机关的刑侦手段，相当于给犯罪分子上"科普课"了。

的确，现在距离那段历史已经一晃快20年都过去了，大家对那个年代的印象已经模糊了。随着社会矛盾的不断发展，反腐剧、涉案剧也就应运而生，从90年代中后期到世纪之交，《英雄无悔》《12.1枪杀大案》《刑警本色》《苍天在上》《永不瞑目》《大雪无痕》《黑冰》《黑洞》《征服》《绝对权力》等反腐剧、涉案剧，随着当时改革开放步伐的进一步深入，社会矛盾的集中爆发，不断取得收视率的佳绩。

今天回头再看那段岁月，套用波拉尼的语式说，有点构成了我们今天生活的起源，就是说影响我们今天日常生活样貌的全部元素，在那个时期都凑齐了，后来都是在那个基础上的叠加，没再有多少新东西。比如说新一代领导班子的稳定、分税制改革、《物权法》、永久废除农业税，包括影视领域的1999年省级电视台综合频道全部上星、2002年的电影院线制改革等等吧；在90年代中期改革开放步伐忽然加速了，并在世纪之交完成了它自身的"大转型"。后来发生的一切事情，都能追溯到世纪之交的这小10年，就像刚才提到的，那会儿社会治安确实不太行，远不像今天，哪些东西能让大家一下子就激起对那段时光的感知？必须是反腐剧、涉案剧。

反腐文学、反腐剧的"三驾马车"张平、周梅森、陆天明，就是那会儿登上历史舞台的，是他们奠定了我国反腐文学、反腐剧的基本样貌和格局，并一直影响到今天，影响到《人民的名义》。为什么这么说呢？因为在这个意义上说，《人民的名义》可以说是那个年代的反腐剧、涉案剧的集大成者，它的基本脉络、架构都能从那个年代的作品中找到线索。当然这其中的线索比较杂乱，我们就从《苍天在上》《绝对权力》《大雪无痕》，这三部最有名的反腐剧说起，刘复生老师的相关文章已经分析得很透彻了，我们会发现《人民的权力》的类型元素在它们中间都能找到清晰的线索。

第一个是李达康书记的由来，就是《苍天在上》这个脉络。它的类型贡献就是一个地级市的市长或者书记，遇到"事儿"了，发现身边有坏蛋了，本以为顺藤摸瓜能除暴安良，结果"摸"到当年曾经提拔过自己的老领导那了。于是乎，就痛苦抉择、良心发现，最终"苍天在上"啊。而且在结局，主人公都付出了事业上的、生活上的不小代价，就像李达康，老婆进监狱了，"沙李配"传闻中的省长位置也没戏了。

第二个是侯亮平局长的由来，就是《绝对权力》这个脉络。它的类型贡献就是纪检监察干部，作为主人公的院长、检察长、反贪局长在受到各种打击、报复的工作处境中，如何在上级的支持下紧密联系群众开展调查，最终铁证如山地搞定之前可嚣张了的大贪官及他们的党羽。

第三个是祁同伟厅长的由来，就是《大雪无痕》这个脉络。它的类型贡献就是公安系统的刑警队长、缉私队长，在侦破大案、要案的过程中叫那个年代的祁同伟同志给整了，让人家给停职或者调走了。但是大丈夫英雄无悔，不让干也干，最后一场枪战搞定一切，有点港式警匪片的味道。然后，祁同伟同志这个类型元素，不管是不是"胜天半子"，肯定会选择自杀结局。

上边是反腐剧的类型脉络，在《人民的名义》当中还有不少涉案剧的线索。

我们就从当时最有名的《黑洞》《黑冰》《征服》入手。我没太想好怎么用学术语言概括，就先用点比喻性的语言形容一下。《黑洞》《黑冰》也是兼备了反腐剧、涉案剧的特征。当时好多剧都是这种情况，包括《征服》，它们都有一个很奇葩的逻辑，就是对"受难者"的"二次清除"。

咋清除的呢？就是不管是《黑洞》里的聂明宇（陈道明扮演）、《黑冰》里的郭小鹏（王志文扮演），还是《征服》里刘华强（孙红雷扮演），他们之所以以各种形式危害社会，都是因为过去受了委屈：聂明宇和郭小鹏都是"文革"的受害者，童年记忆太压抑了，然后在改革的大潮中借着平反了的父亲（后爹、老丈人也算）的权力，开始为非作歹；刘华强是因为1980年中期左右的物价改革，让过去的主人翁工人阶级受了太多委屈，于是玩起了黑社会。所以这些涉案剧的奇葩逻辑就是，他们过去受难的历史，反而是他们后来形成变态人格的原因。这倒很符合世纪之交那会儿的猎奇心态，于是二次消灭他们就有了充分的正当性，那都是原罪啊，只有彻底弄利索了才能继续推动改革开放的步伐。这个逻辑今天看起来非常奇葩，但在当时就是很顺溜。

在《人民的名义》当中，当时涉案剧的这种类型，其实也依然存在。就是大风厂的工人，具体点就是王文革那帮"流氓无产者"。人家明明是受害者，受了那么多委屈，最后还被这么污名化处理，显然是不合适的。这种表达还是李达康同志当年的"改革能人""改革弄潮儿"时代的逻辑，就是刚才的分析，只有把他们这些原罪清理干净，更甜美的明天才会到来。这个逻辑是挺奇葩的，谁不想过好日子啊？

就类型而言，世纪之交的涉案剧，某种程度上讲，在大众文化领域要比反腐剧还火。因为那时候的反腐剧还是一个成年人话题，不像今天的《人民的名义》在青少年世界里也有那么大的话题度，论接地气儿，那必须还是涉案剧。因为和当时的社会现实紧密结合，所以当时的《英雄无悔》《12.1枪杀大案》《刑警本色》《黑冰》《黑洞》《征服》，都火得不得了，在全年龄段都有"杀伤力"。

稍微多说几句，除了王志文、陈道明这些当年就已成名的演员之外，诸如黄渤、孙红雷、马伊琍、段奕宏、李晨等等这些今天的知名演员，都是在当时的涉案剧中冒出来的，在里面演一些有特点的小角色——反腐剧、涉案剧其实一直是有中国特色的影视类型，为中国影视领域做出了独特贡献。它的一个基本特点就是浓郁的纪实风格，"素人"比较多，有的为了逼真，干脆就用纯粹意义上的普通人，比如当时参与破案的公安干警等。这种类型有很强烈的真实感，其实和美剧有很多接近的地方——在当时，我国电视剧的这个类型和美剧的差距其实并没那么大，并且有着鲜明的中国风格，后来没能延续下来真的是太可惜了。

所以说，《人民的名义》火了，确实都是事出有因，并不是天上掉下来的。距今一晃十五六年的世纪之交时期的反腐剧、涉案剧，对于中国影视行业的影响远比我们想象的还要深远得多。它们所波及的范围也远超我们的一般认识，不仅后来以艺术片儿面目出现的《白日焰火》《烈日灼心》《黑处有什么》等等，其实都还在处理那个阶段的历史经验；就连这两年受到90后、00后热捧的网络剧，也同样涌现出了《余罪》《心理罪》等这些涉案类型——反腐剧、涉案剧的跨门类、跨媒介影响，这么重要和有价值的问题，却始终没有被有效清理，是因为我们过去"大道理"讲少了吗？

下边就是我要讲的第二点，反腐剧、涉案剧和主旋律的关系，今天的主旋律到底是咋回事。

说到主旋律，大家一般的印象就是《大决战》《长征》《建国大业》，或者《焦裕禄》《孔繁森》之类的。的确，从1987年的"弘扬主旋律，提倡多样化"开始，主旋律这一概念的正式提出，至今已经整整30年有余了。但主旋律并不是一个本质化的概念，其自身有着丰富的内涵和层积，今天的主旋律和30年前相比肯定也不是一回事儿，这个问题三年前的青年文艺论坛也讨论过。

我们先大致回顾一下主旋律的几个发展阶段。

第一个阶段就是90年代前后那些事儿，就是《大决战》《开国大典》《渡江战役》之类的。现在对主旋律的一般认识，其实还停留在那个阶段，认为主旋律就是完全由国家出钱搞定的，给国家看的东西。

第二个阶段就是新世纪初那一拨儿，代表作品就是那会儿的一批"长征"题材作品。配合那时"走下神坛"的话语和老百姓喜闻乐见的"戏说"模式，主旋律的焦点都在"毛主席用兵真如神"的"三国诸葛亮"式地呈现上。也是从那时候起，国家投资开始从主旋律中退场了，主旋律在资金意义上基本都是市场化运作了。

第三个阶段就是《建国大业》《建党伟业》这个阶段，也是知识分子视野的天际线，知识分子圈讨论主旋律一般也就到此为止了，再往后的主旋律是咋回事就都不知道了。在这个阶段不仅在资金投入意义上已经和国家完全没关系了，在内容制作逻辑上也高度市场化了，开始遵从好莱坞等主流大片的制作逻辑。

那么，拿上述的三个阶段来套今天的《人民的名义》，哎，是不是套不进来？好像都没啥太大关系，哪里出问题了呢？显然今天的主旋律又发生新变了。

我们再次回到 2015 年 6 月，中纪委宣传部调研组到国家出版广电总局、最高人民检察院的座谈，中纪委宣传部希望两部门配合，用文艺推动反腐。我们看中纪委宣传部除了"不能一写反腐就写成案件剧"的另一条具体要求"不能一写公检法就写成劳模剧"，说他们懂业务并不是吹捧，这里的劳模剧的具体意思，其实是反思了过去主旋律的相关问题，别弄成苦情戏，正面人物也得有血有肉，也得食人间烟火。

也就是不管是战略上还是战术上，中纪委宣传部的思路都是非常清晰的。但在他们之前还有先例——2014 年的《湄公河大案》和 2016 年的《湄公河行动》。湄公河事件，这个不用多说了，大家都大致了解。出了这么大的事，处理完之后，总要在国家层面上有所表达，那么从电视剧生产的角度怎么办？那就只有主旋律这一条路，从国家主旋律的角度进场。

所以主旋律经过 30 年走到了今天，已经走向了新的阶段，要比之前任何一个阶段都复杂得多。即便是《建国大业》《建党伟业》这些主旋律，其实他们只是以比较花哨的方式完成了规定动作而已，并没有什么新东西，而到了《人民的名义》这个阶段，则开始推陈出新。

与过去的主旋律作品相比，今天的主旋律有了相当的自主性，对于文化边界的"勘测"也由其自身完成，并没有谁告诉你哪行哪不行。而这不正是主流意识形态、主流话语在文化产业也好、大众文化领域也罢，开始成熟起来的标志吗？不管操持怎样的立场，这至少是不小的进步吧。

相比较而言，从 2004 年到 2014 年，我国这个领域一直被"捂着""摁着"，吃亏的显然是我们自己，远不是影视领域多赚点钱少赚点钱那点事儿，而是在主流意识形态、主流话语层面一直吃着暗亏。在影视领域的结果，就只能是逼着《白日焰火》用欧洲电影节现代主义标准来呈现那段历史，说白了就又是在相当程度上满足了白人老外"窥淫癖"的猎奇心理。我们都知道，我们的国情和美国非常不一样，《纸牌屋》还是晚期资本主义那一套逻辑，我们没必要和他们一样，真一样了也不是啥好事；但我们还是可以算一算，这里里外外差了多少意思？真的是"失去的十年"啊。

当然了，谈任何问题都不能抽象谈，我们再放大一些看吧，影视领域的市场环境其实更不乐观。按照刚才的梳理，尽管今天的反腐剧、涉案剧开始有了这个时代的主旋律的历史任务，其生产、传播等和国家其实也是无关的，都是在高度市场化的环境中完成的。《人民的名义》就是最好的例子。比如在剧中扮演赵立春同志的另一个前秘书，朗诵了《共产党宣言》的制片人高亚麟就明确说，恨不得写一个关于《人民的名义》的拍摄过程的报告文学，好好揭示一下这个过程中的众生相的丑恶嘴脸，那叫一个搞笑。说是大概有50多家投资机构都表达了意向，并大多签了合同，就因为反腐这个话题太过敏感，有很多机构甚至不惜交违约金而选择毁约。

而且它的制作方的三分之一的股份在去年年末，就被另一家大公司转让了。为什么呢？正是因为这些年影视领域风行的对赌协议，说白了就是业绩达没达标，这和其他行业普遍存在的高杠杆投机，其实共享着相近的结构。随着相关泡沫的进一步破灭，金融资本也调低了对影视业的预期。这个行业2016年的对赌总额还是20.7亿，到了2107年直接被腰斩到11.5亿，2018年则是10.4亿。在强势行业看来，这真只是零钱而已。

还有就是在传播过程中，《人民的名义》的发行方所设置的"小鲜肉""老戏骨"对比的话题，就是强调"小鲜肉"不值那么多钱，而"老戏骨"们物美价廉，是行业良心。事实真的如此吗？就连该剧的制片人、导演都承认，这些"老戏骨"在这部剧里面，给的是"内部价""人情价"，片酬并没有按照市场价走，真按照市场价，这部剧的总花销就得2个多亿、小3亿了——不管按照什么标准，这都不可能是所谓中小成本电视剧了。这显然是结构性问题，不是"小鲜肉""老戏骨"这个二元对立能涵盖的。

所以，至少中期看，这个行业都不再处于一个乐观的通道中。

因此，当我们讨论身处在这一历史阶段中的《人民的名义》时，就不能抽象地讲"大道理"，比如老同志们都愿意唠唠人民是不是个名义，确实不能说这些讨论就一点用都没有；但只要稍微聚焦一下《人民的名义》的生产、传播，我们就会发现实际情况和我们的主观想象，根本就不一样，就不是一回事儿。在这样的市场环境下，它的生产、传播面临多大的风险、多大的挑战？这肯定不是我们在这坐而论道能体会的。

今天的主旋律的另一个特征就是在其传播过程中受到青年少的广泛关注。因为无论是《大决战》《开国大典》，还是《焦裕禄》《孔繁森》，抑或《建国大业》《建党伟业》，在过去这都是大人的事，是成年人世界的话题，和青少年和孩子们从来都没有关系啊。说主旋律到了新阶段，在这个问题上也确实足够全新。《人民的名义》在拍摄的时候，为了试图吸引青少年群体的注意，特意加了郑胜利这条他们认为的青少年网生代的线索。但结果是，广大青年少群体在新媒体上都不断表示，他们根本不喜欢郑胜利，把他的空间都留给达康书记吧。

说大一点，至少在改革开放以来的大众文化史上，这都是前所未见的。像《人民的名义》这样具有明显的主旋律特征的反腐剧、涉案剧，竟然在青年文化、二次元文化中受到了如此热捧，这种新的文艺现象显然突破了既有理论的一般性认识。而且这并不是偶然，2016年中纪委的《永远在路上》就在B站上受到了广泛欢迎。我们想想啊，如果说《人民的名义》好歹还是个电视剧，有点剧情的话，《永远在路上》这可是严肃得不能再严肃的正经专题片啊，一点娱乐性元素都没有啊。

所以主旋律发展到今天这个阶段，它的复杂性，实事求是讲，至少未必在我的认知内，很多东西还要深入挖掘。面对今天的青少年一代，我们再也不能拿过去把小孩儿当傻瓜的那一套想当然的思维来看待，包括我们青年文艺论坛曾经讨论过粉丝文化等等，他们的政治、经济、文化诉求，平心而论，我们了解吗？恐怕也就了解那么一丁点吧。不解决这个问题，也根本谈不上充分认知这个时代的主旋律问题。

综上，到了《人民的名义》这个历史节点，整体性地审视这一波反腐剧、涉案剧爆红背后的产业成因与传播逻辑，是我们这个时代文艺领域议事日程上必须解决的核心问题。在相当程度上，它就是认知我们这个时代的一条曲径通幽的有效路径。要做的工作太多，我们大家一起努力吧。

"媒介之变"微信公众号2017年6月6日

谁是范雨素：
底层写作的文化意义

4月初,一篇名为《我是范雨素》的文章刷爆了朋友圈,其作者乃是一名生活在北京的家政女工。读者在叹息范雨素的生平不幸之时,又惊艳于其文字的质朴感人。虽然近年来文坛上频频发出了来自底层的声音,然而,人们在消费底层关怀的同时,也对其存在不同程度的想象甚至误解。

淡豹的《关于范雨素的手记》详尽地记录了范雨素创作的前后过程,并认为其文章是经过阅读锻造的文学语言,具有一种动人的道德力量,也正是在阅读与写作中,范雨素不断思考着生命的尊严与价值。

和菜头在《一帮努力的屁股》中,认为范雨素的走红展现了某种刻意为之的感动,并批评其在文中曝光雇主的隐私,进而对当下的底层书写进行了质疑。秦晓宇的《也谈范雨素》反驳了和菜头的批评,作者不必避讳将其经历写入作品,并认为范雨素文章的意义正是在于其纪实性,正是范雨素们朴素的博爱成为对抗不平等的精神力量。

最后,张慧瑜的《如何让范雨素们享受充分的文化关爱》一文,从范雨素及其创作上发掘了底层书写的文化意义,并从制度建设的角度思考社会如何为范雨素们提供更好的公共文化服务。

关于范雨素的手记

/淡豹

2016年3月底，我到位于北京东五环外金盏乡的皮村采访。它是一个命运独特的城中村，因为头顶有飞机航线、不适合房产开发，至今密布着小型加工厂和外地打工者租居的平房，住着上万名工友。"北京工友之家"和"工子弟学校同心实验学校"就坐落在这里。

会来这里，是因为此前四个月，我几次采访过19岁的小Q，一位曾担任保安，如今在亦庄工厂打零工之余，仍在为自己上一份工作争取合理待遇的年轻男孩。而到了3月却再也找不到他了，微信与电话号码都失灵了。

我联想起他多次谈到的对争取待遇后果的预期（无望、羞辱和危险）和坚定，想起他仔细读竖排繁体版的《全泰壹传记》的样子，想起他曾说，"我也回不去家乡了，我和你们不一样，是别无选择"，觉得有可能他在回避我，为了安全，为了更自由地活动，为了把时间花在更好的友谊和更有效的交流上（这点我不太愿意承认），不愿意再和我打交道。

不过我还是想找到他，至少确认他的安全。因此我去了皮村"工友之家"，采访了2016年度"打工春晚"的导演、新工人艺术团主要成员、"工友之家"创办人之一许多，想了解小Q和他的朋友们在年初参加这次"打工春晚"演出的过程，借机寻找他其他的朋友。

就在这里，我读到了油印本的《皮村文学》，也就是2014—2015年在工友之家参加"文学小组"活动的工友的作品合集。他们多数住在皮村附近，每周日晚上课，由文艺研究学者张慧瑜义务授课。这些文章和诗歌是他们务工之余写作、上交的作业，也有媒体注意到，发表过其中几篇。

范雨素的文章《大哥哥的梦想》在其中显得很独特。其他工友作品大多以"我"为中心，写在皮村的生活经验、童年的美好记忆、对不公的控诉，以及对文学小组和老师的感激之情。范雨素则写一位挑战读者刻板印象的"有航天梦的农民"，她好像一位局外人，带着冷峻的幽默和理解力，写人物的可笑可叹、周围人的关怀与无奈，描述聪明机警、有讽刺性，语言风格强烈、有很大的距离感和同情心，不大写苦难、反抗、工业劳动过程和工厂空间细节。这种不符合大多数人对"打工文学"或"底层写作"界定，或许也是她的文章没有被此前去"觅稿"的其他媒体搜罗走的原因。

"正午故事"的编辑读到后也很喜欢它，3月30日，我们找到范雨素，在5月20日以《农民大哥》为标题发表了这篇文章。后来，我自己也去皮村教过书，感到范雨素和一般人想象中的"打工写作者"不同。老师张慧瑜曾讲述皮村教学经历：文学小组成员来源各异，年纪从60后到90后都有，其共同目的是"发出我们自己的声音"。我想，这是他们多数书写在城市和工厂中的压迫经验、思乡之情、迁徙经验，这种有动员能力的主题的原因之一。同时，张慧瑜写道，"工友的文学经验一般来自初中和高中语文"，一般大学教育的文学经典和工友有一定经验距离。因此他在教学中引导大家通过写家书、日记、散文等，逐步锻炼写作能力。

范雨素则不同。她向来读书极多，她的教育是来自于阅读的自我教育，80年代，她遍读襄阳城郊农村能读到的小说和文学杂志。在《我是范雨素》中，她回忆了自己童年读期刊上的知青文学，以及《鲁宾逊漂流记》《神秘岛》《孤星血泪》《雾都孤儿》《在人间》《雷锋叔叔的故事》《欧阳海之歌》《金光大道》。阅读也给了她离开家乡和冒险的冲动。她的写作也不是他人推动下或知识分子教育的产物。她一直想写长篇，写自己脑海中的人物。带着女儿二度到北京打工后，她平时做育儿嫂很忙，特地歇了几个月，把长篇写了出来。

我们的第一次微信对话是这样的。谈到"大哥哥"，她在手机上写给我：

那是我手写的一个约10万字的长篇小说的一个人物。我还没打出来。我自己把我写的这种体裁叫魔幻纪实体。我过去从没写过东西。现在写小说的目的，就是觉得活着就要做点和吃饭无关的事，满足一下自己的精神欲望。

我写这个长篇的理念来自邵雍："昔日所云我，今朝却是伊。不知今日我，又属后来谁。"

她一直在写长篇，不过由于清高和完美主义，不满意，不愿拿出来。负责组织文学小组活动的小付，帮她把长篇中写大哥哥青年时期的几页打印出来，成为我们看到的《皮村文学》中她上交的作业。

她自拟的标题是《有梦想的大哥哥》，张慧瑜老师改成《大哥哥的梦想》，我们发表时改为《农民大哥》，说明这是"一个农民写的她大哥的故事"。对此我一直有些遗憾——范雨素本人虽然是农业户口，但不是务农为生，以前曾是民办小学教师，如今是从事第三产业的工人，她笔下的大哥也不是个农民形象，而是位空想家，可能出现在马孔多村子的后院，也可能出现在桑丘身旁。

今年，她发来自己新写的关于母亲的文章。原文更长一些，责编郭玉洁做了两千多字删节后编订发表。范雨素在微信上告知我写作背景：

写母亲是因为遇到征地，心疼母亲，有感而写。我不会写东西，原来也从没写过。现在想写的原因是，我觉得我熟悉的家人，有几个很有特点。我大哥哥有农家少年少有的野心。小姐姐很有才气，但拒绝发表任何东西。我的舅舅力拔山兮，舅舅现在七十多了，在挣工分的时代，没有娱乐，村民经常祈求舅舅表演神力。我的舅母，你如果看了照片，你也会惊讶，世界上还有这样的美。他们年轻时是个闭塞的时代，如果换成现在，会被媒体蜂拥。

后来，我琢磨，他们的前生是帝王将相，今生是草芥小民。所谓的高层、底层都是同一个灵魂。

她就是这样写微信对话的，她就是这样的语言。

有读者在微博评价："读到这样的文章，我才能理解中国历史上那些忽地出现的精灵是真的。"也有人说："这几年见过多少奇妙的女人，但仍然为她的力量惊叹。"

我喜欢范雨素的文章，因为她个性化的语言和观察，因为她性别的视角，因为她"阅读者—作家"的语言和思考风格。

说个性化，是因为，她不是现在流行的分类"工人文学""打工文学"下的写法。在她的长篇中，大哥哥是不认命的农民，小哥哥是少年早慧的神童，小姐姐是提笔成诗的女诗人，都不是常见的农民形象和农村生活经验。她不是直接描述血泪和唤起反抗，不是以命运和不公为中心，是一些博大慈悲的、有凉意、有距离感的人世观察，一些多情的诗意，语言中有很多的反讽杂义，有流畅轻盈的幽默感。

说性别的视角，是因为她写下女人的强悍、坚忍、求知欲与好奇心，男人的野心与在家庭中的隐身。

从我记事起，我对父亲的印象，就是一个大树的影子，看得见，但没有用。

她写下一代代成为强者的女人的生存经验与精神魅力，以及女人彼此之间的影响。母亲因为是女性，没能上学，父亲倒上学了，可似乎没从学校得到什么。她自己读书很好，12岁时因为暑假时离家出走3个月，没能再上学。她告诉我："那个时候幼稚，不知道农村社会是不能宽容一个12岁的女孩的，对一个小女孩也会污名化。离家出走，就是因为觉得对地理熟悉，没有任何原因，没有任何剧情。但人们不能放弃任何一个能污名化的机会。"她自己经受了男人的酗酒和家暴，离开了他，自己打工。大女儿没能再上学，但"跟着电视里的字幕，学认字，会看报看小说了"。她给大女儿从旧货市场买一千多斤的书。这种依赖阅读的自我教育，和进一步滋养的好奇心和对美好生活的追求，似乎在一代代女性身上流传，不断重新界定什么才是生活中重要的东西。

文章里，她也写道，在城市里遭受欺侮时，她会提醒自己，自己是个农村强者的女儿。这种一代代女性之间的精神支撑是史诗性的，却很少有人写。

而至于"阅读者—作家"的语言和视角，可能要说得更多一些。我们在读者留言和评论中看到不少比较，跟同是湖北人的诗人余秀华作比，跟新凤霞或《穷时候、乱时候》这种成年后再学识字的作者比，跟小说《活着》的内容比。我自己读的时候，多少想到了李娟，可能与内容上一代代女性强悍的相互依恋依赖的生存有关，不过，更多是因为语言上的天真、纯净、幽默感及一些"反当代"的独特性。

有些读者以为范雨素是口语写作，我手写我心，以为她的语言是从日常生活到文字的简单翻译下造就的"底层写作"的朴素。并不是这样。恐怕从那些微信摘录已经能看出她的风格了。我觉得，她的语言是典型的"阅读者"的语言，是文学造就的，不是生活造就的。她有时使用的口语，其实是20世纪作家多年锤炼出的那种文学化的北方口语，加上像"伪爷""娘娃子"这样的当地词汇以及"人不死，债不烂"这样的生动表达，而前者恰恰是从阅读中来的。

《农民大哥》中，她写："他决定要当个发明家，主要原因还是上了文学的当。" 我的一位朋友去年读到，今年还记得，我们觉得这句话完全可以是《我爱我家》中哪个人物的口吻。

她的俏皮，经常来自自造词语的异质感，有意在语境中植入异样词语后产生的冲突，书面语/宏大概念和乡村环境的组合对比。她写皮村本地居民好养狗，是种强力炫富，动不动养好多只，她称之"狗部队"。皮村的房东是前任支书，她说这是"皮村下野总统"。

她写，大哥"做事只和妈妈商量，我们家里别的人在大哥眼里都是空气、浮尘。我的母亲对家里的每个孩子，都好得像安徒生童话里的《老头子做事总是对的》里面的老太婆。我们每个人做什么，母亲都说好、好、好！"她写大哥像鲁迅笔下的孔乙己，写自己的离家出走，对于村庄来说，"就相当于古典小说的私奔"，流浪的女孩是"德有伤，贻亲羞的人"。

这是一种习惯性地借助文学理解生活，早早就在日常生活上叠加了一层文学世界，并让灵魂栖居其中的生活方式。她从幼年开始，长年做高强度的阅读和思考，非常人能匹及，她的语言也是种由她本人雕琢出的文学语言。有些读者会觉得，文章中出现了抽象的词语、概念、逻辑，以为那是外人介入的产物。可是，每个句子都是她的，我们没有增添过。

我心目中，范雨素是位"湖北女作家"，"居住在北京的女作家"。

一位朋友、社会学研究者董一格说，她因为一些评论中那种"看，她也可以写得如此好"的中产阶级他者化思维而生气，"劳动者本来就可以写得如此好（她的文章当然也不是说没毛病），尤其在曾经有过多年普及教育，90%的人口识字，书相对便宜的中国"。

经过雕琢、反讽、充满暗示的文字风格或许来自阅读史。她甚至在微信聊天上都是这种语言和逻辑风格。读者对知识分子介入的误解，恐怕是因为不熟悉劳动人民中地方上基层的知识人，以为底层劳动者的逻辑和语言得粗暴，得缺乏正统知识与引文，才符合自身对劳动者的定义。劳动者很多元，其中长期浸润于阅读，并且对知识和求真有兴趣的那些人中，有相当多的人习惯使用"大词儿"和抽象概念，也有作家编剧曾准确地写出过基层村干部好谈论国际大事，动辄"联合国"的对话。而本地知识分子可以与体制化的知识生产机构和制度毫无关系，但其心灵直通经典文本，并且所受经典的影响和对经典的定义可能是个性化的，是与个人青春时做高密度阅读时恰好传来的时代风潮紧密关联的，与学院和社会的经典化选择不同。

我觉得，范雨素的语言是书面化文学化的北方口语，即以普通话下的口语化文学语言为主，结合一些通过阅读得来的表达和概念与本地表达，她的观察是不断在现实和文本之间曲折往复的对比、理解和省察，是通过阅读锻造的文学语言，不是什么农民语言。

那种对"无知者也能作诗"的虚假想象和"钦佩"，在李娟的文章初被大众所读时也出现过。当有人认为她的天真气质和想象力源自无知，李娟曾客气地澄清，"也许和一些人比较起来，我读书比较少，但和另一些人比较，我读书还是蛮多的"。创作者不无知，而某些观者对他人生活无知。李娟一直喜欢读书，读得多，作文好，并不是有些人想象的那样"只读金庸琼瑶"。

而同时，琼瑶也不是丝毫不重要。范雨素的名字来源于读琼瑶小说《烟雨蒙蒙》，12岁时，她自作主张改了名字，不再是范菊人了，从此，

"我是范雨素"。她在阅读中重新命名和发现了自己，小说中的理想世界征服和改造了现实。

其实，80年代琼瑶开始流行，也正是对爱、美、独立自我的追求流行的时候，如今被称为人文精神。那个年代，范雨素因为大哥哥和小哥哥的缘故和自己的探寻而读各种读物，这些读物，与今天书店进门处和手机上的读物也不相同。我会觉得她的语言中有一些曾流行过又被失落的人文精神，那本身是朴素和有力的，而其朴素性，与阶级身份或人们想象中劳动人民的无知无关。

不过，当范雨素说，文学小组一位工友的作品"表达农民工的心声"时，确实是她的身份和经验给了这样的常见表达以实在的意义和力量，召唤回来词语本应有，却在庸俗的大众媒体和空洞的政策表达中失落的含义，召唤回一些失落在今天的书面语、网络语言、政策语言中的真挚。

琼瑶为什么动人？爱，原谅，美，不拜金，追求生命和情感的真实。

"正午"前阵子有另一篇引起比较广泛讨论的文章，《房疯》。在北京买房太难了，或者说，人总是会觉得自己做错了，似乎总错过了什么。时代的走向不是普通人所能把握的，无助感带来的失败感与切实的生活压力都让普通人焦虑。其中一位人物说："如果有机会，就不要再错过了，这个时代不再奖励勤恳工作的人，而是鼓励胆大心黑。"

我们也纳闷《我是范雨素》为什么流行。昨天，这篇文章的责任编辑郭玉洁说，除了语言或者流畅感，最重要的是，文章有种道德力量。

2015年底，《正午故事》纸质书第一辑出版时，郭玉洁在出版说明中这样写：

> 日光之下，并无新事。今天的世界，是同一个故事的万千版本，挣扎与成功，财富与梦想。我们试图抵御这种单一，复活那些被遗忘和磨灭的故事，赋予普通人尊严，留下变幻中国的痕迹。

如果这个时代的成功学鼓励胆大心黑，如果中产阶级疲惫地重复穆旦的诗句，将自身处境理解为"这才知道我全部的努力，不过是完成了普通的生活"，在描述心灵和人性时强调其多变的特质和野心，把贪婪当作普遍人性中难以克服的部分和激发人向上的主要动力，把竞争当作伦理上正确且有利于全社会的生存准则，把世界的财富当成一个"非你即我"的、需要抢夺的总体，把共同生存当成不得不忍受的现实局限，那么，范雨素笔下的人、笔下的生命力的形态是不同的，她是在赋予普通人以尊严和心灵深度，也在礼赞阅读和文学对心灵与美德的滋养。

范雨素曾这样在微信里告诉我："现在的农村就是丛林法则。童年，因长辈是强人，还没受到欺侮。" 大家在说人文精神时，究竟在说什么？或许关键不在于世界变了，而是理想与准则变了。如今时兴的是保守主义、进化论、自由市场的幻觉。

而范雨素写婚姻时，是"把自己草草打发了"的痛惜，不是估价，不是合伙经营制，不是到什么时候做什么事的循规。强大的自我和心灵追求是动人的，其中有那些新鲜的力量、被压抑已久的追求，要做个人，要站起来，要笑，要蓬勃生命，要爱的动能。"我是个无能穷苦的人"中的骄傲是动人的。"母亲爱着我们"的具体性和那些要了解他人、思考他人生命的呼唤是有力的。

一位师姐读后说，"活着是什么？" 如果我可以用一点"大词儿"的话，我想范雨素也在定义活着和强者的丰富含义，在这个考虑输赢的时代。也是在以作品本身、以作品/写作行为和自己生命的关系，声明阅读的价值，尊敬让人心疼的书，爱护受苦受难的人，人都在受苦，不仅所谓的底层。

每次，范雨素有文章发表，她会回到皮村文学小组教室，买水果零食，请大家吃。大家叫她"雨素大姐"或者"雨素同志"。这次，大概她又要回去了。《皮村文学》的第四辑也已经出版了。

"正午故事"微信公众号 2017 年 4 月 26 日

一帮努力的屁股

/和菜头

昨天写了一篇《我是和菜头》，讽刺了围绕保姆范雨素的一场盛大的刻奇。于是，许多人看完文章当时就疯了。

有《槽边往事》读者问我：什么是刻奇？很简单，见过那种中小学校的洗脚宣讲团没有？全校师生家长在操场上集合，一个神头鬼脸的家伙带着哽咽的腔调谈父母对子女付出了多少爱、多少关心，为了子女吃了多少苦、受了多少累。高潮时分，要学生们走上第一排，跪下给父母当众洗脚。所有的现场人都为之泪下，并且相互监督着看谁没有流泪，否则就是不孝。

这就是刻奇，强行自我感动和强行感动他人。谁敢不感动，我就敢动你——就像我发完《我是和菜头》之后，因为在文章中明确表示了我不感动，于是从昨天下午开始，许多人就在网上表演敢动不感动的和菜头一样。

那我怎么看待这些批评呢？我有一条标准：

范雨素文章好不好是一个问题；觉得范雨素文章好，意味着自己有爱心，关心社会底层，这是另外一个问题。凡是单独谈其中一个问题的，那算得上是个讨论；凡是把两个问题绑定在一起来讨论的，都是在耍流氓。

我不觉得范雨素的文章好。换了是任何一个人，家里请了一个保姆，每月支付保姆6000块钱，让她得以养育两个女儿，结果，这个保姆转身写文章公开发表，告诉公众你在胡润财富排行榜上，你家里有300平方米的武术训练场，你有一个妻子和一个情人，一共为你生了四个孩子。她在文章中调侃你的情人为"如夫人"，你们的儿子是"庶子"，说你的情人在你面前是"伏地乞食"。你会怎么想？

接下来，她更在文章中向公众疾呼：

> 每每这时，我就会恍惚，不知道自己是活在大唐盛世，还是大清帝国，还是社会主义新中国。可我没有特异功能，我也没有穿越过呀！

因为你有妻子，又和情人生了两个儿子，所以，你的行为已经危及社会主义新中国，让新中国变成了落后腐朽的封建王朝。如果你是雇主，你看到这样的句子会有什么感受，会不会觉得这文字里的森然？

这就是所谓的简单、朴质、善良的文字？

在所有为范雨素文字辩护的人里，普遍持有的一个观点是：她是个保姆，没有受过多少教育，能写成这样已经非常不错了。我没见过比这个骂人更厉害的话，也没有见过比这个更为明目张胆的歧视。

为什么我们从来没有听见谁说：

牛顿是光棍里物理学最好的；

荷马是盲人里史诗写最好的；

伊索是奴隶里寓言写最好的；

司马迁是阉人里历史写最好的；

杰森斯坦森是秃头里演技最好的。

……

因为这是侮辱。他们的成就，和他们的身份、收入、身体缺陷没有一毛钱关系。好就是好，不需要因为牛顿独身一辈子，所以他的物理学成就才能显得特别一些；不需要因为荷马是个盲人，所以我们应该对他的史诗要着意多看一眼。说这样的话，内在的含义是：如果不是因为他们独身、眼盲、卑贱、残疾、有缺陷，他们的成就我们原本没觉得那么伟大。

这种以身份为前提，讨论作品好不好的观点不值一驳，问题就出在评价文学作品的标准有两套。别人的作品用一套标准讨论好不好，在这套标准之外，还有一套保姆文学标准。因为作家是个保姆，所以要用另外一套标准去衡量作品的好坏。什么叫骂人，这就叫骂人；什么叫歧视，这就是公然的歧视。

对于范雨素来说，把她的作品和所有作家的作品放在一起，用相同的标准去评判，这是对她最大的尊重，也是最大的平等。而单独弄一套保姆文学标准，这是在内心认定了底层阶级不可能创作出什么文学作品出来，所以，用这个方法单独弄个小圈子出来，把范雨素们圈在里面进行评定，这本质上叫作把玩。

我批评范雨素的文字，并不是因为她的身份是个保姆。既然写出来了，我怎么批评其他作家的文字，那我也就怎么批评范雨素的文字。在我这里，我对待范雨素的态度和对待王小波、冯唐、阿乙没有任何不同。但是，赞扬范雨素文字的人里，很多是因为她的身份是个保姆。然后，这帮人说我刻薄、冷酷、没爱心。

即便如此，我依然承认这是一种讨论，脑子不好的人也可以讨论问题，我并不歧视。但是，有些人要流氓就是另外一个概念了。

他们把批评范雨素的文字，等同于否认别人有爱心，等同于歧视社会底层，这种强制关联就属于纯粹的要流氓。赞美范雨素的文字不意味着有爱心，也不等同于关怀社会底层。事实上，我在《我是和菜头》一文里，用了最大的篇幅表达过我的观点：这是刻奇，没什么爱心可言。如果这些人读不懂的话，我这里可以再明确一点说出来：

我是在讽刺你们呢！

我是在讽刺你们呢！

我是在讽刺你们呢！

我在微博上说：

"对于某些人来说，凡·高奶奶代表了他们对绘画的理解，余秀华代表了他们对诗歌的理解，范雨素代表了他们对散文的理解，感动得一塌糊涂。我说，你们的感动也太虚假伪善了一点吧？每隔两年就要借个社会弱势群体表达一下自己的爱心，就跟一桌山珍海味吃完了，盛赞小青菜味道最好一样——真喜欢别点小青菜之外的东西啊？于是，他们骂我冷血、刻薄，对贫下中农没有关怀和爱心。你们任何时候推出个贫下中农，就只能赞扬才行是吧？"

为什么不点个完全由小青菜组成的青菜宴呢？不就是换换口味的事情，至于说得那么涕泪交流的吗？在《槽边往事》的留言里，一个叫马方的读者写了一段话给我，在我看来，这段话的刻奇症状就非常典型了。她说：

> 我觉得她写得好是在文笔后边的东西，不是文笔和章法本身。确实，我体会不到因为生存而不能保护自己的儿女，因为生存而怕自己妹妹拖累，还有自家大闺女看护二闺女的细节。这个世界的审美一直都是真善美，并没有变过。因为这世界也有很多人的审美是觉得你也写得不错。

看完这段话，我觉得非常震惊。吃完小青菜，怎么可以那么镇定地装作第一次发现青菜好吃的样子？所以，我回复她说：

"你有什么体会不到的？你住海子里，还是住在别墅区？你周围满街满巷的农民工、城市贫民，但是你看不到。于是，你需要一个保姆的文章帮你'发现'了？帮你'体会'了？没感觉到吗？我的原文就是在讽刺你这样的人啊。感觉不到的话，我可以再说一次：我在讽刺你呀。"

我在北京租的房子不便宜，小区环境也足够封闭，但是这并不耽误我凌晨两点下楼去通宵小超市买东西的时候，和值班的店员一起坐在店门口的台阶上聊天，听他讲讲自己的一生、聊聊他的家乡父母、自己来北京的梦想。这是多么困难的事情吗？需要怎样的视而不见，才需要去找篇文章去"体会"？如果说，和一个店员并肩坐在台阶上聊天太困难，观察生活总能做到吧？在我的（完全原创）《一家早点铺》里，我能看到的东西，难道不是每个去光顾的食客所能看到的？需要怎样的充耳不闻，才需要找篇文章去"发现"。

如今，"发现"底层人民，"发现"下岗工人，已经成为网上大型刻奇的必修课了。在那种黏糊糊的所谓"关爱"里，能分明感觉到一种白人"发现"非洲文明、"发现"美洲金字塔的那种心态，从心态到肤色都变成白色了。以至于谁不跟着感动、谁不跟着流泪、谁不跟着赞美，谁就是

"蹭热点"，就是"刻薄下流"，就是"无耻不堪"？

既然那么有爱，我这里就想问一句，那些眼泪都没有擦干就开始骂我的媒体人：如果贵编辑部评定职称、升职加薪，你们曾经因为自己的竞争对手家庭贫苦、收入微薄，主动放弃过晋升加薪的机会吗？哦，那时候又变成晋升加薪是因为你们个人能力强了，就不讨论爱心了，爱心都留在网上读文章流眼泪了？扭头过来，该怎么掐还往死里掐。你看，我都信了你们真爱吃小青菜，对山珍海味毫无兴趣了。

从昨天下午开始到现在，许多人都以为在批评我。知道在我眼睛里看到的是什么吗？在《我是和菜头》的最后一段我写道：

"最后，我要写一段和全文没有丝毫关系的话。我不知道，为什么我要这么写。但是这么写看起来，好像很高级的样子——我的邻居张大锤告诉我，他每天上班的时候，都会去偷窥公司的女厕所。他对我说：每次观察到人们很努力地蹲坑，看到那些努力的屁股，就觉得很感动，他说他会永远热爱生活。"

你们就是一帮努力的屁股，让人看了就忍不住来上一巴掌。在每一个刻奇时分，在每一个"发现"社会的时刻，我想说的是：

屁股们！在这个残酷的世界上有一条真理：只有坐上马桶的屁股，才可以大谈之前排队时的艰辛和苦难。而不肯从马桶上起来让座的屁股，一起围观一个等待空位的屁股，感动流泪，欢喜赞叹，感慨"它让我发现了社会的另一面，这种自立向上的精神让我好感动"，就不单单是刻奇，而是带着屁味的刻奇了。

"槽边往事"微信公众号 2017 年 4 月 27 日

也谈范雨素

/秦晓宇

一

前些日子，一篇名为《我是范雨素》的文章刷爆朋友圈，媒体也迅速跟进，大加关注，作者范雨素就这样火了。

对于这篇文章，有人感动，有人把这感动归结为文学价值，也有人不以为然，唱起了反调，这其中以和菜头的反调最为尖刻，嗓门也最大。在《一帮努力的屁股》中，他是这样否定范雨素的文章的：

> 我不觉得范雨素的文章好。换了是任何一个人，家里请了一个保姆，每月支付保姆6000块钱，让她得以养育两个女儿，结果，这个保姆转身写文章公开发表，告诉公众你在胡润财富排行榜上，你家里有300平方米的武术训练场，你有一个妻子和一个情人，一共为你生了四个孩子。她在文章中调侃你的情人为"如夫人"，你们的儿子是"庶子"，说你的情人在你面前是"伏地乞食"。你会怎么想？

接下来，她更在文章中向公众疾呼：

> 每每这时，我就会恍惚，不知道自己是活在大唐盛世，还是大清

帝国，还是社会主义新中国。可我没有特异功能，我也没有穿越过呀！

　　因为你有妻子，又和情人生了两个儿子，所以，你的行为已经危及社会主义新中国，让新中国变成了落后腐朽的封建王朝。如果你是雇主，你看到这样的句子会有什么感受？会不会觉得这文字里的森然？

　　这就是所谓的简单、朴质、善良的文字？

短短一段文字，将和菜头的逻辑性、理解力以及对文学创作的认识能力暴露无遗。

　　先不说范雨素写得怎么样，我想问，文章好不好，跟是否把自己的某一经历写进文章里，有一毛钱的关系吗？而接下来和菜头究竟是在论述范雨素写得不好呢，还是在论述她不该把在富豪家的育儿嫂经历写出来？

　　和菜头的意思是，雇主雇佣你并发你薪水，那你就不应该在文章里使用"如夫人"之类的讽刺性称呼，甚至就不该写文章曝光雇主的隐私。而一个文学常识是，写什么、怎么写，是一个作家的自由，写作者没必要画地为牢，自我设限，别人更无权干涉。文学史上涉及他人隐私的杰作，还需要我来列举吗？可按照和菜头"为雇主讳"的逻辑，别说范雨素了，任何一个领了雇主薪水的底层打工者，都不该书写自己在厂矿工地的遭遇和乱象。这跟封建社会那套"为尊者讳"的把戏有什么区别？

　　和菜头的理解力也很成问题。范雨素的"恍惚"很明显是因为，封建时代，那种妻妾生活居然在社会主义新中国又重新出现了，且女雇主还一副伏低做小、刻意逢迎的样子，要知道婚姻法的第二条便是"实行……一夫一妻、男女平等的婚姻制度"。范雨素若不当育儿嫂，如此国粹的婚姻景观她无缘亲见，而女雇主的种种表现也让自食其力、把平等和尊严看得格外重要的范雨素非常不解，于是便"恍惚"起来。

　　而"森然"的和菜头却偏要上纲上线或别有用心地理解成：范雨素暗示这位富豪的私生活危及国家政权。范雨素显然没这层意思，不过她的"恍惚"未必不是对社会现实的疑惑、讽刺与质询。

　　再看和菜头，他并不觉得那位富豪涉嫌违法的重婚生活有何不妥，还处处为之辩护；他也不关心由此折射出怎样深层的社会问题，却一味地指责范雨素通过文学创作冒犯了富豪的隐私权。林语堂说，中国只有两种阶级，踢人家屁股的，和屁股给人家踢的。他忽略了还有人是专门擦屁股的。

二

踢完和菜头的屁股，我们还是要面对一个问题，那就是《我是范雨素》究竟写得怎么样？或者说范雨素是不是一个横空出世的优秀作家？

我曾说过，所谓农民工写作，就是没有灰色收入的一些人，不受制于权力和资本意志的表达。只要稍微了解中国当下的文化生产状况，就知道这一点有多可贵。像范雨素这样的写作者，视写作为纯粹的精神需要，顶多用它赚一点微薄的稿费，由于生活中淤积了太多的苦闷和伤痛，不吐不快，于是就用文学的方式象征性地应对这个苦难的世界。这样的创作动机，其实回到了文学艺术最原始最珍贵的意义。就此而言，和菜头这种为力挺大烂片《盗墓笔记》而连连发文的写手，跟纯粹固守着一份对文学的热爱之情的范雨素，不可同日而语。

范雨素很像传统中国的游民知识分子，离开乡土，溷迹于城市下层讨生活。有别于一般游民，她有种自觉的书写意识；有别于传统士大夫或现代知识分子，她以他们不齿或不为的职业谋生，具有顽强的生命活力。在写作中，她不大关心那些抽象玄远的命题，文字也不那么雅驯，但一种泯然众人又不无特别的视角，加上丰富的人生阅历，自有一种沧桑感人的力量。

有了网络，就有人挖空心思、削尖脑袋想成为网红。这背后名利的驱动显而易见。由此派生出种种操作和炒作的套路，这些年我们也见怪不怪了。而范雨素却在意外走红之后，主动放弃了做网红的机会，在记者汹汹前来之际逃进深山。这固是压力使然，却也说明她没有谋求也不稀罕网红的身份，以及随之而来的名利。她只是热爱写作，只是有话要说，此外皆不重要，这样的写者之心会让许多作家汗颜。

范雨素不仅是一位纯粹而自觉的写作者，而且有明确的风格意识，她把自己的长篇小说定义为"魔幻纪实"。我们似乎可以通过《我是范雨素》来初步认识这一风格，以及塑造这风格的手法。

"魔幻纪实"与"魔幻现实"仅一字之差，这差别很可能体现在前者追求一种亲历的自传性与真实性。范雨素一方面讲述着亲身经历的而非虚构的生活——这需要真诚和直面惨淡人生的勇气；另一方面她又要超脱其外，成为自己生活的旁观者和记录者——这需要冷静与克制。随便举个例子：

> 我只负责三个月的小女婴。小婴儿睡觉不踏实，经常半夜三更醒来。我跟着起来给孩子喂奶粉，哄她入睡。这时，我就想起我在皮村的两个女儿。晚上，没有妈妈陪着睡觉，她俩会做噩梦吗？会哭？想着想着，潸然泪下。还好是半夜三更，没人看见。

女雇主半夜"画好精致的妆容"，恭候她的男主人，把孩子托付给育儿嫂。而育儿嫂亦不在自己孩子身边。这是一个充满惨痛戏剧性的时刻，亲历者的只言片语，胜过虚构的万语千言。这也是一个抒情的时刻，一般的写作者非但不会按捺，还会觉得迎来了一个抒发悲情与思念的大好时机。而范雨素径直写道："想着想着，潸然泪下。"寥寥几语的纪实，胜过万语千言的抒情。

至于"魔幻"，首先是范雨素认为"艺术源于生活，当下的生活都是荒诞的"；其次是她运用了类似荒诞派文学的手法，来表现这荒诞的生活。荒诞派文学往往会打破常规的时间顺序或逻辑结构，一任意识自由流淌，从而创造某种奇特的叙事效果。这背后是一种存在主义式的观念基础，即认为存在是超逻辑的，是变幻无常和荒谬的。而《我是范雨素》从作者12岁写起，突然跳到20岁以后的生活，然后又返回童年，待写完哥哥长大成人的故事后再次回到自己的童年；文中也多有直陈荒谬生存的笔触。

荒诞派文学的另一特征，是通过轻松幽默的喜剧方法，书写严肃的悲剧主题。范雨素有着严肃的现实批判意识，但这种批判意识并非是通过义正词严的庄重姿态或悲情愤怒的抨击腔调表达出的，而往往是以一种内含锋芒、黑色幽默的反讽语言传达出的。举个例子，还是做了育儿嫂不能照顾自己孩子那一段：

> 有母亲在求告老天爷，我的两个孩子健康快乐地生长。三个大孩

子一起看护一个小孩子，很轻松，孩子们每天都好得很。三个孩子，每天对着小女儿唱"我们的祖国像花园，花园的花朵真鲜艳"，唱得眉飞色舞，玩得欢天喜地。

作为更高级的文学语言，反讽是一种复杂微妙的自反性修辞。就拿这一段来说，首先这是直陈其事的纪实，穷人家有穷人家的欢乐，穷人家的孩子可能更皮实、健康。范雨素没有撒谎，皮村的孩子就是这样，"唱得眉飞色舞，玩得欢天喜地"。其次，这难道不是黑色幽默味道十足的辛辣讽刺吗？最后，在欢乐与讽刺之下，我们可以感受到一种"以乐境写哀"的悲凉底蕴。

"魔幻现实"也好，"魔幻纪实"也罢，都是指向广阔的、光怪陆离的、乱象纷呈的荒诞社会现实的表现与批判。范雨素自传性的写法，并非出于自恋而津津乐道于自己独特的经历，她是希望透过自己的人生，来书写一整个阶层的命运。

尽管范雨素有纯粹的写者之心，有写作的天分，有可贵的人间情怀，尽管《我是范雨素》有鲜明的文学风格，有现实世界性，有动人的细节，有令人击节的妙笔，仍然不宜夸大它的文学价值。那些瑕疵、败笔、粗糙之处、落入俗套的比喻、不准确或不充分的描写、通俗文学的不良影响、袭用而非化用别人的陈句，诸如此类的问题像该文的优点一样明显。就我的阅读体会来说，这篇文章要超过一般文学青年的水准，但也仅此而已。毕竟文学创作有着锻炼字句的语文性的一面，亦会受限于文学文化的基本修养，虽貌似主观行为，其实被好多客观因素制约着。事实上，范雨素对自己的作品有很清醒的认识，她并未因一夜爆红而忘乎所以。

范雨素8岁能读懂竖版繁体字的《西游记》，显然有远超常人的聪慧。我们有理由相信，如果受到很好的熏陶和培养，其文学造诣将不可限量。这也说明，像任何阶层一样，底层也有人类的精英，也有充满非凡创造力的人。考虑到人口基数，这样的人只会更多。只是他们的才能更容易被损耗而不是得到发展，由于种种客观因素，也更难有出头之日。

三

总之《我是范雨素》是言之有物的文章，其更重要的价值在于所纪之实，而不是它的文学性。范雨素现身说法，以自传的形式为命运的同路人立言，为底层的生存做证。当有些网友赞美这篇文章时，他们未必分清了舞蹈和舞者，也未必晓得，打动他们的主要还不是文学的魅力，而是真实的力量。至少，身份本身不能给作品直接加分，感动也并非测量文学价值的尺度，而仅仅是有待评估的阅读效果。

《我是范雨素》最触动我的有两点：一是现实中无所不在的不平等，已经到了触目惊心的"魔幻"的地步；一是与此相对的，作为生命之灯塔的人性中的爱意，有着抗衡"魔幻"的神奇力量。

根据亲身经历，范雨素写到了性别、阶级、城乡的不平等，以及随之产生的教育和文化上的不平等。她娓娓道来，不是煞有介事的，倒像随口那么一说，就是令人印象深刻的事例。譬如她写道，在襄阳农村，男孩离家出走很平常，而女孩这样做类似古典小说中的私奔。

范雨素的经历提醒我们，经济发展也许对大部分人都有利（像范雨素就多少受惠于此，当上了一名月薪6000元的育儿嫂），但显然对极少数人更有利，从而加剧社会相对的不平等；与此同时，不平等所带来的一系列问题很可能被经济发展的成绩遮蔽了。而范雨素们写作的意义就是"去蔽"，就是通过书写为自己赢得有尊严的文化上的反抗。

打工文学本质上是一种创伤写作，范雨素也不例外。除了诸多不平等的现象，她也写到由此造成的心灵创伤——一种具有中国农民工特色的"社交恐惧症"。由于常年遭受歧视、冷眼、欺负，她变得不敢跟人接触，不能相信别人，久而久之，从心理上对所谓文明世界有一种真正的恐惧。这一次爆红之后逃进山里，就是这病症的再次发作。

范雨素觉得，唯有爱能治疗这沉疴，而治疗方式就像一种宗教仪式。由于在打工生涯里常年得不到别人的关爱，这让她无比渴望爱，而且必须是那种可以被无限信任的真实无欺的爱，"我想到母亲对我的爱，在这个世界上永远只有母亲爱着我，我每天都使劲这样想，我的心理疾病没有恶化"。这段话有多温暖，就有多令人心痛。范雨素常说"有母亲求告老天爷"云云，其实饱含爱意的母亲，就是她的老天爷。

当无所不在的不平等被习以为常，成为社会生活中见怪不怪的雾霾，或内化为一种无意识，我们的内心是否也驻扎了一个不平等的魔鬼？亚当·斯密这位自由市场经济理论的奠基人，在英国资本主义初级阶段观察到一个危险的征兆，放在今天来看仍不失警示意义："对有钱有势者的钦佩乃至近乎崇拜，对贫穷卑微之人的蔑视，或至少是忽视"，是"我们的道德情操败坏的极大的和最普遍的原因"。当道德情操普遍败坏，连贫穷卑微之人也不能幸免，甚至会因更恶劣的生存环境而变本加厉，如何在个人的意义上改变这种状况，不让自己沉沦于一个不平等的世界？范雨素再一次从母亲身上得到朴素的启示：不是阶级仇恨，不是阶级斗争，而是人性中的善良天使——爱，才是那种使我们免于沉沦，同时孕育希望的力量。从母爱中汲取了能量的范雨素，把这种爱升华为一种博爱精神：

> 我在北京的街头，拥抱每一个身体有残疾的流浪者；拥抱每一个精神有问题的病患者。我用拥抱传递母亲的爱、回报母亲的爱。

《我是范雨素》开篇那句"我的生命是一本不忍卒读的书，命运把我装订得极为拙劣"，袭用了席慕蓉的诗句，虽然吊人胃口，但席式的煽情语调跟文章整体风格不符，不知是否出自编辑的修改？不过，范雨素和她女儿对待流浪者的态度，倒让我想到但丁同样以书为喻的一句诗："宇宙纷飞的纸张，都被爱装订成一册。"

"我的诗篇"微信公众号2017年5月2日

如何让范雨素们享受充分的文化关爱

/张慧瑜

近期，一位家政女工范雨素的自传体文章《我是范雨素》在微信"朋友圈"中流传，很多普通读者被这篇用简单朴素的文字所讲述的单亲母亲的故事感动。近些年借助新媒体平台，不断有出身底层的作者受到关注，比如2014年农民诗人余秀华、打工诗人许立志，还有2015年纪录电影《我的诗篇》及同名诗集所推荐的十余位优秀的工人诗人等。他们的作品有两个突出特点，一是有直抵人心的力量，他们的创作与自身的生命际遇有着直接的关系，甚至许立志用生命来写就震人心魄的诗篇；二是他们使用文学化的语言，让人们重新感受到文学的魅力。文化管理者不仅要认识到底层创作者的文化价值，而且需要从文化权益均等化和公共文化服务等方面，为更多底层文艺工作者的培育，提供社会基础和制度保障。这也吻合于刚刚发布的《文化部"十三五"时期文化发展改革规划》的基本精神。

底层书写的文化意义

这些底层作者的出现，一方面打破了90年代以来文艺创作领域日益专业化、商业化的围墙，让人们看到非专业作者的水平不容小觑；另一方面他们的写作不只是与特定的社会群体有关，也反映了社会转型期人们的普遍焦虑，正是在这个意义上，他们的作品才获得一般读者的理解、认同和激赏。我想从人民文艺、有主体感的底层写作和宽宥的人生态度三个角度来理解底层写作的文化价值。

首先，这些普通劳动者的作品是一种扎根于生活、扎根于人民的写作。习近平总书记在文艺工作座谈会和在文联十大、作协九大开幕式上的重要讲话中多次强调，"人民是文艺创作的源头活水，一旦离开人民，文艺就会变成无根的浮萍、无病的呻吟、无魂的躯壳"。社会主义文艺也是人民的文艺，对于专业文艺工作者来说，需要不断地"深入群众、深入生活，诚心诚意做人民的小学生"；而对于出身底层的创作者来说，他们就生活在人民中间，他们的创作来自生活的磨砺和洗礼。湖北农民余秀华长期生活在农村老家，她的诗歌有一个基本的主题，是写她朝夕相处的故乡横店村，如在《一个人的横店村》中"到了七月，万物葱茏。如果一个人沉湎往事/也会被一只蜜蜂刺伤/而往事又薄又脆，也不听任月光和风的摇晃"，这是一种与时节、动植物生长、风雨雷电等自然世界相关的主题。这种自然世界又与杏花、桃花、鸡、羊群、麦子、蛙鸣、狗吠、河床、屋顶、村庄、大地等自给自足的农村风光结合起来，共同构成了一幅田园化的农村。范雨素也是如此，《我是范雨素》一文用精练的语言叙述了从50年代到当下三代女性的命运，从母亲日夜操劳养育五个儿女，到离婚后的范雨素带着两个女儿在北京艰难生活，再到大女儿在范雨素的文学教育下健康成长。这些不悲情、不诉苦的文字中渗透着女性的坚忍和执着。

其次，他们的写作是一种有主体感的底层写作。在强调商业性、消费性的大众文化景观中，很少表现底层人的生活，即便出现底层的身影，也经常会被浪漫化或污名化，底层不是善良的羔羊，就是违法乱纪者，这些都是流行文化中相对固定化的他者形象。尽管余秀华、范雨素的走红，也携带着城里人的围观和猎奇效应，但从她们的作品中恰好看到的是有血有肉、有悲有喜的生命，是立体的、不卑不亢的人生态度。在余秀华的诗歌中，她擅长写农村女性的命运，如在《我爱你》《木桶》《漏底之船》《我身体里也有一列火车》等诗歌中，残缺的稗子、"装下了一条河流"的木桶、"与鱼虾为戏"的漏底之船和"油漆已经斑驳"的火车等都是女性身体的象征。从这些高度凝练的比喻中，可以看出丈夫在外打工留守农村的女人们的孤寂、恐惧和悲哀。而人们从自杀工人许立志的诗歌中，也读到了生活在流水线上的中国工人的异化境遇。他有一首诗叫《流水线上的兵马俑》，这些流水线上的工人"整装待发/静候军令/只一响铃工夫/悉数回到秦朝"，这种把新工人比喻为秦始皇的帝国士兵在打工诗歌中是不多见的，隐含了工人有一种巨大的历史主体的力量。在《我咽下一枚铁做的月亮……》一诗中，许立志用"一枚铁做的月亮"来形容工业经验，只是这些坚硬的"铁""工业的废水""水锈"等工业产品让"我"难以下咽、如鲠在喉。从他的诗中，我们知道在这些为中国崛起创造了大量外汇收入的中国制造背后有两三亿新工人的贡献，他们是这个时代的创造者和建设者。

第三，他们的写作表达了宽厚的人生境界和底层尊严。这些生活在社会底层的人，长年为生计奔波，在这种情境下，利用业余时间从事文艺活动是一种极端人生状态下的写作，也为紧张忙碌的生活获得喘息之机。诗歌在底层写作中占据重要的位置。因为在情感表达上诗歌有一定的优势，用短、平、快的方式直接抒发情感，而且用零碎的时间来创作，不耽误工作。当然，写好诗歌并不容易。这些被广泛流传的底层作品，并没有凸显苦难的展示和悲情的诉求，反而渗透着劳动者的尊严感和包容态度，这尤其是体现在《我是范雨素》一文中。这篇文章写到人生中的太多不幸，比如大哥哥文学梦的破碎、大姐姐的死亡、丈夫的家暴等，可是范雨素并没有抱怨生活的坎坷，而是坦然面对人生中的各种遭遇。文中提到作为妇女主任的母亲，庇护村里的外来户，"我的母亲，作为这个村子里的强者，金字塔尖上的人，经常出面阻止别人对移民的欺侮"。而范雨素进城打工之后，经常受到城里人的白眼和欺侮，她却向更弱势者传递爱和尊严。就连她没有接受过学校教育的女儿，也传递这种爱别人、爱弱势者的精神。这种爱不是强者对弱者的怜悯，而是一种人与人之间的互敬互爱，是一种平等的有尊严之爱。

这些来自底层的创作者，不是专业作家，他们的创作都是在工作的间隙中完成的，甚至他们也几乎不奢求成为专业作家。对于他们来说，文学、文化生活是一种更加纯粹的精神追求。从他们身上也可以看到，文化、文艺生活对于社会底层来说，并非可有可无，甚至更需要从一些文化制度的角度为他们的文化生活提供更多的保障。

文化权益与公共文化服务

这些底层写作者无疑是广大普通劳动者中的少数，或者是少数有才华的佼佼者，从他们身上更值得反思的是普通劳动者文化权益的问题。之所以说他们处于社会底层，而不是基层，是因为基层一般指有体制保障的社会单位，而对于范雨素、许立志等外来打工的流动人口来说，经常既不被纳入农村基层，也不属于城市基层。在这个意义上，他们不光享受到的教育资源有限，而且占据的文化资源也比较少，这些都需要通过加强公共文化服务和文化艺术志愿活动来弥补。他们的写作引发关注，除了作品自身所具有的文学魅力之外，笔者以为至少还有三个重要的社会机制，一是新媒体传播平台，二是公共文化服务，三是社区文化建设。

首先，移动互联网平台有利于知识共享。范雨素不会用电脑写作，她还是用笔写在纸上，然后找朋友打成电子版，最终她的文章借助移动互联网平台得到广泛传播。这本身是前电脑时代的经典写作与互联网时代的碎片化阅读之间的奇妙组合。通过手机搭建的移动互联网平台，在人们的日常文化阅读中，占据着越来越重要的位置，利用零碎的时间，只要动动拇指，每个人都既是阅读者，又是信息的传播者，从而使得那些感动人的文字获得最大化的分享。相比纸媒阅读，手机传播更偏爱那些短小、简单的文字，以至于诗歌这一最追求语言精练的表达，在微信时代又重新"复活"，因为越简单、越有力量的文字更容易瞬间抓住人们的心灵。余秀华的作品最早发表在《诗刊》上，但没有引起过多关注。后来她的诗发布在《诗刊》的微信订阅号中，结果一首《穿过大半个中国去睡你》红遍大江南北。另外，网络时代也为文化知识的传播实现了最大限度的均等化，只要掌握简单的上网技能，就能找到、阅读海量的知识和信息，正如从80年代开始阅读文学期刊的范雨素，这些年也依靠微信订阅号来阅读最新的小说。从这个角度看，加大公共互联网平台的文化建设，可以让知识实现更加平等的传播和共享。

第二，构建现代公共文化服务体系，满足普通民众的文化需求。在范雨素的采访中，她提到每两三个月会去国家图书馆或首都图书馆看书。其实，近些年从中央到地方都花了大力气投资公共文化服务的建设，不仅城市的图书馆、博物馆等文化场馆实现免费，而且县级、乡镇也建立了文化服务站，这为普通百姓进行文化活动提供了制度保障。有了硬件条件，还需要鼓励人们养成多看书、多阅读的习惯。《我是范雨素》讲述了一位普通劳动女性与书、与文学相遇的故事。文章开头是"我的生命是一本不忍卒读的书，命运把我装订得极为拙劣"，书、文学对这位含辛茹苦独自养育两个女孩的妈妈来说，是强大的精神支柱和情感慰藉。文中记述了她对书和文学的感情。小时候跟着哥哥姐姐一起读文学作品，虽然那时的生活很贫苦，但却是一种丰富的精神生活，以至于作者戏谑地说"一个人如果感受不到生活的满足和幸福，那就是小说看得太少了"。为了使从小没有接受教育的大女儿能够多读书，范雨素从废品收购站买了一千多斤书，很多是没有拆下塑封的新书，因为"一本书从来没有人看过，跟一个人从没有好好活过一样，看着心疼"。这位把书都看得如此金贵的母亲，可想而知是多么看重文学、文化的价值。在无数个绝望的夜晚、无数个打工的时刻，文学确实成为她生命中极其重要的一部分。中国古典文学、现当代文学，包括西方的文学作品，都是填充时间和心灵的养料。从这个意义上，文学依然拥有最朴素的功能，给普通人提供精神享受。

第三，鼓励文化志愿者从事社区文化服务工作。范雨素之所以从事写作，与她所租住的社区有文学兴趣小组密切关系，笔者也有幸参与其间。其实，文学兴趣小组就是文化志愿者与社区服务机构共同创造的一种文化交流的活动。在西方发达国家的社区服务中，也非常重视文学、戏剧、舞蹈等文艺活动，在社区人文环境营造中的积极作用，如创意写作课就是教普通人写作，相信每个人都可以掌使握一定的写作技巧，学会用文学的方式来表达生活和思想。计划经济体制下单位制家属院居住的都是同事，如今的商品房社区大多是陌生人组成的小社会，彼此之间很少来往。而社区文化活动的开展，不仅可以加强邻里关系、增进社区凝聚力，更有利于整个社会人文素养的提升。这就需要在建立社区文化服务站的同时，鼓励更多的有文化艺术专业才能的人力所能及地参与社区文化工作，就像文化走基层活动一样，参与社区志愿服务也是一种走基层。另外，社区文化服务带有群众文艺的特点，不一定追求专业化，重要的是让群众参与和共享文艺生活的过程。文化艺术活动毕竟是一种身心愉悦的精神追求，如果再将创作的作品分享给身边的人，就会得到认同的快乐。现在，都市快节奏的生活方式使人们产生过度的紧张和焦虑，从事文学阅读和写作可以缓解精神压力。久而久之，也许会发现自身的境界在提升，抱怨在减少。虽然写一篇文章或一首诗歌改变不了什么，但这毕竟是自己创造的精神产品，会使我们的生活变得更精彩。

随着中国经济发展，不同的人、不同的阶层占有的社会资源和文化资源不尽相同，人们也因职业、区域、收入等社会原因，生活在不同的平行空间中，缺少交流和相遇的机会。文化管理者可以通过加大公共文化服务、借助新媒体技术等手段，不仅让更多的人、更多的群体分享到相对均等的文化服务活动，而且在包容性的文化空间中增加人与人的交往，增进不同社群之间的融合和了解，这样才能更好地建设小康社会、文明社会。

"经略网刊"微信公众号2017年5月20日

撕开时代的沉默

/鲁太光

　　自 2017 年 4 月 24 日《我是范雨素》在微信公号"正午故事"首发并在 24 小时内迅速 10 万+，到"我是范雨素"成为重要社会文化现象，范雨素本人也成为被高度关注的人物，十多天内遭遇媒体围堵，到一个月后喧哗不再，两个月后少有人谈，再到现在的完全沉寂，"我是范雨素"完成了一个媒体事件的所有流程，但其中蕴含的文学思想、文化意义、社会启示却没有得到很好的呈现。或许，现在才是谈论这个问题的好时机，因为，周围是那么的安静，那么的宜于思考、写作。

——题记

一

　　范雨素火了，而且，火大了，不仅她的非虚构文本《我是范雨素》自 4 月 24 日在"界面"发表后迅速刷圈，迅速 10 万+，而且与她和她的《我是范雨素》相关的诸多网络文字，也跟着走红、刷圈。

　　范雨素火了，而且，火大了。她的《我是范雨素》引发广泛关注，但这关注却又如此的杂糅、如此的纠结，甚至如此的分裂。对她和她的作品，有人爱，有人恨；有人赞，有人妒；有人褒，有人贬；有人说她真诚，有人说她矫情；有人说她低调，有人说她张扬；有人说她有才华，也有人说她缺乏文学性；有人说她是"老天爷赏饭吃"，也有人怀疑她为人所代笔，甚至怀疑她是某个团体的"提线木偶"；有人将其原子化，说她只代表她自己，不代表任何团体、群体或阶层；也有人认为她是某个团体、群体或阶层的一个代表、一个佼佼者……

范雨素火了，而且火大了，不仅她本人成为媒体追逐的对象，让她的社交恐惧症转成抑郁症，她也不得不躲进"附近深山的古庙里"逃避*，甚至有几十家媒体去了她的老家，想在那里证明她文中事件的真伪，担心自己80多岁的老母亲会被媒体的围追堵截惊吓到的她，在朋友圈中写下这样的话："我从不在乎别人说我，我从小到大都是独来独往的人。我现在在乎的是我的母亲，我的母亲80多岁了，如果被媒体围追堵截生了病，那么我将无颜活下去。我的母亲已经吃够了人世间所有的苦，而我又是如此的不成器。如果发生了什么，我何以求生。我的母亲不愿意接受任何媒体的采访，她和媒体说话，只是因为人和人之间，应该的、应有的尊重。"并恳请朋友圈里的朋友"截图转发"，以阻止媒体去"围追堵截"她的母亲……

这该有多火啊！不过，我们都知道，火只是暂时的，在这个追新与弃旧同样迅疾的时代，对于范雨素们来说，平淡、疏离、冷清，乃至冷漠，才是常态。相信用不了多久，范雨素就会变成别的名字，《我是范雨素》也会被别的话题取代，就像这几天她抢了《人民的名义》和"达康书记"的戏一样。

不过，必须明确的是，范雨素的火与一般网红的火很不一样，其中蕴含着极其重要的文化与现实意义，需要严肃的思考、认真的探究。遗憾的是，在火热的跟帖与评论中，这样的思考与探究却少之又少。为了范雨素的文化与现实意义不被新媒体时代的轻薄、浮躁裹挟而去，为了范雨素不被新媒体塑造成一个纯粹的网红，为了范雨素不至于在海量的传播中变成遮蔽范雨素们生存境况及其诉求的空洞能指，笔者愿意就此落笔，谈谈范雨素的文化与现实意义，也希望有更多的研究者关注这个问题。毕竟，这

---

*这并非真实情况，这句话除了表达对媒体围堵的不适感之外，更多的是自我解嘲和自我纾解。

里边隐含着太多复杂的情感、太多严肃的问题，还有太过沉重的意义。

我们应该阻挡语词的洪水；我们应该彰显意义的岩石。

二

就让我们从一首诗开始寻找这意义的岩石吧。

2013年9月17日，"打工诗人"许立志写下了这样一首诗：

我谈到血

我谈到血，也是出于无奈

我也想谈谈风花雪月

谈谈前朝的历史、酒中的诗词

可现实让我只能谈到血

血源自火柴盒般的出租屋

这里狭窄、逼仄，终年不见天日

挤压着打工仔打工妹

失足妇女异地丈夫

卖麻辣烫的四川小伙

摆地摊的河南老人

以及白天为生活而奔波

黑夜里睁着眼睛写诗的我

我向你们谈到这些人，谈到我们

一只只在生活的泥沼中挣扎的蚂蚁

一滴滴在打工路上走动的血

被城管追赶或者机台绞灭的血

沿途撒下失眠、疾病、下岗、自杀

一个个爆炸的词汇

在珠三角，在祖国的腹部

被介错刀一样的订单解剖着

我向你们谈到这些

纵然声音喑哑，舌头断裂

也要撕开这时代的沉默

我谈到血，天空破碎

我谈到血，满嘴鲜红*

在这首令人读之泪落的诗中，隐藏着诗人的诗歌宣言：撕开时代的沉默——"纵然声音喑哑，舌头断裂/也要撕开这时代的沉默"。

而这，也正是范雨素及其作品的意义之所在。

不过，在一个高度消费主义的时代中，在一个高度原子化的社会中，在一个高度名利化、个体化、犬儒化的文化语境中，要想理解范雨素及其创作的意义，并不容易，因为，这需要正确的打开方式，而打开范雨素及其创作的正确方式首先要从"我不是范雨素"开始，可对范雨素的诸多解读却偏偏都固执地盯在一个点上：我是范雨素！

关于范雨素的个体化/个性化问题，淡豹应该是较早的阐释者。她在《关于范雨素的手记》**中如是说："我喜欢范雨素的文章，因为她个性化的语言和观察，因为她性别的视角，因为她'阅读者—作家'的语言和思考风格。"她还进一步解释说："说个性化，是因为，她不是现在流行的分类'工人文学''打工文学'下的写法。她的长篇中，大哥哥是不认命的农民，小哥哥是少年早慧的神童，小姐姐是提笔成诗的女诗人，都不是常见的农民形象和农村生活经验。她不是直接描述血泪和唤起反抗，不是以命运和不公为中心，是一些博大慈悲的、有凉意的、有距离感的人世观察，一些多情的诗意，语言中有很多的反讽杂义，有流畅轻盈的幽默感。"应该说，淡豹对范雨素作品的把握相当到位，她把范雨素举重若轻的文风、流畅轻盈的文笔、黑色幽默的感觉等都很好地提炼了出来，并由此得出"她不是现在流行的分类'工人文学''打工文学'下的写法"这样的结论。但淡豹并没有否定范雨素的写作是"工人文学"或"打工文学"。如果非要说淡豹否定了什么的话，那也只能说淡豹否定了范雨素的写作是"流行的分类""工人文学"或"打工文学"。如果更进一步的话，我们还

---

*许立志：《新的一天》，作家出版社，2015年3月，第160-161页。

** http://weixin.niurenqushi.com/article/2017-04-25/4831346.html。

可以说，淡豹否定的是时下人们对新工人及其写作的刻板印象——在这样的印象中，这些流动在社会底层的人们不是木讷愚蠢的，就是焦躁不安的；不是胆小怕事的，就是胆大包天的；不是面目可憎的，就是举止乏味的；不是哭泣抱怨的，就是嘶吼闹腾的……在这样的印象中，这些流动在社会底层的人们，似乎与诗意无关、与文学无关、与幽默无关、与温情无关、与轻盈无关……在这样的印象中，"新工人文学"或"打工文学"自然与人类丰富的情感无关，自然是单调的、乏味的、暗黑的、喑哑的、不文学的……然而，抱持这样观点的人恰恰忽视了一个最为重要的前提：这些打工者/新工人和我们一样，他们首先是人，然后才是其阶层或职业分别——打工者/新工人；抱持这样观点的人还忽视了另一个重要的前提：文学是人学。"打工文学"或"新工人文学"同样是"人学"，他们首先需要发出的是"人"的声音：父亲的声音、母亲的声音、儿子的声音、女儿的声音、亲人的声音、朋友的声音……欢乐的声音、悲伤的声音、愤怒的声音、幽默的声音……沉重的声音、轻盈的声音、粗重的声音、纤细的声音……而后，才是他们作为具体的阶层或职业分别者的声音——打工者/新工人的声音。而且，需要特别提醒的一点是，由于与一般人相比，他们处于更为沉重、艰难的生存条件下，甚至处于极端的生存条件下，这使他们有可能发出更为丰富多元的声音，有可能发出更为敏感多维的声音，甚至有可能发出为一般人所发不出，并且不能听、识的声音——这当然是真切的"人"声，但却由于承载、挤压了太过沉重、驳杂的压力，而有所扭曲、变形，甚至失真了，因而需要更为细腻、宽容的耳朵和心灵才能谛听、识别。明白了这一点，我们就不会因为范雨素的幽默与轻盈而惊讶，也不会因为她高度个性化的文风而否认她的打工者身份。因为，这其中并没有什么矛盾与乖离。

然而，偏偏就有人爱在范雨素的诸种身份之间做文章，试图以其中的一种身份遮蔽、抹除另一种身份——最为突出的，就是以其文学身份遮蔽、抹除其新工人/打工者身份。比如，2017年4月26日《中国新闻周刊》微信号发表了一篇题为《试图从范雨素身上发掘底层声音，不仅不公平，也是投机的》*的文章，就试图将范雨素"纯文学"化。作者要求人们评价范雨素，"最好将她视为一个有独立思考能力的个体。一个对文学拥有热爱和才华的写作者，一个真正领会了文学力量的女性，只不过刚好出生于不怎么优越的环境"。作者还语重心长地告诫我们说："中国社会的改革任重道远，舆论当然应该批判现实、发出呼声，但如果媒体将发掘底层声音的一个突破点，放在了范雨素这样一个具有鲜明文学标签的个体身上，是不公平的，甚至是投机的。"好像怕这样的告诫还不够，作者又"希望"人们"不要去追问一个心中住着马尔克斯的人，到底希望通过文学改变什么"，"不要反复引导一个早就理解了平等为何物的人，就阶层固化、社会不公等问题提出她的解决办法"。这样的言论看似公允，可只要往深处想一想，就会发现发出这样言论的人是何其无知。我们无法理解，如果范雨素的文章中没有底层——底层生活、底层情感、底层意识、底层认同——人们怎么会从中"发掘"出底层声音来？我们无法理解，如果对文学无所寄托、无所希望，范雨素为什么会写下"我的命运是一本不忍卒读的书，命运把我装订得极为拙劣"这样的文字？即使我们百分之百地认同她说自己之所以写作只是因为想"满足一下自己的精神欲望"，我们也不应该以为她的"精神欲望"就是要与自己立身其间的阶层隔离，就是要做一个与世无争的所谓作家。与其这样说，毋宁说她对写作更不信任。在朋友圈中，她告诉朋友，如果因为《我是范雨素》自己无法再做家政工的话，那自己还可以做写字楼的保洁，而不是做什么作家——在这短短的对话中，她对自己所身处阶层的认同感跃然纸上，他对所谓空头文学（家）的不认同感同样跃然纸上。"周刊君"还告诉我们他能想到的"访谈范雨素最恰当的方式就是'与范雨素对话'"，而且是"一个普通人与普通人之间的对话，一个从文学的视角切入与一个写作者的对话，一个萍水相逢交换一下生活意见的对话"，"一个关于'我们都要直面苦难又该如何随时抽离'的对话"。这样的话，看似平易、平实，可实际上又是多么的高蹈、空虚啊！因为，我们无法想象，如果离开了范雨素的具体处境，即她的新工人身份与生活，我们该如何与她"对话"？即使有所对话，我们也无法确认这对话在

---

* http://www.weixinnu.com/article/590878490379b00f1f2b476f。

什么程度上有效。而且，离开了她所身处的环境，我们更无法知道该怎样"直面苦难"，该如何从这苦难中"随时抽离"。或许，我们在文字中可以从苦难中随时抽离，但在现实中呢？

实际上，所有只是将范雨素当作单数的"范雨素"而不是复数的"范雨素们"的人都犯了一个不大不小的错误——一个文学爱好者常犯的错误，那就是放大了《我是范雨素》中的幽默或轻松。在一个轻浮的时代，我们已经把幽默当作了轻松、当作了滑稽、当作了段子，而无法理解其背后的辛酸与沉重。可实际上，这辛酸与沉重却无处不在、无时不在，有时候，比直陈的辛酸还要辛酸、比直陈的沉重还要沉重。在范雨素的冷幽默背后，就蕴含着这样的辛酸与沉重，就蕴含着一种深深的无力感。非如此，我们不能理解她为什么将自己的人生比作一本装订拙劣的书——又有谁愿意自己的人生是一本装订拙劣的书呢？非如此，我们不能理解她为什么将自己的母亲、哥哥、姐姐比作天赋异禀的"奇人"——就是这样的"奇人"，在泥淖般的生活中也不得超脱，因此，她只好让他们在纸上神奇。非如此，我们不能理解她为什么在半夜三更哄着雇主的小女婴睡觉时禁不住潸然泪下——因为她想起了自己在皮村的两个女儿："晚上，没有妈妈陪着睡觉，她俩会做噩梦吗，会哭吗？"非如此，我们不能理解她看到漂亮的女雇主"像宫斗剧里的娘娘一样，刻意奉承男雇主，不要尊严，伏地求食"时的"恍惚"感——她"不知道自己是活在大唐盛世，还是大清帝国，还是社会主义新中国"。之所以如此，是因为她没有特异功能来解放自己、自己的亲人——自己年迈的母亲、自己年幼的女儿、自己落魄的哥哥、自己失意的姐姐、自己陨落的弟弟。之所以如此，是因为她没有特异功能来解放自己，来解放自己的工友、同伴、同类，所以只能冷幽默自己、冷幽默他人、冷幽默过去、冷幽默现实，以化解生活中茫无涯际的沉重与无奈，而后，再重启生活的按钮。坦白地讲，《我不是范雨素》之所以走红，除了淡豹在《关于范雨素的手记》中提到的她独特的文学禀赋、性别意识等因素之外，她文章背后深深的无力感也是一个极其重要的原因——可以说，正是这种无力感，吸引了一大批人，引发了情感的共鸣、共振。而这共鸣、共振又反过来证明：范雨素不只是"范雨素"，还是"范雨素们"。

如果说，在《我是范雨素》中，她的写作动机是因心疼而思念母亲，因而私密性较强，公共性因素较为隐秘的话，那么，她在2017年打工春晚上朗诵的《家政女工》这首诗，公共意识则极为明显。让我们读一读其中的三节，共同感受下作者的心灵温度与频率：

我思念遥远的家乡
我的还不到一岁的幼女
顶层设计的玉米棒子
三十年没变
都是六毛钱一斤呀
地里挣不出来奶粉钱
我的孩子
为了养活你
我做了城里人的保姆
我的孩子
成了有妈的孤儿
白天
我假装幸福快乐地抱着别人的孩子
只有无人看见的夜晚
我才悄悄地哭泣

在这首诗中，不仅给人做保姆的母亲，对自己孩子的思念之情催人泪下，而且都市雾霾、股灾、粮食价格低贱等公共议题也适时出现，成为母女分离的背景。范雨素告诉我们，她写这首诗，起因于2010年春节正月初五在位于北京三元桥的一个家政公司遇到的一位哭泣的母亲："这位哭泣的年轻妈妈来自甘肃，是一位有两个孩子的年轻妈妈。为了能找到活干，她正月初三就从家里出发，来到北京。她虽然是80后，可没有上过一天学，是跟着她的妹妹来的北京。"由于识字太少，虽有年龄优势，但找工作的难度依然很大，"一想到找工作不容易，孩子那么小，妈妈就离开了，小孩吵闹时，还会被脾气火爆的爸爸暴打，甘肃妈妈只有难受地呜呜咽咽哭。"令人悲伤的是，"坐在宿舍里的每个农妇都是母亲，每个人都经历过这种剜心剜肺的思念之痛。为了自我保护每个人都戴着一副麻木、冷漠的面具，用麻木、冷漠来织就成坚硬的铠甲，来保护自己柔软、滴血的心。"对此，她反思道："大文学家总是深情地赞美：母亲是家庭的灵魂。可当今的社会，每个农家的灵魂都来到城市艰难求生。乡村没有灵魂了，城市的血盆大口把乡村的灵魂吞进肚子里。乡村凋零破败，无法求生。乡下的孩子没有了母亲的呵护，孩子们身上还被挂上了丑陋的标签，叫'留守儿童'。"她继续追问道："妈妈在外挂念孩子，孩子在老家哭着想妈妈，可是什么时候能改变这种局面呢？"*面对着这样的诗歌、面对着这样的直陈、面对着这样的追问，我们还能简单地说范雨素就是范雨素吗？我们还能说采访范雨素的最好方式就是与她进行文学对话吗？我们还能理直气壮地批评从范雨素身上发掘底层声音不仅不公平而且投机吗？而她2015年6月有感于毕节市留守儿童自杀事件而写下的《一个农民工母亲的自白》一诗，集体意识更为突出，在诗中她这样追问："为什么？/我们的孩子，/孤独迷茫，/在高楼上，/在绝望中跳下，/为什么？/我们的孩子，/燃起篝火，/在寒夜中死去！/为什么？/我们的孩子，/箪食瓢饮，/筚路蓝缕，/在绝望中自杀。/为什么？/我们的小小姑娘，/乡野里，/无人保护的，/带着露珠的小小雏菊，/被魔鬼无情地掐断花瓣，/小小的雏菊，/过早地凋亡。/为什么，为什么，/我的孩子问我，/为什么？/我戴着，/农民工二代，/这顶受歧视的帽子。/我的孩子问我，为什么？/我只读了五年书，/就找不到，/一张没有拆迁的课桌。……"面对这样的连续追问，我们还能说这只是她一个人的心声与诉求？他还在"旷野无人的深夜"哭泣、祈求："祈求大地我是一个农民工，/我的孩子也是一个农民工。/所有的苦，/我都能够吃掉，/我想让我的孩子享点福。"祈求："我的孩子，/毕节的孩子们，农民工的孩子们，/都有来生。"祈求："在来生，/所有母亲的孩子，/不叫留守儿童，/不叫流浪儿童/他们都叫作，/六十年前，/毛爷爷起的名字，/祖国的花朵。"**面对这杜鹃啼血般地哀告与祈求，我们还能

---

* http://www.paigu.com/a/963045/49264459.html。

** http://www.paigu.com/a/963045/49264459.html。

说这只是她一个人的心声与意愿?!

如果不是别有用心,那么,只要稍微认真一点,多读范雨素几篇作品,就会发现这样的评论是多么的无知;如果再走走心,从网上搜一搜、查一查有关留守儿童的数据,我们就会知道这样的评论是多么的轻飘、多么的不负责任。为了让我们能够记住范雨素所"代表"的群体,我把从网上查到的数据记录在此:据2013年全国妇联发布的《我国农村留守儿童、城乡流动儿童状况研究报告》显示,我国有6102.55万农村留守儿童;而在对统计口径进行调整之后,民政部2016年11月9日发布的数据显示,我国的留守儿童数量是902万。即使采用902万这个数据,我们也可以看到,范雨素的诗歌有着多么广泛的人口与情感基础。再加上那些留守老人、留守妇女——那些因打工而名存实亡的家庭,则范雨素作品的人口及情感基础将更为广大,这就是底层意识的来源。

正是在这个意义上,我们说理解《我是范雨素》必须从"我不是范雨素"开始。因为,离开了这个前提,必然失之毫厘,谬以千里。

正是在这个意义上,我们说"范雨素"撕开了时代的沉默,这不是一个人的沉默,而是一个集体、一个群体、一个阶层的沉默。

三

在谈完"我不是范雨素"之后,我们才能更好地谈"我是范雨素",即更好地谈范雨素的个性,谈其《我是范雨素》等作品的文学性。

在这个问题上,随着《我是范雨素》走红,也遭到不少质疑。最刺眼的是自媒体人和菜头戏仿《我是范雨素》的《我是和菜头》*。如果滤除其中的油滑和下作,这篇文章其实提出了一个值得认真对待的问题,即和菜头认为《我是范雨素》之所以走红,并不是因为范雨素有文学才华,而是因为她展示苦难、悲情、弱势,而这又与我们这个时代需要不定期炫耀同情、温情、眼泪形成合谋。而一篇题为《夹带私货的范雨素和她的背后推手》的网络原创文章则更加彻底——彻底的下作。这篇文章的作者除对范雨素进行侮辱与攻击外,还推断范雨素夹带私货:"跟建设高铁干上啦!"

---

* http://www.360doc.com/content/17/0426/13/68780_648788662.shtml。

还"建议有关部门进行查证，给出一个准确的说法"。他甚至质疑《我是范雨素》一文作者的真实性——"文章并不是她写的，她很可能只是通过口述提供了一些信息"，猜测她是某组织的提线木偶。简而言之，这篇文章同样以阴暗的方式质疑范雨素的文学才华与个性。

这两位作者，字里行间洋洋自得，以为自己发现了新大陆。然而，这并非什么新现象，不过是沉渣泛起——这样的沉渣以后还会泛起。其实，早在2004年底层文学浮出地表时，一些人就曾以这样的方式质疑过，认为底层文学展示苦难、炫耀暴力，毫无文学性。对这样的质疑，我们的回答也是一贯的——即我们首先要请质疑者回答这样一个问题：作为一个阶层，打工者/新工人的生活中是不是有苦难？更进一步说，在他们的生活中是不是苦难的因素、烦恼的因素、沉重的因素、暗黑的因素大于欢乐的因素、舒心的因素、轻松的因素、明亮的因素？如果我们承认这是事实的话——恐怕没有人能够否认得了这是事实——那么我们需要再回答这样一个问题：既然他们的生活中有这么多的不如意，那么他们写一写自己的不如意，写一写自己的痛苦，写一写自己的"烦恼人生"，又有什么不可以？难道这不是正常的吗？我们的一些"正人君子"不也经常在文字中展示自己的"烦恼人生"吗？最后，我们还需要回答这样一个问题：你们凭什么理由指责范雨素展示苦难呢？事实上，仅《我是范雨素》一文就可以将这样的指责驳斥得体无完肤——读过文章的人都看得出来，尽管在生活中遭遇了太多的不如意，但范雨素却没有以牙还牙，而是相反，尽量在自己并不光明的生命中凝聚光明，并将之投射给身边的人，尤其是弱者身上："我在北京的街头，拥抱每一个身体有残疾的流浪者；拥抱每一个精神有问题的病患者。我用拥抱传递母亲的爱，回报母亲的爱。"我猜测，对范雨素而言，这或许是实际的行动，也或许是文学的吁请，可无论这是实际行动还是文学吁请，我们都应该为她写下这样的文字点赞——许多比范雨素学历高、职位高、知识多、财富多的人，不仅在现实中没有这样的举动，就是在文字中也没有这样的吁请。相反，他们中的一些人不仅毫无正心诚意，反而将文字当成污水到处泼洒。

跟和菜头和王小钰的阴暗质疑不同，一些"纯文学"作家也或公开或私下地发问：《我是范雨素》是文学吗，有文学性吗？这样的发问不乏真诚，因而我也愿意真诚地回答：这样的发问同样是错误的！1936年3月11日，鲁迅在为白莽的《孩儿塔》做的序中说："这《孩儿塔》的出世并非要和现在一般的诗人争一日之长，是有别一种意义在。这是东方的微光，是林中的响箭，是冬末的萌芽，是进军的第一步，是对于前驱者的爱的大纛，也是对于摧残者的憎的丰碑。一切所谓圆熟简练、静穆幽远之作，都无须来作比方，因为这诗属于别一世界。"*鲁迅的这段话，用在范雨素身上，用在新工人作家身上，用在打工诗人身上，同样恰切，因为他们所写的，正是"别一世界"的诗。

我们的一些"纯文学"作家经常念口诀一样念叨"文学是人学"，可却又往往在念叨中忘记了这话的真髓。文学固然是"人学"，但这里的"人学"并非一般意义上的"人性"，即人的七情六欲。"人学"所关注的，除了这样的问题外，应该还有更高的层次，即人的生存问题，甚至是人的生死问题。伟大的文学所要处理的，往往是极致的情感，甚至是极端的情感，也就是我们所说的更高层次的"人学"问题。上文已经说过，跟一般人相比，新工人的生存处境相对艰难乃至极端，因而他们的情感往往也处于极端状态，只要他们有能力将这种状态"记录"下来，他们的"文学"就比我们口中的文学更是"人学"——这就是打工诗歌或新工人文学最原初也最可宝贵的价值之所在。想一想打工诗人陈年喜的《炸裂志》，想一想他"身体里有三吨炸药"，"他们是引信部分/就在昨夜/我岩石一样 炸裂一地"**，这是怎样的文学，又是怎样的"人学"？想一想打工诗人许立志，想一想他咽下的那枚"铁做的月亮"，想一想他像一颗"螺丝"一样"掉在地上"，这是怎样的文学，又是怎样的"人学"？想一想新工人诗人小海"每颗心都有世界，每个人都是江河"的诗歌宣言，这是怎样的文学，又是怎样的"人学"？想一想范雨素疾风骤雨般地追问，想一想她的祈求，想一想她"所有母亲的孩子"在来生"不叫留守儿童，不叫流浪儿童"，都

　　*鲁迅：《白莽作〈孩儿塔〉序》，《鲁迅全集》（第六卷），人民文学出版社，2005年11月，第512页。

　　**陈年喜：《炸裂志》，秦晓宇选编《我的诗篇》，作家出版社，2015年8月，第194—195页。

叫"六十年前毛爷爷起的名字——祖国的花朵"的心愿，这是怎样的文学，又是怎样的"人学"?！

实话实说，通过范雨素的创作，通过新工人艺术，我看到了某些所谓纯文学作家、批评家的自以为是与故步自封。我们的一些纯文学作家，要么将，文学性挂在口头上，像礼赞上帝一样礼赞这个词汇，以为这样，文学性就会灵魂附体，赋予他/她无尽的文思与才华，岂不知，这不过是一个彻头彻尾的理论上的错误——哪里有上帝一样的文学性呢？当然，文学性还是存在着的，但这个文学性只存在于作品中——我们可以说鲁迅的作品有文学性，可以说张承志的作品有文学性，可以说阿城的作品有文学性，可以说范雨素的作品有文学性，但我们却不能说有一个本体论意义上的文学性上帝一样存在着，只要我们虔诚地跪拜它，它就会显灵、附体。实际上，对作为主体的作家来说，与其相信文学性的神秘，不如相信才华的可靠——是的，那些大作家作品中的文学性，不是来自于他们对"神祇"的忠诚，而主要地来自于他们的才华，来自于他们对自己才华的挖掘、打磨与升华。具体地说，一方面来自于他们对文学技巧的研究与学习，另一方面来自于他们对生活的突入、吸收与消化。切记，生活不仅是作家个人的生活，还是一个时代的整体生活，是所有人的生活，用鲁迅的话说就是"无穷的远方、无数的人们，都与我有关"。我们的一些作家往往在对文学性的礼赞中忘却了"无穷的远方"和"无数的人们"。

而这，正是范雨素警醒我们的地方，也是范雨素的意义之一种。

而这，正是我们说"范雨素"是撕破时代的沉默的原因之一种。

四

最后，我还想再谈谈范雨素及新工人写作的文学史意义。

中国现代文学自创立以来，就确立了一个伟大的传统，那就是，每当中国社会遭遇沉重的压抑、遮蔽而万马齐喑之时，文学就会充当时代的号角，以自己独特的声音，喊破时代的沉默。在这一传统中，一个最为可贵的支脉就是每当这个社会的弱者、被侮辱与被损害者遭遇不公与不义，呼吸不能顺畅，声音不得张扬，生命不堪其重时，文学总是及时给予道义的支持，总是满怀热情地为其鼓与呼：鲁迅的《故乡》《祝福》等就是为闰土、祥林嫂们的悲惨遭际鸣不平的力作；艾青的《大堰河，我的保姆》等则喊出了中国诗人对于劳动者"母亲"的同情、理解与爱；歌剧《白毛女》既让观众目睹了"旧社会把人变成鬼"的人间惨剧，因而流下了辛酸的泪水，更让观众欣赏了"新社会把鬼变成人"的壮丽正剧，因而发出了响亮的笑声，而且让观众在笑与泪的转换中，寻回了为人的尊严，确立了生命的意义。进入当代，这一传统得到了更为明显的张扬：柳青的《创业史》、赵树理的《三里湾》、周立波的《山乡巨变》等"人民文学"的经典之作不仅写出了中国农民建设新农村的辛劳与荣耀，而且也画出了他们走向未来的多样身姿——这不仅仅是一种吁请、一种召唤，更是一种提醒、一种鞭策——一种对于精英阶层的提醒与鞭策，提醒他们中国农民为新中国的建立、建设付出了怎样的牺牲，鞭策他们为中国农民进入明亮的未来而鼓与呼；进入"新时期"之后，虽然随着中国大转型，"人民"渐渐隐退，但以高晓声为代表的一批作家则重启了哀民生之多艰的叙事传统，继续为农民书写，为农民陈情；更为感人的是，当"人民"在文学与社会中几乎同步隐去，渐行渐远时，仍有作家在为其争取作为主体的权利与尊严，比如张承志，自1978年发表《骑手为什么歌唱母亲》起，他就把对人民的礼赞，作为自己文学的重要母题……

然而，进入新世纪，中国社会在巨大的变动中形成一个庞大的底层——打工者/新工人是其主要组成者。这个阶层在经济、政治、文化等诸多方面遭遇普遍压抑、压榨乃至剥夺，需要全方位关注时，尤其是需要文学的光亮时，我们那原本有着感时忧国传统的文学，我们那原本有着呐喊传统的文学，我们那原本愿意为弱者发声的文学，却变得日益萎缩、日益犬儒、日益功利了。在这个沉重而尖锐的现实面前，保持了可鄙的沉默——这可真是我们的悲哀，真是文学的悲哀。

就是在这普遍的漠视中，这个庞大的社会群体开始学着为自己发声，开始学着以文艺的方式为自己发声——开始叫"打工文学"，后来叫"新工人文艺"。客观地看，仅此一点，无需其他，这一事件就足以载入中国当代文艺史，而且应成为其中最浓墨重彩的一页。一开始，这样的发声还是凌乱的、微弱的、此起彼伏的、不自觉的，但渐渐的，这声音越来越响亮、越来越鲜明，也越来越敏锐、越来越犀利。在唐以洪、陈年喜、谢湘南、郑小琼、乌鸟鸟、邬霞、许立志等"新工人"的诗歌中，我们不仅看到了故乡的沉沦、都市的冷硬、劳动的异化，不仅看到了前进之无望、撤退之艰难、活着之沉重，不仅看到了无穷的订单、无边的流水线、无尽的劳作，也看到了疲惫、挣扎与呻吟，看到了世态的炎凉、人心的冷硬，看到了沉默的浓重与可怕……直到许立志以其行为艺术般的纵身一跃发出一声"绝望的回响"，直到他以其血肉在"祖国的领土上铺成一首""耻辱的诗"，我们才听到，那浓重的沉默、那无边的沉默、那死一般的沉默，被撕开了一道口子。

这样的写作，固然犀利、刺目、震撼，但却是有限的。因为这太过悲情，太过"耻辱"，也太过缺乏有机性。与之相比，新工人艺术团已经持续了十五年，而且还要持续下去的社会与艺术探索与实践更值得重视与褒扬，因为，这是更加自觉、更加有力、更加有机，也更有持续性的艺术实践。十五年来，随着中国社会的变化，新工人艺术团在不同的维度与层面上展开持续探索，不仅发起了诸如创办同心实验学校、同心互惠商店、打工文化艺术博物馆、工人大学、同心农园等一系列社会实践，以及打工春晚、文学小组、新工人影像小组、新工人戏剧工作坊等一系列文艺实践，而且在文艺创作中始终秉持"为劳动者歌唱——用歌声呐喊、以文艺维权"的宗旨，创作了许多反映新工人生存状态及其社会诉求的文艺作品，在一个流行"自己的歌"的时代唱响了"我们的歌"，其文艺实绩，其文艺价值，无论怎样肯定，都不为过。因为，他们以其艰苦卓绝的努力正在撕开着时代的沉默。范雨素的走红，不过是新工人艺术团实绩之最新一种。正是在这个维度上，我说"范雨素"的意义是：撕开时代的沉默！

在《生活就是一场战斗》这首歌中，有这样几句歌词：

> 雄关漫道真如铁
> 而今迈步从头越
> 聚在一起是一团火
> 散开之后是漫天的星星

聚是一团火，散是满天星，说得多好呀。

范雨素就是这一团火中的一颗星，又是这满天星中的一团火。

她的火红、她的闪耀，告诉我们，这时代的沉默已经被撕开了，而且还要被撕开得越来越大，直到他们的生活中不缺光明、不乏欢笑。

《红豆》2017年12期

恢复高考四十年：
寒门再难出贵子？

1977年，高考的恢复改变了一代人的命运轨迹。四十年弹指一挥间，在今天这个时代，曾经象征公平的高考是否还能够为阶层流动提供有效通道？

作为1977年高考的亲历者，俞敏洪肯定了高考依然基本公平，但对其目前存在的资源分配、教学内容改革、教育体制改革等问题也进行了反思。

相较之下，在年青一代人中则出现了更多不同的声音。思郁的《40年前高考改变命运，如今高考只是让生活多一种选择》一文认为，目前高考只是众多选择中的一种，已很难决定一个人一生的发展。而罗雅琳在《从"赢在高考"到"赢在子宫"，高考神话破灭了吗？》一文中同样指出，高考作为社会资源再次分配的相对公平方案，已经很难弥补、抹平代际间资本积累差异的不断扩大。

熊丙奇在《四十不惑：该以平常心看待高考了》一文中则认为，我们应该以更开放、包容的心态来看待高考承载的重负与存在的问题，并呼吁进行整个社会制度的变革以推动真正的教育公平。

最后，李少威的《恢复高考40年：崇仰与进化》则对历史上的考试制度与人才选拔机制做了回顾与梳理，并认为作为一种"次好"的制度安排，高考仍然具有相当的合理性与公平。

40年，高考依然公平，但教育亟须变革

/俞敏洪

提问：俞老师好，今年是中国高考40周年，你对这40年的高考是如何看待的，你觉得中国高考对中国的发展有贡献吗？面向未来，你觉得高考应该如何进一步改革？

俞敏洪：今年是高考恢复40周年，1977年，中国从"文化大革命"走出来，开始第一年的高考。那一年我记得特别清楚，是省一级的考试，没有全国统考，那一年我刚好高一，印象非常深刻。因为在1977年之前，我其实就有了上大学的愿望，但我知道当时自己是工农兵学员，需要在农村拼命干农活，把农活干好了，受到大队和公社的推荐，才能去上大学。

当时，我已经做了一颗红心干农活的准备。但是1977年，邓小平突然就宣布，所有要上大学的人，恢复到高考状态，也就是说以知识为主，来决定你到底能不能上大学。也就是在1977年，我们的农村高中在一夜之间就转变了风向，我们的班主任和校长要求我们从那一天开始认真学习，迎接1978年的高考。当年的高中只有两年制，也就是高二毕业要参加高考。所以从1977年开始，我对高考有着深刻的印象。到1978年，我第一次参考全国高考统考，1979年我考了第二次，1980年我考了第三次，最后考上了北京大学，我对高考有着深刻的、切身的体会。

像我这样考了三年的人，原则上会对高考非常仇恨。但实际上我非常

热爱高考，因为我知道当年的高考是我走出农村、走向世界的唯一选择。这条路很窄，像过独木桥一样，因为每年几百万人的考试只有十几万人能够被大学录取。但我知道，一旦我被大学录取，我就从此改变了面朝黄土背朝天的农村生活，从此可以在自己所喜欢的知识世界和外部世界中去遨游。

这件事情证明我的坚持是对的。从1977年恢复高考，到我1978年开始参加高考，到现在高考40年过去了，中国的高考形式从省考到全国统考，又从全国统考逐步走向了以地方高考为主。但是不管怎样，高考的形式基本没有改变，还是以各种学科为主的考试。

可以说，40年的高考为中国孩子走进知识殿堂、走向新世界提供了非常多的机会。这里面包括了城市孩子的机会和农村孩子的机会。如果没有高考的话，到目前为止，几百万从农村走出来、走向城市的孩子，包括像我这样的人完全是没有希望的，所以整体来说我对高考持肯定态度。

近几年，对于高考的非议越来越多了，最重要的一个原因是：大家觉得高考已经不再是一个公平化的考试了。其实这里面有一个误解，我认为高考实际上依然是一个公平化的考试。因为在一个省之内，或者在全国范围之内，整体上高考还是有标准的。之所以大家觉得不公平了，是因为我们发现农村孩子考上优质大学的机会越来越少，甚至农村孩子进入大学的机会也越来越少。这里面的原因是不是跟高考相关呢？我认为跟高考只是间接关系，比如说高考中间出的一些题目，在农村上学的高中生可能就不太容易理解。比如说大数据、人工智能，对于城市孩子来说，是非常熟悉的话题，但对于农村孩子来说，就是不那么熟悉的话题。

大家之所以觉得高考不公平了，最主要的原因是来自于高考前的教育。我们可以发现随着中国社会结构的分化，农村孩子和普通平民孩子，接受优质教育的机会变少了，尽管中国变得更加富有了。变少的主要原因是因为有钱有权的人，他们的孩子接受教育的机会越来越多了。

举个简单的例子，比如在农村，如果是干部的孩子，从乡镇一级开始，从小就是在当地最好的幼儿园、最好的小学以及最好的中学接受教育，不管他们的孩子本身资质怎样，他们进入最好的学校是一定的。但是普通老百姓的孩子就没那么幸运，他们只能在当地一般的小学、中学上学，除非他们的孩子成绩特别优异，才能在初中、高中进入当地最好的中学学习。

那么也就意味着，成绩一般的或者成绩够不上名牌高中的农村孩子，他们就只能待在普通高中学习，接受普高教育，进入中国优质大学教育的机会越来越少。高考的差距实际上是，从幼儿园开始的教育资源不均衡分配所导致的，并不是高考本身的不公平。

但是高考本身也是有一些问题的，这跟中国教育的体制有关。因为中国教育的体制比较僵化，让学生按照知识结构不断学习、不断背诵、不断考试，最后给出标准答案，才能够考上大学。随着时代的发展，中国的高考其实没有跟上时代，有点像中国古代的科举考试。中国古代科举考试从唐代正式开始进行选拔人才，对中国社会的进步意义是巨大的。因为普通的老百姓通过努力学习，最后就能当官，变成中国社会发展中坚力量。但随着科举考试的不断推进，科举考试的考试范围越来越窄，思想越来越僵化，越来越符合官僚体制的僵化利益，科举考试就脱离了时代。尤其是当中国跟西方交往以后，我们发现科举考试还在考四书五经，而不是把科学纳入科举考试中，科举考试就彻底脱离了时代。

现在，我们的高考，尽管没有像科举考试在清朝脱离时代那么严重，但也可以看到它脱离时代的特征非常明显。我们依然在考几十年不变的各种基础知识，对于现代知识的更新、迭代，科技创新方面关注非常少。保守僵化的教学形式，对于现代世界的发展融合、世界政治体制的变迁变革、思想观念的变革，关注很少。

这样导致高考的卷子在某种意义上，是落后于时代了。这样的落后加上中国教育的区域不均衡，直接导致现在高考筛选人才的时候，只能筛选到一部分人才，但对于农村孩子和没有家庭背景的孩子来说，确实形成了一个走进社会、寻找发展机会的障碍。

我觉得这个障碍，在高考40周年总结的时候，是一个我们需要严肃认真思考的话题。面对这样的话题，我们要在几个方面来进行讨论：

第一，从幼儿园一直到中学的教育资源均衡问题。老百姓群体的均衡、城市和乡村的均衡、发达地区和非发达地区的均衡，变成了中国的一个最重要的话题，也是政府最应该解决的话题。

第二，教学内容的改革问题和教学方法的改革问题。对于中国的学校来说，教学内容不改革，就不可能把新的知识和世界发展紧密联系起来。教学方法的改革，随着互联网的普及、高科技的发展、人工智能的推进，不管是在哪个地区的教学，我们如何利用新的教学方法、教学方式、教学手段，来使学生更好地、更有效率地学习，就变成了教育系统要考虑的问题。

第三，教育制度和教育体制的改革。我们一成不变的教育制度和教育体制，导致了中国教育的僵化，导致了中国老百姓对中国教育的不信任。面向未来，中国的教育制度怎样尽可能为更多的年轻人服务？能够遍洒雨露甘霖给每一个希望接受教育的人，尤其是贫困地区、落后地区的教育如何提升，应该进行很好的改革。教育制度的改革要着眼于均衡教育的发展，着眼于教育方法、教育手段、教育内容的改革。在这点上，我觉得从教育部到教育厅、教育局都应该花巨大的力气来做这件事情。由于高考起到了指挥棒的作用，高考本身的改革我觉得也是势在必行。

现在，政府已经做了一些事情，比如一些课程的统考，以及一些课程的自主考试，都算是改革的一部分。但我觉得步子还可以迈得更大一点，思想可以更开放一点。

我们是不是可以把自主考试、学校的自主招生、学生素质内容的考试与中学学习期间的学生能力，紧密联系在一起，让中国的高考走上一个既能够普选人才，又能够照顾到不同人群，又能够符合现代世界发展规律的轨道上去。

当然具体怎么做，我们这些老百姓只能说说话。我们希望中国教育领域的领导人物，能够起到担当作用，也希望中国的教育人士，不管是民间力量，还是国家力量，能够一起共同努力，让我们的高考在未来走得更好，为中国选拔出更加优秀的人才，为中国的发展做出更大的贡献！

"老俞闲话"微信公众号2017年6月6日

40年前高考改变命运，
如今高考只是让生活多一种选择

/思郁

一

每年的这几天，都会看到很多高考故事。

故事的类型大同小异，可称之为回忆性散文，怀念一下高考的艰苦生涯，感喟一下时光不再，都是成功人士的套路。成功人士的套路也是先抑后扬，可称之为知识改变命运，高考改变了我的生活。很多成功人士的高考经历成了这场集体狂欢中的先进模板。今年又恰好是恢复高考40年，40年前，我们的父辈大都是通过高考这座独木桥，而进入社会的不同阶层。40年后，高考依然承载着无数学子和家庭改变命运的渴望。我们对高考寄托了一种大于一的奢望。这种奢望有种单一的内在逻辑：通过高考，进入大学，毕业后可以在城市找到工作、安家、定居，经过两三代人的精神过滤，把自己脱胎换骨变成一个城里人。

这样概括可能并不准确，除了很多农村孩子和小镇青年，很多城市的孩子似乎并不是这种升级模式。但是大同小异，小镇青年和农村孩子想变成城里人，城里人想升级到国外去，移民模式也是这种内在逻辑的升级版。

这种单一的内在逻辑的可怕之处就在于，它的每一个关节上都写满了只许成功，不许失败。很多人之所以寄希望于高考可以改变命运，就因为他别无选择。这种偏执如果在40年前还情有可原，40年后依然如此奢望高考对一个人命运的独裁，就是狭隘短视。

1977年恢复高考体制时，参加考试的人数达到了570万，最终录取了27万人。当年的高考体制确实改变了一代人的命运，那一年教育部《关于1977年高等学校招生工作的意见》规定，凡是工人、农民、上山下乡和回乡知识青年、复员军人、干部和应届毕业生，符合条件均可报考。有无数分散在祖国深山和农村的知青，还有那些被划分为富农和地主阶级成分的子女，就是靠着这种希望，摆脱了阶级成分的心理负担，通过高考改变了自己的命运。他们中间很多都是我们社会的中流砥柱，有的成了知名企业家，比如万通集团冯仑；有的成了中国著名导演，比如当时在陕西农村插队的张艺谋，1978年考上了北影；有的成了著名历史学者，比如1978年考进吉林大学历史系的雷颐……

二

当年恢复高考体制，之所以能够改变一代人的命运，只因为这种体制体现了基本的公平和公正的原则，无视阶级差别，不论成分差异，只要你有能力，就可以通过学习来改变命运——知识原来真的可以改变命运，知识变成了超越阶级成分的普世价值，而高考则日益变成了改变人生命运的最高意识形态。

但是，好景不长，让知识承担这种文化意识形态的功能，长此以往会腐蚀知识本身的概念，改变知识本身的含义。当全民都把高考当成改变命运的唯一手段后，高考成绩变成了最高的衡量标准，学习知识也日益变得更加功利化。在任何时代，知识都是多元化的，但是在高考这种普遍的意识形态的笼罩之下，知识逐渐窄化为教科书的知识点和各种无用的应试技巧。中学教育的最大的失败，就是把知识变成了让人厌倦学习的手段，考试变成了机械化和庸俗化的对与错的考察。而在此过程中，考试成绩就是衡量一个学生的最高标准。用福柯的话说，考试就是无形的权力对人残酷地定位。

在高中生涯中，我们度过最难熬的岁月不是高考前夕，而是开始倒计时高考的那段岁月。因为大多数学校都会用模拟高考的形式来磨炼你对高考的忍耐度，每周要小考，每月要大考，几乎就是高中生活的常态。这种考试与其说是磨炼，倒不如说是折磨。他们认为，通过模拟考试，更容易让学生超常发挥，从而可以在最终的高考到来时，考出好成绩。但是这种偏执狂一样的考试模拟，对人的心智产生了极大的阴影，让他们的精神无时无刻不处在高度紧张和焦虑之中，除了考试，他们的生活毫无乐趣——我当然不是说，他们自虐到了把考试当成了一种乐趣，而是当考试占据所有时间时，考试就是他们所有的生活时，他们最美好的青春岁月就是在这种无聊透顶的考试机制中熬过去的。

说起来很可笑，尽管我的高考已经过去十几年了，我依然会做着考试的噩梦。中学生的梦魇无疑就是这些把人折磨疯狂的模拟考试——这里的疯狂并非简单的隐喻，我清晰地记得在高三那一年，当某次月考成绩颁布之后，我们班级有个同学彻底疯了，他撕碎了试卷，塞进嘴里，跳上课桌，对着老师大喊又大笑，从一个课桌跳到另一个课桌。几个男同学费了九牛二虎之力，才制服他，把他押出了教室。而后，这个在高考压力下彻底崩溃的同学，被他的家人送到了精神病院，我从此再也未见他。

三

当然，这只是一个个案，我们无法用这样的个案来指责高考体制的公平性和正义性。事实上，如果我们翻阅每年的高考故事就会发现，每个回忆高考改变自己命运的人，都预设了一个前提，除了高考这种机会，他别无其他选择。高考最大的公平性也是它的唯一性，它是一架独木桥，桥的对面是无数可能的生活，而在桥的这一面只有一种艰苦无望的生活。我能深深体会到王小波当年在云南当知青时候的那种绝望心境。我曾多次引用《思维的乐趣》中的那段话："傍晚时分，你坐在屋檐下，看着天慢慢黑下去，心里寂寞而凄凉，感到自己的生命被剥夺了。当时我是个年轻人，但我害怕这样生活下去、衰老下去。在我看来，这是比死亡更可怕的事。"所以，他们才如此渴望高考带给他们改变命运的机会。

但是，经过了40年之后，高考再也不是通往幸福之路的独木桥了。我们不敢说条条大路通罗马，至少比独木桥多了很多的渡河方式，你可以选择渡轮、帆船、游艇，最不济，除了独木桥，还有其他各式各样的桥，借用托马斯·特朗斯特罗姆的诗歌形容，再也不是飞跃死亡的巨大铁鸟。我们的人生之路有很长，不能在18岁的时候让一次考试就决定了大半生的命运。

想起高考带给我们人生的巨大阴影，我就不寒而栗。前年，我曾写过一篇关于我外甥参加高考的文章，今年又是我大哥的孩子参加高考。从任何一个角度看，他们都是懂事又乖巧的好孩子。但是在高中生涯中，他们过得并不快乐，因为学习成绩一般，他们会受到各种轻视和排挤。无论是老师还是同学都青睐那些学习更好的学生，想当然以为他们有更好的未来，就算不放弃那些学习成绩一般的学生，至少在关注度上也明显要少。在一个以学习成绩衡量一切的环境中，成绩好就是好学生，成绩差就是坏学生，这种肤浅的认识依然是校园里的主流价值观。

在一个多月前，我家乡的一所重点高中爆发了一场惨案。悲剧爆发在深夜，高三学生宿舍两名学生一死一伤，凶手是他们的室友。原因是嫉妒同宿舍的室友比他学习成绩优秀。说起这种事情来会觉得荒诞，因为这位杀人的同学也是一名很优秀的学生。我们那里的重点高中都会在进入高三之后，从各个班级抽调出学习成绩最优秀的学生，组成一个重点培养班，有的叫清华班，有的叫北大班，总之就是当年高考最有可能被清华、北大、人大等这些知名大学录取的学生，对他们进行重点集训和培养。这位杀人的同学原本在自己的班级中是前几名的，抽调到清华北大班之后，面对其他更优秀的同学，倍感失落，自我调整心态又不顺利，一时就动了杀机。

四

这种在高考前杀人的当然也是个案，但是对那些即将高考的学生来说，情绪和精神都处在一种高度紧张，甚至崩溃的边缘。他们的情绪很少得到别人的理解，家长除了陪读照顾他们的身体和饮食之外，就是不断地强化他们对高考的认知，告诉他们只有考上好的大学，他们才会拥有一个美好的未来。

这种观念其实早已成了陈词滥调。如果说在恢复高考40年后，我们的生活有了什么样的变化，其中一个变化就是社会更加多元化，选择更加多样化，价值观趋向于参差百态——借用罗素的话说，参差百态才是幸福生活的本源。每个人都可以在高考之外，选择除了读大学之外的生活图景。

我们必须要认识到，我们这个时代，高考绝不再是通向幸福生活的唯一选择。高考对我们最大的用处就在于让我们多一种选择，这并非说高考毫无用处，而是说，如果你选择了高考就要用心去准备，不要辜负这十几年的读书生涯；如果你的高考并未达到你的理想，也不用过于在意，你要换种生活方式，从头开始。高考对我们意义就在于，它结束了我们的青春岁月，但是开启了我们下一段的人生。

　　人生很长，高考很短，不要因为一时的高考，放弃自己漫长而丰富的人生。

"凤凰文化"网站2017年6月7日

从"赢在高考"到"赢在子宫",高考神话破灭了吗?

/罗雅琳

高考负面化:走向没落的"超级中学"

高考,又到一年高考。每年此时媒体总免不了大肆报道,不过写来写去,似乎总是那么几个套路:先是老师家长如何为考生助威祈福,如何将家中离婚生病等变故瞒到考后,然后是朦胧的暗恋如何转化为高考的动力,招生各省名额分配如何不均。总之就是一个主题——高考如何牵动着无数人的心脏。修辞也总是那么几个——鲤鱼跃龙门、千军万马过独木桥、养兵千日用兵一时。看来看去,总让人有些倦怠。

一方面是关于高考的报道逐渐套路化,另一方面则是这种浓墨重彩、大张旗鼓地关注高考的行为本身受到了质疑。当下更流行的是淡化高考压力,鼓吹高考不是人生成功的唯一通道,并将那种狠抓高考的行为视为视野狭隘和人性异化。

央视2015年曾经拍摄了一部纪录片《高考》,其中《毛坦厂的日与夜》上下两集曾引发不少社会讨论。毛坦厂中学是安徽六安的一所以通过高压训练帮助复读生大幅度提高分数而闻名的学校。纪录片展现了毛坦厂中学在教室里设置全方位的摄像头督促学生学习,用"今天不是人,明天人上人"等口号给学生打气之类的情节。一位班主任直言:"我们是修理厂。"在不少人眼里,这样的"高考工厂"侵犯学生隐私,有损青少年身心健康，甚至有给学生洗脑之嫌。

除了饱受诟病的毛坦厂中学，另一些曾经的高考名校如今的媒体形象也不甚光彩。曾经，河北的衡水中学以其军事化管理、题海战术换来的耀眼升学率成为风靡全国的高考样板；湖北的黄冈中学则曾不仅在高考上，更在（可以换取保送资格的）国际奥林匹克竞赛上表现优异。在十来年前，各种以衡水和黄冈开头的教辅是中学周边书店的绝对销量之王，他们的学校模式也在全国各地被不断复制。我的母校，某中部省份一个县级市的省重点中学，就一度全面照搬了衡水中学的课间跑操和喊口号等极具特色的情感动员方式。

然而，时过境迁，黄冈中学升学率大幅降低，高考和奥赛都辉煌不再。衡水中学虽维持了升学率的稳定，却和安徽毛坦厂中学等学校一起成为唯分数是尚、泯灭学生天性的"高考工厂"的代名词。前段时间，网络上流传着一份号称由清华大学发布的"劣质超级中学"名单，衡水中学就被列在这份名单的文章标题上。尽管后来清华大学官方迅速辟谣，指出并不存在这样的名单，但这种不怀好意的谣言得以流行，也可见舆论对这种"高考工厂"的恶意之深。

对于"超级中学"的没落，大部分人似乎都理所当然地将其归咎为"高考工厂"的畸形和扭曲人性。但事实可能并非如此。已有一些较为严肃的调查指出，黄冈中学高考战绩的失落，最重要的原因是金牌教师在高薪吸引下纷纷流向周边大城市、省会城市甚至外省名校，优秀生源也相应流失。黄冈中学曾经最引以为傲的国际奥林匹克竞赛，也因学校经济状况的紧张，而无法负担高昂的培训费用和竞赛实验室的维护费用，从而走向衰落。

黄冈和衡水，即使在省内，它们所处的地区经济排名也相对落后。这些"超级中学"的没落，并非完全由其教学方式所致，而是当代中国的教育和经济状况越来越集中化的结果。没有高薪就难以留住名师，难以配备良好的教学资源，经济落后地区的"超级中学"也就必然走向没落。

残酷的教育竞争：从"赢在高考"到"赢在子宫"

"高考神话"不再具有从前的人气，源自高考本身的意义受到了质疑。

标准化的考试、限制性的考试范围，使得高考显得像一个机械、刻板、充满压迫、吞噬青春的怪物。只需看看，每年高考后总会出现的中国与欧美国家的考试对比，就不难明白中国高考的这一形象有多么深入人心。

因此，那些在落后地区以高强度的体力消耗和脑力消耗备战高考的学生，毛坦厂中学里学习到午夜的学生和衡水中学里边跑操边背书的学生，就成了这种形象不佳的中国高考的代言人。大城市里有着更为人们津津乐道的传说——某些国际化高中参加高考的人数不到一百人，大部分学生要么通过保送进入国内的名牌大学，要么被国外大学录取。这些被视为更加聪颖、心智更加健全的学生，因而可以免受高考的折磨，享有与"高考工厂"里的孩子们不同的命运。

多年苦战高考，一朝金榜题名的神话成了陈词滥调。与此同时，另一种将目光集中在幼升小、小升初等早期教育阶段的新型神话正在日益兴盛。这类神话大多诞生于一线城市，是一种以家长视角描述早期教育竞争之艰难的"残酷生活物语"。北上广等城市都纷纷为这类神话贡献出了自己的代表性作品和代表性名词。

早在十来年前，北京幼升小和小升初的各种"占坑班"就已赫赫有名。去年，因某著名公号写手发文章哭诉自己的孩子无端失学，北京小学的上学难又被广为人知。近年来，上海的幼升小考试则重新激活了"查三代"这一历史名词。一些上海的著名小学需要在小学入学面试时，考察父母祖辈的智商、学历甚至体重，以此测试他们是否能为下一代提供优良的基因、合格的家庭教育和严格的约束能力。

而在成都，最近的新闻是一篇名为《成都小区里的阶级斗争》的文章，一群经商或从政的业主坚决拒绝，自己的孩子与普通家庭的孩子就读同一所小学，以免他们期待的那种"精英教育"受到影响。在香港，TVB最近推出了一档反映社会教育风气的真人秀《没有起跑线？》。如今香港盛行的育儿观念同样是：竞争的起跑线没有最早，只有更早，要学的东西没有最多，只有更多；其中一位母亲的一句话高度浓缩了这种心态：赢在子宫里。

"没有起跑线""赢在子宫里"，这两句话虽然出自香港的电视节目，但用来看大陆的教育现实同样意味深长。从"起跑线"的角度来看，在五六十年代，或者刚恢复高考的80年代，考上大学就意味着"天之骄子"。那时候的高考绝不是起跑线，而是差不多等于成功人生的宣告书，正所谓"一考定终身"。

渐渐地，有关高考的宣传风向变了。到了笔者这一代，在新世纪第一个十年参加高考的这一代，最流行的口号是"高考绝非终点，而是人生的起跑线"。成功的人生不仅需要考上一所名牌大学，更需要在进入大学之后继续刷成绩、参加学生活动和社会实习，不断打怪升级才能找到一份好工作。而到了现在，"起跑线"从高考挪到了小升初、幼升小，乃至需要"赢在子宫里"。

无奈与希望并存：在艰难努力中挽回失落的"起跑线"

一方面是大城市的教育"起跑线"逐渐提前，另一方面是落后地区的"高考工厂"广遭批评，两者似乎构成了一种有些"阴险"的同谋。在《成都小区里的阶级斗争》中，精英父母向普通父母们几乎是"动之以情晓之以理"，劝他们不用"期望太高、压力太大，去争取不属于你的东西"，那样太累，"为国家培养下一代吃苦耐劳、有文化有技术的农民也是一条不错的出路"。

这不就是批判"高考工厂"时的理由吗？这些自命精英阶层的父母非常清楚，不同的小学就决定了日后不同的道路。人生前途的大决战根本用不着等到高考，早在小学、幼儿园甚至"子宫里"就见了分晓。

和大城市里的孩子相比，落后地区的孩子们不仅在获得的教育资源上输了，更在社会舆论上输了。他们不仅需要付出更多的努力，来挽回失落的起跑线，甚至这种艰难的努力本身，也被指认为人性扭曲和功利主义的象征，成为他们"素质不全面""精神世界不完整"的证据。不过，这当然只是一种偏见。

意味深长的是，在《成都小区里的阶级斗争》成为热门文章的同时，成都还有另一桩新闻。因为涉及违规办学、干扰正常教育秩序，课外培训机构"学而思"被当地教育部门叫停。当精英父母们投入大量时间金钱，自以为为孩子铺好了未来的光明大道之时，他们是否只是被各类培训机构所鼓吹的教育理念所捕获，掉入了他们的招生陷阱？

40年前的恢复高考，被那一代人描述为自己人生中的决定性时刻，它最激动人心的意义，在于开启了通过个人奋斗得以上升的通道。高考神话越耀眼的时代，是个人奋斗越被普遍相信且确有其成功可能的时代。

而如今，"超级中学"和高考神话的逐渐负面化，则意味着通过个人奋斗获得成功的道路越来越艰难。但越是如此，我们越应该努力维护高考的尊严。对于毛坦厂中学里的孩子和他们的同类而言，如果不进一两年"高考工厂"，不付出这种超出常人的血泪奋斗，他们就会在另一种真正的工厂里打发自己接下来的人生——那是富士康、流水线，是几乎丧失了上升通道的人生。

就社会舆论而言，有关落后地区那种艰苦奋斗的教育模式必然有损全面素质和扭曲人性的过分偏见，似乎也应该有所消除。素质何止一种？自由放纵是否才是人性？生活优越的孩子多上几个培训班、多学几种特长、多出几次国也许确实不错，但艰难的环境所培育出的自律、节制、坚忍等品质，或许同样也是人生的重要素质。

"新京报书评周刊"微信公众号2017年6月7日

四十不惑：该以平常心看待高考了

/熊丙奇

2017年是恢复高考40周年，不少媒体都推出高考40周年的纪念专栏，一看主题，大多是"高考改变命运"。

高考确实曾经在一段时间，起着改变人的命运的重要作用。尤其对刚恢复高考那会儿的人来说，这一记忆是十分强烈的。

但是，不能把"改变命运"作为高考的主题曲。事实上，当高等教育已经要进入普及化阶段时，还以"改变命运"作为高考的功能，这不但错位，还可能误导高考改革与教育发展，而且会制造社会的高考焦虑与教育焦虑。改变命运，渐渐变为高考和中国教育的难以承受之重。该以平常心看待高考了。

一、从考大学到考名校

有人说，现在考上大学也很难改变命运，不像以前，参加高考，就是考上专科也改变命运。

这是脱离教育的发展与高考的变化在谈论高考。1977年，中国高考人数570万人（恢复高考第一年，报考者众多），录取27万人，录取率只有5%。能考上的可谓凤毛麟角。10年后，1987年，高考人数228万人，录取62万，录取率达到27%；1997年，高考人数278万，录取100万，录取率

36%。虽然录取率貌似比较高，但参加高考人数只有300万不到，只有2016年参加高考人数（940万）的三分之一，如果按2016年的人数录100万，1997年的高考录取率仅仅10.6%。事实上，直到1999年，中国的高等教育毛入学率只有10.5%。100个18岁到22岁的适龄青年中，不到11个接受高等教育。

但到2015年，中国高考人数为942万，全国平均高考录取率接近75%，部分地方高考录取率超过90%，高等教育毛入学率已经达到40%。根据这些数据，上大学的情况已经发生了极大的变化。如果再以40年前的"上大学"观察当下的"上大学"，无疑是刻舟求剑。

本来，社会应该根据高等教育的发展变化，调整对高考的看法。高考升学率和高等教育毛入学率很低时，升大学可以获得特殊身份，大学生特别珍贵。直到1992年，中国都对大学毕业生就业实行国家包分配，大学毕业生有铁饭碗。在城乡二元结构的社会环境中，高考可以改变一个人的身份（从农村户籍变为城镇户籍，从乡村走向大城市），也可改变命运。当高考录取率在有的省份已经接近90%时，还希望考上大学就获得特殊身份，变得不现实了。

但社会对高考的"改变命运观"，却没有很大改变。在高考进入20周年之际，随着大扩招，社会上对待高考的看法，从以前考大学独木桥，逐渐变为考名校独木桥——不是要上一所大学，是必须进重点大学、名校。在那个时段，恰巧开始实施985工程、211工程，高考录取的批次（开始设置一本院校、二本院校，后随着民办院校、独立院校增加，出现三本院校）更加明显，社会对名校的追逐，也引发基础教育出现名校情结。

当高考变为名校争夺战后，再丰富的高等教育资源，都难以缓解高考焦虑。分析985高校、211高校、重点大学的录取情况，目前每年的录取率大致为2%（每年985高校录取计划为19万人左右）、5%、8%，也就是说，211院校的录取率与1977年的考大学总录取率相当。换句话说，用改变命运来观察当下的高考，很多人（办学者、老师、学生、家长）会认为考上重点大学，才是考上大学，考上211院校，才可能改变命运。这样的高考竞争显然是激烈的，尤其相比40年前、30年前，各种应试手段（补课、培训）都更"先进"，竞争也就白热化。

于是，虽然2500多所普通高等学校都纳入计划招生，授予国家承认的文凭，可有的却被学生、家长视为"烂大学"，不是因为学校办得不好，而是被认为层次低。据统计，农村学生已经占到所有大学在校生的近60%（2012年，全国农村学生录取人数占全国录取人数比例达到59.1%，其中农村学生本科高校录取人数所占比例达到52.5%），但舆论却普遍认为，底层学生改变命运的机会更少。原因是，在高考竞争中，农村学生进入重点大学的比例相对较低。

针对这一问题，政府从2012年实施国家扶贫定向招生计划，以提高贫困地区学生、农村学生进重点大学的比例。这当然是推进公平之举，但如果以进入重点大学来论改变命运，能改变命运的学生有多少？全国每年的高考生只有8%能进重点大学，其余考进非重点大学的学生，怎么对待大学？

在国际上，对高等教育有个基本的区分：当高等教育毛入学率不到15%时，是高等教育精英化阶段；毛入学率达到15%，进入高等教育大众化阶段；达到50%，进入高等教育普及化阶段。

中国高等教育毛入学率早在2002年就达到15%，进入大众化阶段。但中国社会对上大学的认识，还停留在精英化阶段，这是严重错位的。高等教育大众化的目的，是提高国民受教育年限和素养，接受任何高等教育学校（包括社区学院、职业学院）的教育，都应是有价值的。

高考改变命运，在意的是高考成败，接受高等教育对人身份的转变，而非个体能力的提高。在恢复高考已经40年之际，这种观念还如此强烈，在某种程度上说明，中国高等教育大众化还主要是实现了高等教育毛入学率的大众化，建立各类高等教育平等发展，各个大学办出自身特色的高等教育局面，还有待努力。

二、改革进行时：淡化学校身份标签

高考改变命运，让社会聚焦最优质的高等教育资源配置。这也导致中国高考改革与高等教育发展，面临更大的挑战。

为改变高考一考定终身的问题，2000年，多个省市推出了春季高考。但是，除了上海一直保留春季高考，到2015年再进行新改革之外，另外几个省的春季高考很快就取消。原因在于春季高考被认为是落榜生的高考

——只允许往届学生参加，只有少数地方本科院校招生。这不符合大家追求更好大学的心态。上海春季高考14年后，于2015年对春季高考进行改革，具体办法是允许所有应届学生报考，所有本市地方本科院校招生。

为考上一所更好的大学，每年高考都有大量复读生。据统计，恢复高考30周年之际，2007年的高考复读生达300万，占当年高考报名人数（1010万）的30%。一些公办学校招高复班，甚至影响到了正常办学，也被认为制造了高考不公。教育部由此发出禁令，禁止公办高中招高复生。但问题并未真正得到良好的解决，舆论普遍认为，在现在的高考录取制度下，包括志愿填报方式的影响，容易出现高分落榜，学生和学校没有充分的双向选择，学生经常被录取进自己不感兴趣的学校与专业，等等。

为此，从2008年起，教育部在全国各地推行高考平行志愿录取。这降低了传统志愿录取方式高分落榜的风险，扩大了学生的选择权，也一定程度减少了高复需求。但是，想进更高层次、更好大学的高考梦想，还是让很多已经上线的学生选择复读。被称为"亚洲最大高考工厂"的毛坦厂中学，每年招收的复读生就接近万人。这些复读生，有的是上了三本线，想读二本，有的是进了二本，想读一本。

追逐名校，从好的一方面看，可以给人动力，但是，从另一方面看，却在制造应试的旋涡。一些在求学阶段感到进入重点大学无望的学生，尤其是农村学生，初中就萌生辍学念头，在一些农村地区，初中辍学率回潮。中考没有考入普通高中，进入中职的学生，容易有受挫感。虽然国家高度重视职业教育，但在一些地区，中职还是被视为差生才接受的教育。在高考改变命运的心态中，社会要形成"淡化学历，崇尚技能"的氛围，十分困难。这会直接导致教育的质量和结构与社会需求脱节。更严重的问题是，整个社会存在十分功利的教育观，即升学有用，读书无用。

2014年颁布的《新高考改革方案》，明确要求取消高考录取批次，调整志愿填报方式。根据高考改革部署，2016年，已有15个省市取消三本，与二本融合；上海市从2016年起率先取消一本二本划分，从2017起实行院校专业组志愿填报方式（一所大学根据专业选科要求不同分为若干专业组）；浙江在2017年的高考录取中，取消所有本科和高职批次划分，并实行专业平行志愿。推进这些改革的目的，是为了淡化学校等级、身份标签，促进学校间平等竞争，由此淡化考生的名校情结。这是好的方向，要起到改革效果，有待于社会功利教育观的转变。

三、真正的公平

当前，高考承载了社会对公平的期望，分数面前人人平等，成为高考公平最直观地表达。这种公平还需要仔细推敲，而且，分数公平也制造着唯分数论。但要突破分数公平，建立多元的高考升学评价体系，却困难多多。

对农村生、家庭贫困学生而言，可能未必真的分数面前人人平等。一个来自农村，没上过幼儿园，在教育质量很低的农村学校读书的学生，和在城市，从小接受更好教育的学生，在一张试卷上竞争，从一张试卷的角度，是公平的，但教育起点和过程却并非如此。

调查显示，农村学生的高考平均分数比城市地区学生低40分。这就是农村学生占大学生比例接近60%，但在重点大学中的比例却日益走低（在2012年，实施国家扶贫定向招生计划之前）的重要原因。由于高考分数不能和城市学生比拼，农村学生更多地进入地方本科院校、高职院校。

近年来，各地高中办学，出现超级高中，把全省的优质生源汇聚在一校或几校。每年，这些学校几乎囊括全省所有考进北大清华的名额，很多人把这认为是给底层学生改变命运的通道。可事实是，农村生、贫困生能考进超级高中的极少，反而，由于超级高中全省抢生源，挤占县中学的办学空间，令农村孩子考进重点大学的机会进一步减少。

分数公平，对学生的个性、素质发展也不公平。目前的分数公平，是在设定的高考科目范围内的公平，按这几门高考科目的分数从高到低，结合学生志愿录取。从20世纪80年代起，就对高考科目进行改革，也对高考内容进行调整，力图通过科目改革，倡导素质教育。但不论是高考科目从7门到6门，还是后来各省实施的3+X、3+文科综合、3+理科综合，以及2014年国家颁布《新高考改革方案》，推行3+6选3，或7选3，都没有改变按科目总分录取的模式。

之前，为了矫正这一评价方式对学生个性、特长的关注不够，而实施加分政策，包括艺术特长加分、体育特长加分、学科特长加分和综合荣誉加分。但高考加分政策在实施过程中，却演变为加分教育（为获得加分而上特长培训班"曲线高考"），出现加分造假和加分腐败。对此，国家在《新高考改革方案》中，明确提到要取消高考奖励性质加分，只保留照顾性质加分。

真正扩大农村生高考公平和素质评价公平，应该实行高校自主招生和多元评价。因为从发达国家经验看，矫正农村学生所接受的教育不公平，只能通过多元评价、过程评价实现，在升学评价中，考察学生的家庭情况与求学经历。关注学生的个性与特长，也必须通过多元评价。比如，美国名校评价学生，就有多达16项指标。可是，对于大学自主招生和多元评价，社会的信任度并不高，宁愿要单一的分数评价，以维持脆弱的公平。

政府也想，在自主招生和综合素质评价方面，进行改革突破。早在2003年，政府就选择了22所学校试点自主招生改革，到目前共有90所学校实行自主改革；从2011年起，浙江地方本科院校，试点综合素质评价录取改革（也称高考成绩、大学面试考察成绩、中学综合素质三位一体录取改革）。这一改革，后来被南方科大推行到全国，现今不少省份都有部分高校在省内招生时实行综合素质评价录取。但是，自主招生和综合素质评价，一路走来，一路遭遇质疑。人们的主要担心是，其中是否存在潜规则。

高考改革的理想局面，应该是招考分离，大学依法自主招生，学生多次选择。但是，由于高考承载了社会对基本公平的期待，而目前有效约束权钱干预教育、干预招生的机制，还没有很好地建立起来，高考陷入大家都知道要改却难改的困境。

四十应不惑，但如果高考一直背负着社会赋予其"改变命运"的沉重使命，就会依然存在诸多困惑。或许，只有整个社会意识到，高考不能再改变命运，也不该承担改变命运的功能时，只有消除对不同类型教育的歧视，消除社会对人才评价的学历歧视时，高考升学，进哪一类学校，才能变为学生的自主选择，而不是唯一的"成才出口"。这样的高考才会"不惑"。而这，需要改革基本的社会福利制度、教育管理制度、人才评价制度等等。

《南方周末》2017年6月15日

恢复高考40年：崇仰与进化

/李少威

1977年8月5日，在亲自主持召开的"科学与教育工作座谈会"上，第三次复出的邓小平当场表态："恢复统一高考从今年开始。"弹指一挥40年，就社会整体理性前行带来的福利扩散而言，每一个人都是这一决定的受益者。作为一种国家制度框架内的基础建制，统一的考试制度具有选拔人才、保持社会流动以及彰显对知识的尊重等功能，让社会有活力、个体有希望、文明的发展有土壤。对个人而言，最为重要的则是人的存在有了方向。高考作为个体支配人生的一个公共的参照系，已经成为一种社会设置，它让人们从幼年起就清楚自己对自己、他人对自己的期待，以及如何去确定自己的生活理想。有方向，努力才有价值，"成长"这个词也才有意义。多元化社会的持续发育，已经使高考对人才的选拔功能，从国家包分配的"半科举"状态转化为一种市场自为状态，上大学与个人前途之间，只剩下间接而不确定的联系。然而因为社会竞争激烈，人生之路对获得更好的教育的依赖有增无减，"上大学"尤其是"上好大学"成了"农转非""吃商品粮"和直通体制内的代名词，本身变成了人生早期的生活理想。于是，40年来，尽管高考制度不断进行技术性的调整，却衍生了对其公平性的更广泛而频繁的讨论。

有效与开放

在1977年恢复统一高考前，工农兵学员按照"自愿报名、群众推荐、领导批准、学校复审"的"十六字方针"免试入学。"十六字方针"及其试图实现的价值意图，最大的缺陷是制度本身对一部分人的歧视和排斥。把这一点按下不表，其操作程序中作为监督者的群众并非实体存在，而作为决定者的领导则是完全人格化的，这就给了他们很大的弹性权力。

从管理学角度看，如果一项制度同时存在硬性指标和软性指标，那么在执行过程中硬性指标往往会被边缘化，致使制度初衷无法实现。在"教育和科学工作座谈会"上，当时的武汉大学教授查全性先生用生动的话语指出，工农兵学员生源质量无法保证，而且许多干部在动用手上的特权，将自己的子女送入大学。

人才选拔制度本身不具备对全社会的开放性，而且在结果上无效。因此，当时的大学教育，无论是人才选拔还是社会流动功能，都已大打折扣。

回顾一下，中国历史上漫长的人才选拔机制演进历史，对抗软性指标转化为部分人的垄断性权利，是个一以贯之的发展逻辑。

春秋以前，全封闭的"世卿世禄制"，只是统治阶层内部的循环机制。秦国在商鞅的铁腕推动下，率先抛弃"世卿世禄制"，实行"军功爵制"，不计人才出身，按客观贡献授予职位、俸禄，迈出了革命性的一步。军功爵制具有开放性，但它是为满足武力征伐需要而实行的非常态政策。秦朝统一全国后军事重要性下降，人才选拔机制仍未改弦更张，致使社会流动渠道堵塞，"富贵"的机会接近于被垄断，便有了陈胜、吴广"王侯将相宁有种乎"的雷霆一呼。

汉朝吸取教训，虽然马上打天下，但政策立足于和平的现实，尊重知识分子，在任人唯贤的原则和一系列理性主义标准下建立"察举征辟制"，兼顾常规人才与特殊人才的发现与培养。作为人才发掘责任人的地方官员的勤勉惜才、公正无私，是制度有效的核心保障环节。但这一环节本身缺乏保障，于是徇私舞弊日渐盛行，到后期就变成"说你是你就是"，以至东汉末年，"举秀才，不知书；举孝廉，父别居；寒素洁白浊如泥，高第良将怯如鸡"。

汉末社会乱离，"察举征辟制"失去了其所依赖的和平统一的国内环境，曹魏便创立了"九品中正制"。后者仍然将机会向民间开放，其适应性进化是设置了专门负责考察和推荐人才的"中正官"。他们按照九个品秩分别对应的标准，对人才进行发现和定性。几乎是顺理成章的，中正官职位随即被既有官僚阶层霸占，用来不断进行自身利益的加固和扩大，公器变成私器。于是六朝成了中国门阀士族最鼎盛的时期，社会上层完全是"王谢游戏"，"下品无士族，上品无寒门"。

直至隋唐，一个有效又开放的人才选拔机制，才在千年探索的基础上确立，这就是科举考试制度。公元7世纪后，科举制成为延续1300余年的传统社会的基础建制。

科举制既能方向明确地培养和选拔人才，又成功地找到了抑制人为因素过度做大的有效手段，防止了利益集团垄断属于全社会的基础性权利，保持了开放性，有利于社会以及政权结构的稳定。它让皇家、官僚贵族与其他卑贱阶层，得以在同一个环境下相互制约、利益共生。马克斯·韦伯在评论中国科举制时指出，"此一考试制度乃是帝国家产制统治者用来防止封闭等级形成的手段之一，以免封建藩臣与政府高级官员独占官职俸禄"，"候补者互相竞争官职与俸禄，因而无法联合起来形成封建官吏贵族。获取官职的机会对任何人开放，只要他们能够证明自己有足够的学养，考试制度也因此达到了它的目的。"

纵观历史，人才选拔制度作为社会、政权稳定的基石之一，其基本原则就是有效和开放。

对公平的追寻

清末，科举考试制度因其形式上的八股化、知识的长期僵死——真正重要的原因是，在一个衰落型国家里几乎任何制度都是看上去一无是处、众矢之的，在1905年最终废止。废止后没有一个替代方案弥补基石的缺失，社会流动被关闭，把年轻人推向了政权的对立面，本意是改革，事实上使社会更加混乱了，加速了政权崩溃。

在新文化运动的语境下科举制度面目狰狞，但事实上在当时西方国家的有识之士眼中，直到19世纪初，科举制度仍然是令人羡慕的文明建制。无论是新式学堂，还是后来新中国以高考为枢纽环节的教育体制，制度的基本原则上还是一以贯之。

"恢复统一高考"中的"统一"二字其实饱含深意——尽力让考生能就近参加考试。恢复前，民间有怨言说："新中国成立前上大学靠钱。""解放前"便是指民国，当时只有少数几年实行国家统一招考，大部分年份里都是各校单独招生。这意味着想要上大学，就要去大学所在地参加考试，其花费不是一般人所能承受的，即便主观上不拘一格，客观上也将穷人排除在外。那时，要读大学首先要自问的是有没有路费，这种事实的不公平，外观上还相当公平。这意味着，即便是一个具有开放性的人才选拔制度，在执行上仍然需要从以人为本的服务态度出发，充分考虑其细节上的公平性，这其实是制度的一个现代性特征。同时，我们还应该从历史经验中意识到，只有当高考制度存在时，人们才有机会讨论其公平性，这本身是一个幸运的事实。

绝对公平是无法做到的，所以永远无法找到一个被证实为最好的制度安排，而只能共同确认一种次好的情形的合理性。高考制度在人才选拔上是有效的、开放的，而且这一点得到了社会的共同确认。这也是尽管上大学与个人前途的联系，已经越来越间接而不明确，但全社会对高考的重视程度却越发升高的基本原因。

概括起来，影响高考公平的因素主要有三个：先天基因、后天条件和政策设计。对先天基因（智力）几乎无法可施，幸运的是它在社会上基本呈现正态分布，人们对自然分配的结果也坦然接受。后天条件是人的生长环境，包括阶层归属和地域归属，这对资源占有、机会享有会形成与个人努力无关的额外优势或劣势。比如，户籍在985、211高校集中的省市的考生，就会比在名校很少甚至没有的省市的考生更容易上名校。而政策设计是否公平，一要看它是否有歧视性倾向。1977年，恢复统一高考作为一次"无声的革命"，彻底摒弃了历史上存在过的身份歧视。二要看它能不能对后天条件差异形成的额外优势或劣势进行有效平衡，从而减少社会排斥。政治理论家罗尔斯认为，一种正义的社会制度，应该通过各种制度性安排，来改善或优待那些处于社会底层的最不利的成员的处境，缩小他们与其他人之间的差距。从这一立场出发，第三就是要看政策设计能否对处于底层的考生进行补偿救济。加分、保送、校长推荐、自主招生、高考模式、异地高考、分省命题还是统一命题……各种技术性的高考改革实践从未停止，其间有得有失。从公平性上说，凡有所得，都是因为回应了"有效和开放"的原则需求，而但有所失，一般是因为增加了软性指标从而给予了人为因素以新的活动空间。

"分数面前人人平等"

高考制度遭受批评最多的是，一张卷子评价所有人的唯分数论。不过，高考制度最大的公平性，恰恰也正在于"分数面前人人平等"，评价标准硬性、明确、唯一，操作上公开透明，最大限度地压缩了弹性空间，这是制度稳定性的根本支撑。

批评者引证，民国时朱自清、罗家伦、钱锺书、吴晗、臧克家、张允和参加大学自主招考，数学均得零分（一说钱锺书得15分），但都被破格录取。其实"破格"本身已经表明，这是在常规评价之外的变通性措施，针对的是少数特殊情况。拥有特殊天分的学生被破格录取，在新中国高考中也不鲜见，如韩寒曾被复旦大学破格录为旁听生（他本人拒绝）。此外因单方面的才具或品德而被名校破格录取的还有蒋方舟、潘立明、张亚超、金靖、白浪等。

事实上，随着社会对公平性的认识日渐全面，人们对依照自身长项而要求修改规则的行为已经日渐失去兴趣。前几年，浙江桐乡的"少女作家"杨玲玲因为"写过小说"，经年累月地寻求大学破格录取自己，甚至试图起诉不愿"破格"的大学，发展为一种迷执，而社会上几无支持之声。另一种批评角度是"高分低能说"，然而这一立论始终无法被经验所证实，就像"低分高能"同样不能证实一样。

一个有趣的现象是，对以高考为核心环节的教育体制的质疑者，往往正是应试教育中出来的佼佼者。他们关于应试教育"毁掉下一代"的预言从未成为现实，人们反而看到了一代比一代更加令人惊讶的创造力，以及更加执着地对个体意识和自由意志的追寻。

竞争标的转移

在有效和开放这两个基本原则上，当代高考与过去的科举是相似的。

外在表现上，它们都是采用公开考试、择优录取的公平竞争方式，以成绩作为取舍依据。科举制度实行的编号、密封、监考、回避、复查等办法至今也仍然被高考所继承。不过，两者之间又有本质差异，科举直通官场，而高考则是为了取得继续学习的机会和更好的学习条件，考试本身与个人前途的关系是间接而不明确的。这是高考制度的另一个现代性特征——受教育和进行自我完善的机会本身成了竞争的标的。数十年间曾经出现的"读书无用论"，是中国的前现代社会印记，在受教育观念上的残留与挣扎——"学成文武艺，货与帝王家"，学习的唯一目的在于求取功名。在大学毕业国家包分配制度取消之前，高考与个人前途的关系还是直接而明确的，因而说其具有"半科举"性质。尽管毕业生并不都能进入国家权力机关，但体制之下包罗万象，加上人才稀缺，国家仍有动力和能力去包办就业。而在经济二元结构之下，大部分生活在乡村的人们都以进入城市作为个人成功的象征，而进入的途径，除了当兵就是上大学，后者更具有荣耀感。通过读书实现"农转非""吃商品粮"，其心理效应大致相当于王朝时代的中举。

随着城市化和市场化的日渐推进，国家包分配在1996年终止，意味着"天之骄子"的时代终结。而在1999年开始的大学扩招，以充足的供给进一步稀释了文凭的价值，大学毕业转变为一种进入就业市场的资格证，"一毕业就失业"也时有出现。

尽管"读书无用论"不时浮现，但事实证明中国人并不会对高考过去的"半科举"性质形成一种固恋。人们把学业的竞争以及上大学本身转变为一种意义，在多元社会背景下持续保有对高考的热情。在高考与未来之间，大学成为一个充满可能性的自我塑造空间，而不是直接的桥梁。高考所关乎的，不再是"官"与"禄"，而是关于人的成长的多元化想象。

当大学毕业生走下神坛的时候，高考就不再是为了争夺眼前有限的更高的社会阶梯的位置而战，而是为了获得继续学习和自我完善的机会而努力。制度的开放性仍然表现为机会公平的社会流动，但高考早已不是社会流动的唯一途径，而其有效性则体现为一种强大的劝学功能。宏观上，这培育了文明的接续与再生产的生态环境：一个读书人，即便没有从受教育中直接获得实利，也可以从公共权威的认可中获得一种意义感。而意义感，是专属于人类中愿意不设附加条件地关怀精神世界的那一群人的必要的虚荣。它就像张载的"横渠四句"对传统社会里一代代读书人的信念激励一样重要。

《南风窗》2017年第12期

《军师联盟》：
这是历史该有的样子吗？

2017年6月下旬，播出的电视剧《军师联盟》，如今的网络播放量已经接近67亿次。伴随着电视剧的热播，关于剧中对历史人物和事件的改写越来越引发观众的质疑，而电视剧如何展现真实历史也已然成了难题。

围绕剧中的司马懿形象，孔鲤的《〈军师联盟〉初评：这是三国该有的样子》认为，司马懿身上体现了大一统秩序和变动现实双重作用之下的矛盾与分裂。

在对《军师联盟》的评价上，石岸书的《〈军师联盟〉与三国戏的拼贴化》批评该剧是对历史、宫斗、家庭伦理等类型题材，进行的拼贴化处理；钟菡的《有历史硬伤的〈司马懿之军师联盟〉为何远超〈新三国〉》肯定该剧能够对历史进行"去形取神"的处理，因此体现了中国历史剧的进步。而孔鲤在《〈军师联盟〉称得上是一部历史正剧吗》一文中则一反自己此前的观点，指出《军师联盟》并非一部历史正剧，而只是提供了一种新的拍摄方法。

关于《军师联盟》为何能够引起收视热潮的问题，何天平在《〈军师联盟〉火了历史正剧！二次元青年爱上宏大叙事》中认为，该剧迎合了当前年轻人对历史正剧的"萌化"解读；景成的《〈军师联盟〉：权谋之外，是明媚的青春理想主义》一文则认为，电视剧传达的理想主义与当代青年思想情感的共振，说明了理想主义在当下社会中的复归。

《军师联盟》初评:这是三国该有的样子

/孔鲤

十多年磨一剑的《白鹿原》近期收官了,紧接着的便是让人期待了许久的历史剧《军师联盟》。尽管这部剧播出时坎坷颇多,但总算是在江苏卫视播出了。

今年年初,《大秦帝国之崛起》和《于成龙》的接连播出,让人感慨历史剧的回春,如今《军师联盟》终于在年终走来,质量又是如何呢?

一、秦汉帝国的残阳

简要介绍一下,《军师联盟》从曹魏的全新视角切入,书写了魏国大军师司马懿跌宕起伏的传奇一生,展现了波澜壮阔的后三国时代。

三国,这是一个几乎每个中国人都听过的题材。即便有人背不下朝代表,即便有人会忘记那许许多多的历史英雄,但魏、蜀、吴三国的名字却无人不晓,刘备、关羽、张飞、曹操、孙权、诸葛亮、赵云、周瑜等人的名字也在历史长河中始终星光熠熠,加上近年来十几部三国题材游戏的熏陶,与三国相关的历史始终热议于群众。

然而,关于三国的影视作品却往往不尽如人意。

除了经典的94版《三国演义》和有不少错漏但也有一些看点的《新三国》外,其他相关的影视作品都可以算得上是粗制滥造,曹操变成了一心想做皇帝的反派，刘备成为外表忠厚的伪君子，诸葛亮成为全知全能的超级人……

可是，三国该有三国的样子。

什么是三国？为什么会有三国？三国之前是汉帝国，汉帝国从西汉高祖到东汉献帝，计405年，长达400多年的统一大帝国，铸就了汉代文明，形成了一个王朝内在自我的秩序。比如儒家盛行、经学当道，比如"明犯强汉者，虽远必诛"，从战国走来的秦汉，终于在中华文明史上写下了辉煌的一页。

然而年轻总会战胜衰老，而衰老终将死去。

当汉帝国的秩序不再被人们遵守时，当黄巾军出现、董卓出现……秩序出现了裂口。

400多年的秦汉统一帝国受到了威胁，人们信奉多年的统一愿景开始发生剧变，《三国演义》开头如是写："话说天下大势，分久必合，合久必分。周末七国纷争，并入于秦。及秦灭之后，楚、汉纷争，又并入于汉。汉朝自高祖斩白蛇而起义，一统天下，后来光武中兴，传至献帝，遂分为三国。"

有人开始寻求新的道路，为华夏民族开启新的篇章；有人依旧在坚守规则，写下一首悲壮的史诗。——这是一个充满魅力的时代。

可惜，很少有作品能对三国题材反映到这个层面。当然，《军师联盟》做到了。

全剧最一开始，便展现出了一幅奇妙的画卷。一分钟的背景介绍不是讲述历史背景，而是画着汉代壁画，叙述着月旦评。

以月旦评为切入点，新奇却又能彰显出主创的野心。月旦评，东汉末年，由汝南郡人许劭兄弟主持，对当代人物或诗文字画等品评的一项活动，常在每月初一发表，故称"月旦评"。无论是谁，一经品题，身价百倍，世俗流传，以为美谈。因而闻名遐迩，盛极一时。

看似对观众很不友好的一个陌生概念，却很恰当地对秦汉帝国末期撕开了一个口子。这是汉末，世家大族林立，所谓东汉六大家族，指的是东汉早年帮助刘秀复兴东汉王朝的邓禹家族、耿弇家族、梁统家族、窦融家族、马援家族和阴氏家族，到了汉末，人才流动基本被垄断，社会固化到了一定的程度。

所以在故事开始后没多久，便出现了曹操下令颁发《求贤令》的段落。很明显曹操唯才是举的行为和汉代世家大族人才垄断之间形成了根本上的矛盾，这是一个从开始就出现的矛盾对立，将曹操从图谋皇位的反派形象拉了出来，而设置为一个新的价值观存在。

"今天下，得无有至德之人放于民间，或果勇不顾、临敌力战。或文俗之吏、高才异质，或不仁不孝而有治国用兵之术；其各举所知，勿有所遗。"司空这封《求贤令》，笔力雄浑、气魄恢宏，天下贤士看到，必然知司空求贤之诚。

而在剧中，同时还发生了这样一些事情：华佗给曹操治病、华佗参与董承衣带诏。

也因此，在第一集我们能看到，一方面是曹操唯才是举希望借助月旦评网罗天下人才，另一方面是一群人想借着月旦评曹操露面的机会刺杀曹操。

谁想刺杀曹操呢？

历史上是汉献帝用鲜血写就诏书缝在衣带里，秘密传给董承，董承对外宣称接受了汉献帝的密诏，与种辑、吴硕、王子服、刘备、吴子兰等谋杀曹操。

曹操既然不是反派，那董承他们是反派吗？也不是。以董承为首的一干人，是汉帝国秩序的维护者，他们眼见400余年的汉帝国即将走入末路，决心救它一救，看着那个不断改变秩序的曹操，自然视为曹贼。——他们也没有错，他们只是和曹操价值观有着根本上的冲突。这是历史背景，通过月旦评这一事件，迅速将曹操和汉室之间的矛盾、人才流通之间的矛盾凸显出来，给观众展现出了一幕秦汉帝国的残阳余晖。

我们知道，衣带诏事件发生于公元200年，而历史上华佗死亡是公元208年，同时曹操颁布《求贤令》在公元210年，这三件事并不处于同一时空，但在剧中它们却被糅合到了同一时期，同时剧中并未明确表明确切时间。

——这么做的用意很明显。

一方面，观众能够理解到，本剧并非严格按照历史事件干巴巴地编排，而是就着历史上这些人可能会做什么，将他们集合到一起，增加了戏剧性，也使得历史氛围更加明朗。

另一方面，则可以引出本剧主角——司马懿。剧一开始，华佗给司马懿的夫人张春华接生，紧接着华佗和司马懿父亲司马防密谋的衣带诏事发，曹操大怒将他们关押进了牢房。将历史上这些零碎的故事放在一起，既添加了历史可信度，又穿插起了主角，将由吴秀波饰演的主角司马懿带到观众眼前，带入事件旋涡，从此让他难以脱身。

作为本剧的第一主角，司马懿在历史上一直是个非常复杂的人物。

首先，他身为汉臣，是司马防的儿子，自小就受到司马防影响，维护汉帝国秩序的想法根深蒂固，也因此当曹操征用他时，他多番推辞，明哲保身的同时也因为不认同曹操。

其次，他最终迫于曹操的威权而和曹操接近后，却逐渐被曹操的理念所感染。尽管曹操是挟天子以令诸侯的"曹贼"，但曹操始终未能踏出那一步，他承担不起汉室400年的重压，他在《述志令》里写道："欲望封侯作征西将军，然后题墓道言'汉故征西将军曹侯之墓'，此其志也。"从"汉故征西将军曹侯之墓"几个字能看出来曹操内心的纠结，一方面他不断挑战着汉帝国的秩序，最终完全架空皇帝，另一方面又不敢在最后一步踏出去。

司马防和曹操都是司马懿的"父亲"。

在剧中，衣带诏的参与者加上了司马防和杨彪。司马防是司马懿的父亲，杨彪则是杨修的父亲。二人的父亲身为汉臣，一心向着汉室，痛恨曹操，因此密谋刺杀曹操。这无疑对司马懿和杨修都产生了巨大的影响。

由翟天临扮演的杨修是司马懿前期的对手。如果说司马懿有大智慧，那么杨修就拥有着无与伦比的小聪明，剧中他屡屡卖弄，逢凶化吉，最后的结局大家也是知道的。

而司马懿中期的对手，则是他另一个父亲，精神父亲曹操。

从历史我们能看出来，司马懿后来做的事和曹操多像。

一来，司马懿和曹操都权倾朝野、把持朝政，为了维护政权的稳定和自己的地位而宁可不择手段。二来，司马懿和曹操都有不臣之心，两个人的野心都随着自己的年岁渐长而日益膨胀。三来，司马懿和曹操最后都克制住了自己最大的欲望，不愿也不敢亲手葬送自己为之奋斗一生的帝国。我想，到了老年，司马懿一定会更加理解曹操，也一定会更加怀念以及惺惺相惜于这样的人，也更能明白曹操给他下的评语是什么意思："司马懿非人臣也，必预汝家事。"

至于司马懿后期的对手，那才是演义小说里他的宿命敌人——诸葛亮。分别身为魏国和蜀国的最高执政人，他们为自己的政权付出了极大努力。但司马懿一直是有野心篡位却要克制自己欲望的人，而诸葛亮却是复兴汉室的司马防式的精神人物。面对着诸葛亮，司马懿会不断告诉自己，一定要克制住欲望。

这才是三国。

三国之所以迷人，不仅在于它是统一帝国的崩塌，更在于它是乱世的开局。

三国之后，华夏民族来到了本以为重新统一的晋朝，但社会的原有秩序已经被打乱，新的秩序远没有再度被建立，有的人选择了始终混乱下去，有的人从儒家走向了玄学。

华夏民族几百年的黑暗时代来临了。魏晋南北朝，魏是开端。

"澎湃新闻网"2017年6月23日

《军师联盟》火了历史正剧！
二次元青年爱上宏大叙事

/何天平

有人总结这种状况叫"正剧萌化"，年轻的观众不再用一种正襟危坐、不苟言笑的姿态来接触正剧。

最近电视业界常常在喊，历史正剧开始回暖了。

从《于成龙》亮相到《大明王朝1566》重播，从《大秦帝国之崛起》走红B站到《军师联盟》引发90后热议，此前缺席于流行文化的历史正剧，在近年逐渐走向前台。在过去几年中，做历史剧的人想方设法地"小写"历史以期觅得流行基因，而如今，新的宏大叙事呼之欲出，这对用心做剧的人来说无疑是好事一桩。

一个有意思的现象是，若是历数上半年国产剧市场中可以称为现象级的作品，以往霸屏的都市剧或偶像剧身影鲜见，倒是一系列被视作小众文艺的历史正剧崭露头角。

《大明王朝1566》首播在2007年，第一轮播出收视率惨淡，被电视圈视作一颗"遗珠"。2017年，它重回荧屏，却活跃在了别处。B站上诸如嘉靖、海瑞CP的意外走热，成就了包括杨金水、严世蕃等在内的一批另类网红……年轻人用一套独特而自洽的话语，重新定义了这部正剧。

《大秦帝国之崛起》是"大秦帝国"系列的第三部，距离首部《裂变》播出已有8年之久。在这8年，"大秦帝国"系列难言进入流行市场。这一次，它主动与B站牵手，一系列表情包、鬼畜视频的加持令它旧貌换了新颜。尽管《崛起》与第二部《纵横》是同期拍竣的，但因为传播路径不同，它们最终的传播效果也迥异。

一个是同一部剧，一个则是同期创作的系列剧，它们作为自变量的稳定性高得惊人，也因此，作为因变量的观剧环境的变化更为显著。再细细一看，于B站走红的历史正剧，远不止于此。当年的"康熙王朝""雍正王朝"系列，都常居其热搜榜单前列。以"二次元"为代表的青年亚文化，正为年轻观众提供着解读影视文本的多重视角和多重可能性。

观众需要养成，小众剧可能引发大众化影响。《军师联盟》就是具有代表性的一例。同是三国题材戏，相比于之前的新老《三国》，《军师联盟》对30岁以下的年轻观众有更强的集聚作用。有数据显示，在《军师联盟》的收看群体里，90后甚至于95后的观众占比超过三分之一，其不仅突破了传统三国戏总是"老气"的窠臼，也在各种互联网平台中表现出更丰富的讨论面向。

《军师联盟》较之同期播出的几部流行剧，观众的年轻化趋势更强。历史正剧逆袭荧屏，跟年轻人观剧趣味的变化有十分紧密的联系。

一方面是当下的年轻观众有了更强烈的类型剧意识。年轻人比多数人想象得更为"宽容"。过去，有人质疑年轻人全面浸润在偶像剧"娱乐至死"。事实证明，年轻观众不仅会看很厚重的作品，更会用自己的方式理解它们，从而规避了这些类型作品缺乏流行基础的问题。当然，一部剧要在"有意义"和"有意思"之间觅得平衡，向来是个难题，在国剧历史上真正能做到这一点的作品寥寥可数。这一回，年轻观众主动寻求了一种和解的方式，对历史正剧而言，"有意义"的事交给剧本身，"有意思"的事交给观众自己。

当前的这股历史剧热潮，在年轻社群中呈现出一种显著的观剧取向的变化，即，"历史"和"剧"不再混为一谈。需要清晰地认识到，历史和历史剧本就是两回事，用复盘历史的目光来审视历史剧，显然不是一种有足够说服力的评判标准。在某种程度上，历史剧甚至没有"大事不虚，小事不拘"一说，只要"历史感"到位了，将历史作为题材开展的文艺创作，也就到位了。

在我的朋友圈里，对于《军师联盟》的评价与讨论，呈现出两种明显的差异化思路。老一辈的观众在争论司马懿的洗白问题，在分析剧中价值观与罗贯中的"拥刘反曹"有何不同，在拿它与《三国演义》比，甚至与《三国志》比；年轻观众则在讨论人设、讨论剧情走向、讨论人心，当然也不乏用弹幕、表情包、鬼畜视频等流行方式解构全剧的。

完全不同的两幅景观，相比传统的着眼于历史本身的审美趣味而言，年轻人的关注似乎更在历史之外，剧集之中，谈不上孰优孰劣，但这就是客观上正在发生的变化。

另一方面的特点在于，作为内容的历史正剧，本身也成了一种重要的传播手段。A站、B站上的鬼畜视频、社交网络上的表情包、视频网站上的弹幕……诸种基于剧集衍生出的附加品，反而迸发出比剧集本身更有力的传播影响。今年历史剧的热度，在很大程度上借了这些流行文化的东风。即便是那部反腐大剧《人民的名义》引发的全民热议，也多少存在着舆论的分歧——"达康书记的双眼皮和保温杯"似乎跟他的GDP一样重要。

有人总结这种状况叫"正剧萌化"，年轻的观众不再用一种正襟危坐、不苟言笑的姿态来接触正剧。相反，他们用去深度化的方式来开掘剧中的其他面向，进而形成一个个次生解读文本，鬼畜视频、表情包、弹幕都是最有代表性的萌化手段。

从积极的一面看，正剧在诸种亚文化表达的润色下，有了娱乐化的"萌点"，"沉重"得以拆解并重建。这在整个后现代文化景观中，既是必然会发生的，也是不断在发生的。但与此同时，我们也应当有所警惕，在历史正剧向好的热闹景象背后，人们重传播、重话题、重情绪体验，但在多大程度上重视着这份严肃本身？

《白鹿原》霸占微博热搜榜多日，只因那碗令人馋涎欲滴的油泼面。我们会欣喜于《白鹿原》在今天的文化影响力，也多少该遗憾于对这部作品匮乏的想象力吧。

"中青在线" 2017 年 7 月 12 日

《军师联盟》：权谋之外，是明媚的青春理想主义

/景成

从司马懿、杨修、荀彧，到新生代的钟会、邓艾，都能看到相似的理想主义面孔。也正是"救天下，救苍生于水火"的共同信念，支撑起了整部剧中他们的行动逻辑。如果"军师"和"主公"没有渴望"修齐治平"，将"天下事"视为"一己之事"的道德持守，观众所见到的，也将只不过是一些面目模糊的政治野心家，在毫无目的地上演着一部吃相难看的宫斗戏罢了。

最难得的是拍出了"建安风骨"

东汉末年，山河破碎，群雄并起，这是每个中国人都熟悉不过的三国历史。以此为背景的《大军师司马懿之军师联盟》（后简称《军师联盟》），已然成为本年度的又一话题佳作，甚至引发了新一轮的"三国热"。该剧通过曹操、曹丕、司马懿乃至前半部中的"反派"杨修、曹植等一系列人物塑造，所展现出的在乱世之中志在匡济天下、实现自身政治抱负的理想主义气息，组成了今日古装剧中难得一见的"正历史观"。

过往主导的三国书写，从《三国演义》到京剧"失空斩"（中国京剧传统剧目《失街亭》《空城计》和《斩马谡》的合称），从电影《赤壁》到游戏《三国志》《三国杀》，主要集中在其中的权谋术数、斗智斗勇的戏剧

113

经历身上。人们津津乐道的往往是其中具体的传奇故事，而忽略的则是大历史演进当中的"另一种三国"：这些英雄豪杰，是怎样通过仅仅一两代人的努力，就将东汉末年四分五裂的乱世局面，扭转为一种崭新的文明气象的？再具体一些，司马懿和曹丕，这对剧中着力刻画的君臣"CP"，为什么能走到一起？

历史只是提供了结果，却不能提供其中顺理成章的逻辑环节。这就需要创作者"神游冥想，与古人处于同一境况"而加以补充。剧中，司马懿和曹丕是为了"结束乱世，重塑文明"的共同理想而走到一起的。既然他们是主角，那另一对君臣"CP"——本剧前半部分作为司马懿和曹丕的对头的杨修、曹植，应是唯利是图，鼠目寸光？不然。当杨修问道"公子的志向是什么"时，曹植回答："我的志向，那是学习父亲，勠力上国，流惠下民；建永世之业，勒金石之功！"观众所解读的"CP"感的底色，其实就是一种清新、明媚的青春理想主义。

从那四位身份不同、立场不同的魏国青年身上，甚至接下来的钟会、邓艾，都能看到相似的入世关怀和理想主义的面孔。也正是贯注在这些青年身上的理想主义气质，支撑起了剧中他们的行动逻辑。而新时代的诞生，正是他们"从残章断简之中重塑文明"的结果，也正是他们身上的理想主义种子所结出的硕果。

如果没有这种渴望"修齐治平"，将"天下事"视为"一己之事"的道德持守，在编剧的意义上，这些人物没有一个能够成立、能够自洽。观众所见到的，也将只不过是一些面目模糊的政治野心家，在毫无目的地上演着一部吃相难看的宫斗戏罢了。如果是这样，观众大可借用剧中曹操的一句话说："我身边难道还缺这几个玩弄心机的少年吗？不缺。"

《军师联盟》最难得之处，还在于把"神"拍出来了，至少在对俊爽刚健的"建安风骨"的把握和呈现上，该剧已经超越了以往所有的三国题材的作品。它让观众看到了三国不只有钩心斗角，不只有决断杀伐，还有这些"军师"们所构成的一个理想主义的精神联盟：郭嘉、荀彧、崔琰、钟繇、司马懿……如果他们泉下有知，剧中那一个个胸怀抱负、敢于担当的士子，或许正是他们愿意被后人记住的形象。

今天的青年人同样需要济世理想

这种理想主义形象的复归，在当代意味着什么？或许可以肯定的是，它让我们看到了在青年这个指称之下，所隐含的一种开拓和创造的力量。其实，自"五四"文学以来，这种青年理想主义的面孔，始终在中国现当代的精神系谱中处在耀眼的位置。从《家春秋》中与旧家庭决裂的高觉慧，到《雷雨》中以死而背叛自身阶级的周冲，到《青春之歌》中投入抗日救亡洪流的文弱女生林道静，直到《平凡的世界》中依靠自我奋斗实现人生价值的孙少平……尽管他们所经历的时代处境不同，尽管我们不一定认同他们每个人所做出的具体选择，但他们都展现出了一种"世界属于我们"的主人翁意识，以及强烈的改造世界的主体冲动。

但今天，这种青年理想主义气质渐渐退居幕后。剧中的青年理想主义群像值得作为一个参考，提醒今天的青年不仅有狂欢，不仅有"小确幸"和"小确丧"之间的兜兜转转，还有着对于自我实现的深刻诉求，和一种隐而未发的理想主义遗产。当这种诉求难以作用于现实的时候，它就必然会找到它在电视荧幕或虚拟世界中的对应物和共鸣腔。

一部作品的优劣，很大程度上取决于它为我们提供的代入的空间的大小。《军师联盟》里的有志青年，之所以会让观众觉得崇高而不做作、严肃而不说教，就是因为它就是你自己的试图开辟实现自我的一方天地的真实写照。因此，当上述充满理想主义的青年群像出现在荧幕上，且引发了同感与共鸣的时候，实则意味着观众潜意识当中的理想主义的一次复归。

在这个意义上，我把《军师联盟》视为我们时代一个值得注意的文化史节点。

《新京报评论》微信公众号 2017 年 7 月 13 日

《军师联盟》称得上是一部历史正剧吗？

/孔鲤

我要收回之前的话了。在《军师联盟》刚播出两集时，我很欣喜地认为历史正剧终于回归了。但在它已经播完了上部42集后，我决定收回那句话。

但现在我要下一个更大的判断：《军师联盟》是历史题材剧拍摄方式的一个转折点，也许它将带来历史剧的新拍法。

当然，这样的新拍法是好是坏，我还在观望。总之，过去的时代过去了。

一、旧的螃蟹

如果按照历史正剧的标准来看，《军师联盟》的问题非常多，多到很多人会为它究竟是不是历史剧而争论不休。

当然这里要明确的一点是，时间线的混乱并非是历史正剧的问题，很多人拿着前几集里的华佗之死、衣带诏事件、官渡之战等历史事件来说事，认为这部剧打乱了时间线，一点都不符合历史。

确实，这样子做不符合历史，但不符合历史不代表它不是历史剧。

历史剧首先要是剧，剧就自然会有一定的演义改编：《雍正王朝》里八王爷死在雍正驾崩前一天，而历史上他在雍正三年就去世了；《走向共

116

和》里翁同龢处处给北洋水师掣肘，而历史上他几乎是每一款项都会应允；《大明王朝1566》中贯穿故事主线的改稻为桑更是在历史上没有出现过的……

然而这些都不妨碍它们是历史剧中的翘楚。因为历史剧要表现的，从来都不是历史上的人们做过什么，而是要表现那些人可能会做什么。

然而即便如此，《军师联盟》依然和历史正剧相差得有点远。它最大的问题就在于将历史人物卡通化、普通化。

每个人都是复杂的，人是深不可测的大海。文学作品对人的描述，往往会在细节中，表现出极为复杂的心理潜意识和人物性格。

比如，作家毕飞宇在讲《水浒传》时，就从"（林冲）便出庙门东头去"一句中深剖出了林冲性格中特有的、令人窒息的冷静。而演员王劲松也说过编剧刘和平的历史剧台词往往都有好几重意思，轻易不敢改动。

而在《军师联盟》里，无论是主要人物还是次要人物，除曹操、荀彧外，大都失了厚重。这也是为何很多观众认为，在第24集曹操死了之后，这部剧便没意思了。

比如杨修，作为司马懿前期的主要对手之一，杨修充当的是反派角色。一般来说，反派角色往往是容易出彩的，诸如《大明王朝1566》里的严世藩，但是在《军师联盟》中杨修却表现得令人颇为反感。

这样一个世家公子，极为聪明，全剧中论脑袋灵光怕是没有人及得上他，而他恃才傲物偏又沾染政局，心中没有道德约束，只有强肉弱食，最终被曹操所杀。

在临死前，杨修对司马懿说："这么多年了，我自恃才华，替平原侯与曹丕争，替平原侯与你争，甚至替平原侯与大王争。可争到最后我发现，我是在为了自己争，我以为我比任何人都快出30里，而恰恰就是这30里，可以要了我的命。"

这段话是很显然的反派心路，作为只有一个行为动机的反派，往往会在故事最后给他以独白的时间，以期获得观众对这个人物的理解。但这是卡通的办法。

人是复杂的。尽管某个人在很长一段时间内的主要动机是某一种，但不见得他的所有行为都必须完全为了这个动机服务，他依然可以有着自己的其他心思或潜意识。但是在杨修身上，我们只能看到这一点。——也就是说尽管翟天临把这个角色的特点演得很到位，但这个人物依然是单元单极的，不够饱满。

再举一例，比如汉献帝。汉献帝这样一个人物在剧中出场不多，却是很多人心心念念的角色。但剧中整整30年的时间跨度，这个皇帝的表现数十年如一日，性格上似乎只剩下懦弱这一点。作为汉帝国国祚的最后代表人，这样的形象显然是单薄的。

除了这些漫画化的人物形象外，《军师联盟》还有几处非常不像历史正剧。

首先就是大量的现代生活戏。

历史剧里出现许多生活戏并不足为怪，生活是反映古人生存状态的表现。观众通过服饰、道具、行为、言语，来感受古人的生活习性和社会心理，这是很值得提倡的。古装剧《红楼梦》（尽管不是历史剧）就是生活戏的典范，而《北平无战事》《少年天子》《大明宫词》和《苍穹之昴》里也有大量的生活戏作为辅料。

但是，在《军师联盟》里，生活戏不再是古人生活戏，而成了现代生活戏。司马懿的夫人张春华，在《晋书》中只有270字的介绍，相关文字越少，越能给有能力的编剧以发挥空间。

然而，在本剧中刘涛饰演的张春华，被塑造成了一个具有强烈现代意识的古代女子，从全剧开始就以悍妇的形象示人，时不时揪住司马懿的耳朵把司马懿给教训一顿。如果说这是人物塑造那也无可厚非，但在上部的最后几集中，张春华的角色地位迅速提高，以至于后面几集完全沦为了家庭戏的家长里短。

曹丕赏赐司马懿以美人柏灵筠，同时柏灵筠也作为曹丕的眼线，为曹丕传递信息。而具有现代女性意识的张春华自然不答应了，于是从29集司马懿为难开始，分别上演了张春华发火、曹丕逼迫、张春华无奈接受、柏灵筠替司马懿说话、张春华最终接受柏灵筠的戏份，直到第42集上部结束。

如此冗长的戏份让观众感到不适，毕竟这是在东汉而非现代，毕竟大家是来看历史剧的而非生活剧，花费大量篇幅在这样的情节上面，对传统历史剧观众来说颇为不妥。

其次则是剧中无处不在的喜剧元素。

历史剧向来是塑造历史气氛的，无论基调是昂扬的还是悲怆的，都给观众以一种正谕的厚重感。奋发图强如《汉武大帝》，走投无路如《大明王朝1566》均是如此。但很少会有历史剧里掺杂着喜剧元素，然而在《军师联盟》中，我们却能看到层出不穷的喜剧元素。

喜剧元素不完全表现为剧中人物的搞笑情事，而可以用一些黑色幽默的办法对剧中人物开上一两个玩笑。比如司马懿去找夫人张春华故交汲布时，由于台词间的种种模糊所指，观众们都会会心一笑，并纷纷留下弹幕。这样的黑色幽默自然会消解掉全剧的紧张气氛，把原本肃杀、凛冽的感受一扫而空，只留下弹幕上的狂欢。

很显然，在一部优秀的历史剧里，上面的问题都不会出现。然而在感受到本剧的历史剧必要元素后，我却在怀疑，这些问题是主创有意为之的。也就是说，过去历史剧大家吃剩下的螃蟹，《军师联盟》也许不想再吃了。

二、新的螃蟹

很显然，不会有人为了《琅琊榜》《甄嬛传》去争它们是不是历史剧，甚至连《宰相刘罗锅》《铁齿铜牙纪晓岚》这些剧，也都不会有人去争这个问题。但有人会去争《康熙王朝》是不是历史剧，也有人会去争《三国演义》是不是历史剧。

因为历史剧最重要的一些元素，在《军师联盟》中是存在的。

第一点就是历史脉络。

编剧常江很明显是有想表达的东西的，他也在试图刻画那个时期的社会风貌、历史背景。比如上部中贯穿始终的人才选拔问题，从故事开篇就出现的月旦评和曹操的《求贤令》，到曹丕为了登基而颁布的九品中正制。这些都是那个时期社会的代表，而围绕在这二者背后的，则是陈寅恪先生在《魏晋南北朝史讲演录》里说过的那句话："河内司马氏为地方上的豪族，属于儒家信徒，而魏皇室谯县曹氏则出身于非儒家的寒族。魏、晋的兴亡递嬗，不是司马、曹两姓的胜败问题，而是儒家豪族与非儒家的寒族的胜败问题。"

因为本着陈寅恪先生的论断，在《军师联盟》中确实着重表现了儒家豪族和非儒家寒族之间此消彼长的斗争。曹操在时，曹魏政权占上风；曹操死后，世家大族重新抬头。这是《军师联盟》的一条主要斗争主线，抓住了这一条，就比《铁齿铜牙纪晓岚》这类借古讽今套在哪朝哪代都可以拍的戏说剧，更贴近历史剧一些了。

第二点则是拍摄态度。

我们看《宰相刘罗锅》《康熙微服私访记》和《铁齿铜牙纪晓岚》，虽然都是历史题材故事，但更多将镜头和画面用力于主要人物之间的关系上。而那些关系也往往脱离了时代背景，放在现代并没有差别——当然观众并不会在意。

《军师联盟》据说投资了10亿，相比于其他剧，这部剧的钱花在哪里我们至少是看得见的。被称为"横店钉子户"的《军师联盟》，在横店足足拍了333天，有时一天下来就只能拍一场戏，而且多数戏都是顺拍。这样一来，场景搭完了就不能拆，多放一天就多花一天场租。导演张永新说："每次统筹去租场景，负责人都头痛，搭一个景就拆不下来，其他组都没法拍戏了。"

这样的态度具体表现在场景和服装、化妆、道具方面。在该剧需要拍摄外景时毫不含糊，观众能够清楚地看到它时不时表现出的山水景色，和以往那些用特效做外景的电视剧比起来，钱确实花到了地方。

同时，该剧服装设计师陈同勋亲自把关了两千多套服饰。在访谈时，他这么说："司马懿的衣服有上百套，之所以要设计这么多衣服，是因为我们希望通过服饰让角色变得更丰富。比如他家居便服一直是选用平民的布料，且虽然随着出席场景不同，其外衣会有样式、材质的变化，但内衣一直是采用普通的布质材料。这个状态下的司马懿需要处处隐藏自己的野心，质朴的布质内衣将司马懿的含蓄和内敛很好地展现出来……这是曹操穿的大氅，衰老的他失去了所有的锐气，为了衬托这种大势已去的伤感，大氅的毛我们进行了重新处理，像落汤鸡的羽毛，其羽翼已经不足以支撑他的身体，看起来会有英雄迟暮的感觉。"

第三点则是演员的表演了。

于和伟的曹操被认为是本剧目前为止最出彩的人物。这个角色不像上述的卡通化人物，他有着足够的厚度，面对着汉臣和篡汉他矛盾了一生。这样的矛盾，在他和荀彧（王劲松饰）的最后一次谈话中，被表现得淋漓尽致，那一段也算得上是本剧最出彩的段落之一。

那么问题来了，以上种种很明显是该剧想要拍摄历史正剧的态度，不苟且，肯花投资，但是在这些态度背后，却依然存在着第一段里说的那些问题，真的是能力不足吗？我看不见得。

在这样的正剧拍摄态度的背后，我们看到不少对历史的还原（如《卧薪尝胆》），也不是现代人视角下的历史观加成（如《雍正王朝》），而是——编剧在重新建构历史。

《军师联盟》是在历史的原有基础上重新进行建构，试图构造出新的历史文化，同时以符合当下的核心历史观为全剧重心，拍摄而成的历史题材作品。如果非要下个定义，也许可以叫作"新历史剧"。

这样做的用意是什么呢？

一是豪赌。大家都清楚，历史剧到今天这个时候，已经不大走得下去了，10年前的《大明王朝1566》和《卧薪尝胆》就标志着古典叙事方法的衰颓，而后几年间《大秦帝国》《大清盐商》《楚汉传奇》《抗倭英雄戚继光》和《于成龙》等，尽管质量不一，但几乎没有一部能再获得当年的关注度。

在这种情况下，如果不愿苟且，那就只能变，变出一种新的历史题材拍摄手法。所以用历史正剧10亿投资的手法来拍摄，是一场豪赌。

二是试探。既然历史剧要变，那就不仅从形式上变化，在内核上也要变化。一来大家对三国题材十分感兴趣，二来大家对司马懿却又不是那么了解，因此当主创将目光放在司马懿，这样一个在大众视野中形象似乎有所指，却又模糊的人物进行再构建时，本身就是对口碑和市场的一种试探。

上部中荀彧评价司马懿为"静水流深"，曹丕则称他为找不到缺点的圣人。那么这样一个人物究竟最后会变成什么形象呢，是一直这样存大义最终以统一全国这样的价值观来软着陆，还是最终会"黑化"成为一名阴谋家？这一切我们还未尝知晓，但可以清楚的是，主创在试探观众的接受程度。

三是迎合。上文中提到，本剧中充斥着大量的、历史剧中不该有的卡通化、漫画化、生活戏和喜剧元素，尽管历史剧观众群体不愿见到，但不可否认的是，这些才是目前网络上的主流。

当我们翻开这部剧的官博时会看到，官博一直在拿这些东西作为噱头来营销。比如上文中提到的汲布和司马懿之间的关系，官博也拿这说事以期获得网络群体的喜爱。同时张春华的行为尽管"累赘"，但也贴合了当下女权意识的兴起。

无意去评价《军师联盟》从创作到宣发整个过程中，上述行为的对与错。因为很多事都还没有结果，评价的标准不同自然结论也不同。但我可以相信的是，用拍历史正剧的态度来拍这样的新型剧，《军师联盟》既然吃了这个螃蟹，那么未来一定会给它记下一笔。

至于这个螃蟹究竟能不能吃，恕我直言，我也不知道。也许所有人都在观望。

《军师联盟》接档的是耗时16年的《白鹿原》，这一无意识的举动却仿佛被赋予了戏剧性。《白鹿原》老老实实按照拍正剧的手法、做正剧的态度拍出了一部正剧，《军师联盟》则是以拍正剧的手法试图走出一条新路来。

也许是一个时代的谢幕曲，也许也是一个时代的开场曲，有些沮丧。但当我们看到这一点时，只能跟自己说："也挺好的。"

"澎湃新闻网"2017年7月14日

《军师联盟》与三国戏的拼贴化

/石岸书

相比于《三国演义》，《大军师司马懿之军师联盟》就好似写论文，主要材料用得差不多了，只好另辟蹊径，查漏补缺，甚至剑走偏锋。

三国戏是男人戏，英雄相爱相杀，阴谋阳谋，或逐鹿中原，或身死国灭，果真是大江东去，浪淘尽，千古风流人物。

在前半部，曹操称雄剧中，于和伟的饰演精彩纷呈，各路英雄你方唱罢我登场。上佳的演技，加上与三国戏的传统戏路的承接，很符合观众的观剧期待，于是一片叫好声。其中夹杂着的批评，多是对着史书找对错，只为过过历史癖的瘾，虽无可厚非，其实只是远距离的批评。

曹操谢幕之后，曹丕曹植世子之争结束，曹丕胜出，剧情进入下一单元。这下一单元，却饱受批评，原因或在于，整个剧情大幅度偏离三国戏的传统风格，不再纯是英雄较量，而夹杂了各种其他的戏路，使得后半部的铺展，与前一单元截然有别，也就直接造成了与前一单元的不衔接。

这后半部，说起来，至少是对两种戏路的拼接组合。

首先是家庭生活戏。或许是为了迎合一般女性观众，剧中的家庭生活戏的分量大幅提升，一度有喧宾夺主之势，英雄相争的男人戏隐隐然有些像家长里短的女人戏了。

于是，从这一角度回溯，才发现，剧里的司马懿，原来也是个顾家的好男人啊。

起初，司马懿无意仕途，只为了救他爹，筹划了个好计谋，从此深受曹操和曹丕赏识。即便如此，为了躲官，司马懿竟然狠心轧断自己的腿。理由之一，竟然是为了避免做官后连累父兄，祸及全家，为了保全一家的平安，仲达真是用心良苦。

后来，逼得没法了，司马懿只好就范，做了曹丕的谋臣。但理由是啥呢？第13集，曹丕有坐拥天下的野心，为了继承大统，动心忍性，他问司马懿，你跟着我又是为了什么？司马懿答："为了家人安危，迫不得已而参与。"

这种回答，真是把英雄们的"治国平天下"的理想颠了个个儿。原来司马懿出仕，终极目的并不是要匡扶天下，一展英雄抱负，而是为了家人的平安幸福。这无疑是一种赤裸裸的现代家庭观。这种设定，不禁让人想起那些好莱坞的英雄：英雄拯救世界，只是为了自己的妻儿，为了自己的小家庭。

好男人必须是"妻管严"，这个套路必须有。在剧中，司马懿与夫人张春华极其恩爱，同时他又极其惧内。典型的例子是，张春华动不动就拧司马懿的耳朵，发展到后来，司马懿堂堂朝廷栋梁，竟然一言不合就跪在他妻子面前。这也够令人啼笑皆非的。

还有，好男人必须爱做家务啊。于是第29集，司马懿与新纳的妾柏灵筠当堂对坐，侃侃而谈。我们才知道，原来司马懿常与夫人一同下厨、一同料理家务。柏灵筠不禁羡慕，说世上这样的男人已不多。司马懿答："既然是夫妻，就应该互敬互重，一起做家务，是堪享受的情谊，何足挂齿。"这简直是在教观众如何做好男人了！

如果说曹操谢幕之前，好男人司马懿的家庭生活还只是像枝叶一样，附着于曹丕夺嫡、英雄较量的主干剧情上，那么曹丕称帝后，司马懿的家庭生活俨然喧宾夺主，成了主要剧情了！这真是万万想不到。在后半部，顾家惧内、拥有现代家庭价值观的司马懿，成了突出的人物特征。于是，纳妾柏灵筠，竟然一气演了好几集，打打闹闹、争风吃醋、家长里短，没个完，完全与前半部的主线和格调大相径庭。

这种不相协调，源于自作聪明，想两全其美，两面讨好，既要做男人戏，又要做女人戏，既要塑造一个雄姿英发的司马懿，又要塑造一个家长里短的司马懿。这样做的结果，是给司马懿安上两种并不那么协调的价值观，给了司马懿两副并不那么协调的面孔，结果自然是矛盾重重。雄姿英发、丰神俊朗的司马懿与怕老婆、做家务的司马懿，如何可能串在一起呢？

也不是说，关涉天下苍生的男人就不能怕老婆，不能做好男人。20世纪90年代的《宰相刘罗锅》就是一例。刘罗锅前朝正义，也不妨碍回家怕老婆，做好男人。但是这里的区别是，《宰相刘罗锅》的整个戏路一贯，人物主体形象设定一贯，不像《军师联盟》，前头三国戏，后头却来这一出。结果只能是把三国戏的戏路给颠覆了。

此外，这部剧还嫁接上了时下流行的宫斗戏。最近这些年，宫斗戏层出不穷，《甄嬛传》《步步惊心》《宫锁心玉》等等，一律纠缠于后宫，女人之间争风吃醋，男人之间争权夺利，前朝后宫，天下乌鸦一般黑。

这种宫斗戏，迥异于历史正剧，宫斗戏只有个人的荣辱生死、爱恨情仇和恶毒心肠，没有任何政治价值和政治理念的贯穿，而《三国演义》这样的历史剧所遵循的传统戏路，突出的是英雄们的阳谋，突出的是英雄们"治国平天下"的胸怀和理想。

《军师联盟》前半部也是如此。典型一幕如第10集，曹丕与司马懿策马狂奔，登临绝顶，一览众山小。司马懿不禁豪言，要追随曹丕，俯瞰这壮美山河，青天凌云，振翅高飞，这恰是他的英雄抱负所在。于和伟饰演的曹操称雄剧中的时候，主要便是这样一个司马懿在出演，同为英雄的司马懿，与曹操、杨修相爱相杀，同场飙戏，好不快哉。

但到了后半部，前朝宗亲与士族的争斗本就已经相当套路化，结果却再硬添上甄宓、郭照和刘贵人的宫斗戏。这一宫斗戏虽然被构造为前朝政治斗争的延续，也并未占太多集数，但是仍可让我们嗅到与宫斗戏的联系。

在剧中，刘贵人篡改诗词，嫁祸甄宓，引起曹丕猜忌，郭照自作主张，惩戒刘贵人。而刘贵人怀恨在心，在郭照怀孕时，在饮食中下毒，导致郭照小产，从此不孕，曹丕震怒，将刘贵人打入冷宫。这种情节，是不是与《甄嬛传》中的情节神似？就连下毒的东西，也大同小异，都是麝香！

前半部的三国戏、后半部的宫斗戏和家庭生活戏，就这么被拼贴在一起了。单独看每一个单元、每一种戏，不能不说都还可以。三国戏最精彩，宫斗戏和家庭生活戏起码没什么大差错，质量也过得去。但是，把三种戏拼贴在一起，就成了现在这样子了，有些四不像，让人产生了不应当产生的似曾相识之感，这就难怪有人看了前半部就弃剧。

在这里，包含了太多的商业考量，胃口也太大，竟然想要在一部剧里，满足被当代各剧种喂养的观众。或许是怕收视率太低，做了亏本买卖吧？

继各种坊间戏说和学者戏说"三国"之后，继各种戏说的、穿越的和残忍的清宫戏长盛不衰之后，或许《军师联盟》是在荧幕上正式开启了类似"戏说清史"那样的风潮。让我们拭目以待，三国戏的拼贴化究竟会怎么发展。

"观察者网" 2017 年 7 月 17 日

有历史硬伤的《司马懿之军师联盟》
为何远超《新三国》？

/钟菡

惊喜时让你捶胸流泪，高呼"编剧诚不欺我"；败笔处又令人瞠目结舌，感叹"什么玩意儿"。

《司马懿之军师联盟》终于迎来收官，尽管豆瓣打出8.2的高分，但该剧自开播以来，口碑一直呈现两极分化。比如制作用心、台词讲究、人物刻画细腻等，都是令人眼前一亮的优点。但史实硬伤同样明显，尤其是主人公司马懿的形象过于忠厚纯良，联想到其后期必然的"黑化"，令人不由得想称其为男版"甄嬛"。如何评价这样一部作品？

细节里惊喜与败笔并存

不得不说，《司马懿之军师联盟》是一部惊喜与败笔并存的影视作品。惊喜时让你捶胸流泪，高呼"编剧诚不欺我"；败笔处又令人瞠目结舌，感叹"什么玩意儿"。比如《军师联盟》一开篇就抛出了"月旦评"，一经品题，身价百倍。人物品评是魏晋时期的重要社会风气，甚至成为举荐入仕的标准。司马懿也是人物品评的受益者，《晋书·宣帝纪》中记载："南阳太守同郡杨俊名知人，见帝（司马懿），未弱冠，以为非常之器。"开头这一抛，也抛出了令人信服的历史维度，但是接下来的"衣带诏"事件却又给观众泼了一盆冷水。"衣带诏"事件所涉及的大臣在史籍、演义里都有明书，其中并无司马家中的人，至少不是其中的关键人物。《军师联盟》为了一上来就让司马懿站在舞台中心，强行将司马懿拉入历史主线里，还说得有鼻子有眼，一本正经地胡说八道，这就让人很尴尬了。

在曹操、曹丕的人物塑造上，是该剧最令人惊喜的地方。过去，曹操"乱世之奸雄"的形象深入人心（这一点也来自"月旦评"），但表现在影视剧里就很容易脸谱化。B站上有人剪辑了影视剧中多个版本的曹操进行对比，有两点很有趣：第一，影视剧对曹操的演绎非常多，除了新老三国外，很多出现在某一三国人物的个人影视传记里，比如《见龙卸甲》《关云长》甚至《华佗》《洛神》等。尽管演员各不相同，但曹操的形象大都抓住威严、多疑、奸诈等点来放大，某种程度上又显得非常整齐划一。

还有一点，《军师联盟》中演曹操的于和伟，在《新三国》里竟然演了刘备，这在开播不久就成了观众乐于玩弄的梗："我们最终还是会活成自己讨厌的样子。"很多观众都赞同，于和伟的曹操比刘备演得要好，更加有血有肉真实可感，除了本人演技的提升外，剧本的丰富细腻占有很大作用。除了表现曹操多疑以外，曹操在"汉臣""立储"上种种矛盾心态的细腻表现，使得他的多疑更加丰满，加上剧情部分跳脱史实，很多地方让上帝视角的观众也琢磨不透。

抛开主线情节不谈，许多细节的刻画更让我在意，比如有一段表现曹操节俭的戏。一片肉掉到地上，曹操立刻自然地捡起来吃掉，菜吃完了，还加水冲掉油汤喝下，吃相颇有点《棋王》中王一生的风范。《三国志》裴松之注引《魏书》说，曹操"雅性节俭，不好华丽，后宫衣不锦绣，侍御履不二采，帏帐屏风，坏则补纳，茵蓐取温，无有缘饰"。从这里面可以感受到，曹操是个生活中极不讲究的人，甚至活得有点发自内心的糙，这和他的地位、谋略形成很鲜明的对比。正如裴注对正史的补充关系，这种看似无关主线的细节填充，却更成为这部剧的好看之处。脸谱化的表现是最容易的，能用细节去刻画曹操性格的另一面，也离还原人物更进一步，《军师联盟》在这一点上可谓用心。

曹丕、曹植世子之争是前半段剧情的核心，这一段故事本身就很有戏剧表现效果。在《三国演义》里面用的篇幅不大，让人看得不过瘾，依托野史的《洛神》又硬歪成了一个三角恋故事，雷的人智商捉急。在《军师联盟》里，真的把这一段拍得酣畅淋漓，尤其父子、兄弟间的猜忌刻画得非常精妙。尽管时间线错乱、史实硬伤明显，但并不妨碍该剧对历史神韵的把握。比如曹冲死时，曹操对曹丕说，"此我之不幸，而汝曹之幸也"，这一句是有史记载的，曹操对曹丕莫可名状的厌弃态度，曹丕对父亲的忧惧心理，在这里体现得尤为极致。在后面的情节里，曹丕有一句台词："我的希望就是我的父亲，能够亲口对我说几句夸赞的话。"这句没有史籍出处，但是非常地亮眼，它和"此我之不幸，而汝曹之幸也"形成鲜明的对比和呼应，一下子抓住曹丕的人物性格和人物逻辑，也给历史下了一句恰当的注脚。

还有一处细节，让《军师联盟》的格调高出《洛神》之流十万八千里。曹丕、甄宓（其实曹丕的甄皇后没有名字见于典籍，甄宓一名也出自TVB《洛神》）成婚之时，曹丕并没有像其他电视剧里那么得偿所愿地欣喜，而是非常失落。因为甄氏乃罪臣袁绍的儿媳，与她结婚，并不能给自己带来什么外戚资源，而同时曹操为曹植选的妻子是崔琰之女，出身名门望族的清河崔氏，一贵一贱、一厚一薄可得而知。曹丕看中的不是美色，而是背后父亲的态度和意图，这种细节安排让人拍手叫好。尽管《军师联盟》也无视历史上甄氏、曹植十岁的年龄差，走了野史笔记中让两人互相爱慕的套路，但料是同样的料，不妨碍人家的角度好，能把故事讲得更深、更高明。

求神似而不是形似

可以说，《军师联盟》能做到神似历史，但却失之于形，各种张冠李戴，犯了明显的史实错误。也许重要原因就藏在标题里面。这部剧叫《司马懿之军师联盟》，而不是《三国之军师联盟》，主人公是司马懿无疑。翻开《三国演义》会发现，司马懿的正式"出场"是较晚的。这部剧里，虽然司马懿"小人物"乱世求生存的努力，父子、兄弟亲情的刻画等都非常感人，但却给人一种"打开方式"不对的感觉。因为那并不是我们熟知的司马懿，也并不是属于他的故事，如果改名为《穿越之我在三国当军师》会不会更恰当？

近来不少影视剧如《芈月传》《武媚娘传奇》等，都是依托某一历史人物的视角展示某一历史时期，《三国》剧里也有很多。以司马懿这种晋王朝奠基人的视角描述这段历史还是第一次，也许能超越传统的曹、刘、孙等各种魏蜀吴核心人物的视角，可以解读出不一样的东西，这是该剧的巧妙与高明之处。但是以其为视角，不等于以其为主角。每个人都有其视角的局限性，为了表现司马懿，将其强行安插在各个历史环节中，势必喧宾夺主，造成不合史实的地方。比如前半段最明显的是在立储之争中，曹丕方的得力谋士明明是吴质，但为了展现主角司马懿，将吴质的戏份一句话打发，此后再无出场，而司马懿披着吴质的皮，做着吴质的事，却要强行告诉观众这是"司马懿"。但反过来想，如果老老实实按历史演，那么司马懿的舞台还未展开，而演一二十集无关紧要的家庭生活，势必又引来观众埋怨。

如果要还历史于形，那这部剧的故事肯定会不一样，正因为它对历史的"去形取神"，才让观众看了这么一个感人泪下的精彩故事。

历史剧的"准线"在哪里，一直是个值得探讨的问题。《司马懿之军师联盟》能将注重士族门阀、人物品评等三国时期的重要社会特点、社会风气加以还原，相比以往三国剧更有史学研究的含金量，同时主线情节的事件又不乏明目张胆的"失实"。可以说，它在"正剧""戏说"之外走了一条追求神似，但不形似的新路，不失为一部好看同时值得探讨的新型历史剧。在另一方面，它对于观众的门槛要求也更高，即便《三国演义》也是七分真实、三分虚构，其中虚构之处，需要观众自己去查考历史真相，避免被剧情误导。如果要评价，它的水准远超新版《三国演义》，在我看来，甚至完全可以超越老版《三国演义》所创造的经典，它的出现，真正证明了二十多年来中国历史剧的进步。

"上观新闻网" 2017 年 7 月 18 日

《王者荣耀》之围：
游戏产业的涅槃与困境

自今年 7 月 1 日起，人民网八次发文，从历史虚无主义、网络成瘾问题等角度"声讨"网络游戏《王者荣耀》，一时间该款游戏成了众矢之的，然而，批评的猛烈与游戏的火爆形成了鲜明的对比。要不要对网络游戏进行有效的监管以及如何监管等问题，已然摆上议事日程。这究竟是国产游戏产业的涅槃还是困境？

阿莫的《〈王者荣耀〉：谁的网瘾，谁的愉悦？》认为，游戏成瘾是一种对玩家的"污名化"，强制性的戒瘾措施可能将孩子推向网游。宗城的《从〈传奇〉到〈王者荣耀〉，不是所有玩家都只为打游戏》认为，游戏是当下社会现实的症候，成瘾并非唯一后果。从易在《旋涡中的〈王者荣耀〉：有趣还是有毒？》中认为防沉迷系统必不可少，但社会不应该将过多的道德职责施加于相关企业。

孙佳山的《〈王者荣耀〉：好玩更要有担当！》从文化产业长远发展的角度指出，网络游戏承担社会责任是十分必要的。谭保罗的《〈王者荣耀〉被批之后，为什么连"低调"的马化腾也坐不住了？》则认为，游戏巨头的膨胀对这个国家特有的商业伦理提出了新的挑战，吸引巨量玩家的商业成功，必须意识到背后的政策风险。

最后，张墨宁的《那些年，游戏里的极致荣光》以《王者荣耀》的研发过程为例，梳理了游戏产业的历史变迁，进而分析网络游戏如何成为一种消费需求。

《王者荣耀》：谁的网瘾、谁的愉悦？

/阿莫

全民手机游戏《王者荣耀》受到几则青少年成瘾的负面新闻影响，日前连续推出防止青少年沉迷的措施。除了实施实名制、游戏限时之外，还推出"成长守护平台"，家长可借助该平台绑定孩子的QQ和微信，查看其游戏时间以及消费记录，还可一键禁玩。

自网络游戏大行其道开始，关于青少年网络游戏成瘾的争论几乎从未停止过。每当提及此话题，社会舆论大都鲜明地划分成两派：一边是以父母、老师、政府和媒体为代表的权威，主张游戏是一种纯粹堕落的娱乐消费，甚至会造成无力控制的精神类疾病；另一边是以年轻人为主体的网络社群，主张游戏本身无害，只是因为玩家个人意志的薄弱才造成了各种问题。

然而，这样的舆论环境下，双方几乎都没有质疑过"网络游戏成瘾"的命题本身：这一命题是否成立，实则是一个值得探讨的问题。

一、从制造愉悦到缓解焦虑：游戏的畸变

随着电子信息技术的兴起，电子游戏也逐渐崛起，并成为喜闻乐见的娱乐方式。从当年座无虚席的网吧到如今"埋头苦练"的手机族，电子游戏逐步变成日常生活中的常见风景。据2016年的游戏产业报告显示，截止

到 2016 年底，中国游戏用户规模达到了 5.66 亿人，几乎占到总人口的 1/3。至此，电子游戏几乎被公认为是一种极其廉价又便捷的娱乐方式——用一小时几毛钱的点卡乃至几十块的道具，轻易满足了玩家探索虚拟世界的愿望。

然而近年来大行其道并频频引发"上瘾"争论的手机游戏，如《王者荣耀》《阴阳师》，和强调内容探索、玩家操作的传统电子游戏非常不同。这些手机游戏都具有极其强烈的"反游戏性"，即游戏性（内容设定成熟度、玩家操作空间、游戏内职业平衡等等）非常低，基本上只是一种用于缓解焦虑的正向反馈机制。换句话说，它们从本质上来说并非游戏，反而更像是一种通过不断的肯定和赞扬来留住玩家的安慰体系。近年来，大火的手机游戏大都如此，并或多或少有着如下特点：

简单：大部分手机游戏都很简单，部分游戏甚至简单到"愚蠢"的地步。它们以极其重复又简单的操作为主，如选择卡牌。《王者荣耀》等手机游戏的玩家对游戏的低门槛现象并不陌生。由于不需要太多知识和智力，有非常多年龄较小的玩家参与，"小学生游戏"成为玩家之间熟悉的调侃。同时，过于简单的操作导致探索游戏的玩法本身变得了无生趣，靠消耗时间和金钱拼运气"取胜"变成了游戏的关键。

赞扬：手机游戏鼓励玩家的每一次行动，激励玩家的下一步行为。几乎是"一步一赞扬"，恨不得每一次点击对应一个成就。除此之外，还有无处不在的排名系统，如地区排名、玩家排名、微信好友排名等等，进一步把游戏的目的从"获得乐趣"变成"获得奖励"。

碎片化：为了利用当代社会被碎片化的各种短暂的空闲时间，适应当代快节奏生活，一般没有太长的剧情，甚至没有剧情，采取回合制，每一回合很短。以《王者荣耀》为例，最快 6 分钟即可投降，一般情况下一盘也不过 20 分钟左右。"这么短的时间也没什么别的可以做，不如玩游戏吧"，成了离开网络就变得焦虑的当代人群空闲时间的最佳选择，于是课间来一盘或者上班路上"开黑"几把，逐渐成为一种常态。

这种无脑游戏的流行不只在中国出现，早在前几年，美国以讽刺社会流行文化和时事著称的动画剧集《南方公园》，就常常将矛头指向手机游戏。动画除了点破这些游戏的本质为无脑的正向反馈之外，还指出它们常常运用一些手段来增加盈利，例如用较长的道具冷却时间加强用户焦虑，迫使其付费购买道具；或者在游戏中划分用户等级，为付费高级玩家提供更好的道具和服务。

当社会大众，尤其是不了解游戏的父母还把玩家的行为定义为享受低级娱乐时，电子游戏已经悄然走向"获得愉悦"的反面。游戏产业通过入侵日常生活中的碎片时间来试图获取利益。玩家们似乎不怎么在意内容了，他们正被时间焦虑、身份焦虑和重重的社会压力驱使着，一次又一次点击图标以获得赞赏和肯定，一种新时代的"赞扬机器"就这么裹着糖衣诞生了。

二、网络成瘾，被污名化的"病症"

17年前，有一篇名为《电脑游戏，瞄准孩子的"电子海洛因"》的新闻报道，如此描述网络游戏："电脑游戏就是毒品，就是海洛因4 号……孩子一迷上了，自己就会变坏。""整天在游戏室里的孩子，只有一个结果，男孩变成抢劫犯、小偷，女孩变成三陪小姐。"

时过境迁，虽然人们一般不再用"毒品"这么激烈的词汇来形容网络游戏，网瘾少年却依旧包含着太多污名。

目前，主流的社会言论倾向于认为，网络成瘾的人不是已经成为现实社会中的失败者，就是正在成为失败者的路上。他们当中网瘾严重的，甚至可能成为罪犯。

然而，网瘾，这头家长眼中的洪水猛兽，其实并无任何科学依据。"网络成瘾"一词起源于，美国精神科医生伊万·戈登伯格参照赌博成瘾定义归纳的诊断标准。这之后，美国精神疾病学界经过争论，认为网络成瘾不是精神病。目前，国际精神医学通用的两大诊断体系——《国际疾病分类与诊断要点（ICD）》和《美国精神疾病诊断与统计手册（DSM）》，均没有将网瘾定为精神疾病。

在"网络成瘾"并未被证实的情况下，一方面，很多年长一辈出于对新兴技术的不了解和焦虑，粗暴地把长时间上网归结为负面行为。与此同时，媒体上的污名化也如火如荼，主要呈现是以部分覆盖整体的方式。纵观关于《王者荣耀》的报道，传播最广的多半是含有极端事例的内容。其中较火的一则，是一位13岁的少年为了玩游戏跳楼的故事：他被家长没收手机后从天台跳下，双腿严重骨折。醒来后，第一件事就是要回账号，而那时的他连手术还没有完成。

污名群体中确实有与污名相符的少数个体，然而，一旦污名化成为群体的属性，社会便失去理性看待整体的能力。在这种歧视性评价体系的重压之下，不少游戏玩家被错误地贴上了游戏成瘾的标签，例如：已经比较克制的游戏行为（每天1到2小时），被家长、伴侣、朋友认为是过分着迷的表现；网络游戏中的社交被认为是"不正常的社交"等等。即使是玩家自己，也有可能会因为舆论压力错误地认为自己游戏上瘾。

从逻辑上来看，这似乎相当荒谬。因为如果按照每天投入时间来算"成瘾"程度，很长一段时期内，电视和其他媒体成瘾的人群，都远多于网络成瘾的人群，但是社会显然没有对经历百年被制度逐渐规范的电视媒体过多忧虑。也许，当人类作为整体接受了网络作为人类文化的符号时，便不会否定这种生活方式的合理性。

另一方面，和网络游戏相关的管控举措层出不穷。从2004年提出"防沉迷系统"概念，到《网络游戏防沉迷系统开发标准》（2005）、《关于保护未成年人身心健康实施网络游戏防沉迷系统的通知》（2007年）、《网络游戏管理暂行办法》（2010）……国家在制定规则方面做出了很多努力，几乎所有风靡一时的游戏里都留下了防沉迷系统的痕迹。

"网络游戏防沉迷系统"的开发宗旨，似乎说明了这种管控的目的："目的是为了防止青少年花费过多时间在网络游戏上而荒废学业，从而增加大量的社会问题。"

近年来，中国游戏产业发展迅速，用户数也不断攀升。随着技术带来的社会变迁，网络成瘾是资讯社会特有的失范问题之一。权力需要用规范来整合出一个继续有效运行的社会系统，而网络的负面影响正好可以成为一个完美的标签印记。在家庭、学校和媒体话语空间中，一个污名想象体——网络成瘾产生了。欺诈行为、色情暴力泛滥、人格异化等，任何不利于实现原有社会控制的冲突，都被认为是过度接触新生事物所带来的效果，网络问题和网络成瘾问题成为彼此混淆的概念。虽然，事实上并没有任何实例，证明社会问题和网络成瘾的关系——在美国近五年的数据统计中，游戏发行量上升了4倍，犯罪率却在下降。

在社会由现实的一元性向现实—虚拟的二元性转型完成之前，"网瘾少年们"还需要走一段漫长地脱离污名的过程。

三、为什么需要"防沉迷"的总是青少年？

"即使是一个'破罐子'，也要成为价值连城的'破罐子'。"名震一时，广受众多家长信赖的网瘾治疗师杨永信说。他的这句名言揭露了一个残酷的现实，即网瘾青少年之所以成为"问题"，其本质是源于社会的经济利益至上。

当今社会的整体风气充满了对金钱和权力的崇拜。在这种功利风气的影响下，个人的兴趣爱好如果不能明显有助于提升社会地位或是赚取更多利益，就会被贬为不务正业。所以，考量是否需要"防沉迷"的标准不在于网络游戏本身的性质如何，而在于否能从中获利。最明显的表现是，几乎没有人认为职业电竞选手网络成瘾，需要防沉迷。随着高收入，经常出国比赛等优渥的工作条件逐步在媒体曝光，这些每天玩游戏的电竞选手不仅没有被指责，反而成了职业榜样。在为电子游戏辩护时，很多人也往往举出Sky、WE战队等电子竞技代表人物，他们都是在获得了世俗上的成功之后获得了社会大众的认同。

对于不能靠游戏获利的学生而言，放弃一切学习之外的兴趣爱好，成了一种"政治正确"。强硬的"戒断"措施充分说明了家长的决心。在网瘾戒断中心，改造成功的孩子被称为"精品"。杨永信称："帮孩子戒除网瘾只是手段，我们的最终目的是帮助家长打造'精品'孩子！"为了获得听话又爱学习的精品孩子，家长们不惜默许一些极端手段。

据中国青少年研究中心发布的《关于青少年网瘾及其戒除的研究报告》称，退伍军人是网瘾治疗学校教员角色的主要成员。他们对学生实施军事化管理，教学方式一般运用体罚、限制人身自由、超负荷体能训练等，心理辅导几乎被抛弃，而体罚极易变成虐待和故意伤害。从公开报道可以发现，至少已经有10名以上少年被曝光因体罚等原因，殒命于网瘾治疗机构。

然而，也许正是这种残酷的价值观，进一步把青少年推向了网络和网络游戏。目前，无论是作为群体公域（public sphere）的家庭和学校，还是大众公域的媒体，都缺少真正的青少年精神栖息地。青少年被看作没有自我意识的学习动物，只需要物质消费而不是精神关照——他们只被允许对学习上瘾。在重重的压抑之下，孩子们会更加急切地需求在综艺节目、武侠小说、手机短信和卡通漫画中寻找私域（private sphere）的自由。

虚拟网络世界的出现，则给追寻私领域带来了更多的动力和可能性。尼尔·波兹曼（Neil Postman）在《童年的消逝》中提出，人类历史发展的过程中，网络时代第一次使得孩子能比他们的父母接触更多的资讯，人类经验逐渐同质化，儿童与成年变得界限模糊。就这样，拥有了比父母更多的资讯，感受到了自己能力，但缺乏自己群体性认知的青少年，更容易寻找无目的的慰藉——他们在虚拟世界中发现了自身的存在。

"界面新闻" 2017年7月18日

从《传奇》到《王者荣耀》,不是
所有玩家都只为打游戏

/宗城

十五年间最火游戏简史: 从《传奇》到《DOTA》再到《王者荣耀》

21世纪初,随着信息时代的降临与游戏的大量引进,几乎每年,都会有一款游戏红遍大街小巷,尤其在年轻人中成为焦点。

如果要说中国最火的游戏,如今的年轻人也许会说《王者荣耀》《英雄联盟》或《炉石传说》。但在2002年,《传奇》系列游戏是这个头衔的有力争夺者。

这款游戏火到什么程度?前盛大游戏CEO张向东曾说: "《传奇》一度占据市场60%的规模。"2002年,全中国的网民数在4850万左右,而《传奇2》一家就累计注册了4000万用户,当那一年11月《传奇2》1.6版"热血神鹰"推出,《传奇2》的最高在线人数突破65万,这在当时是一个惊人的纪录。

演员刘烨是这款游戏的爱好者。当他还是一位网瘾少年时,在拍娄烨的电影《紫蝴蝶》间歇,他就会打车去网吧玩《传奇》。刘烨称自己"打到'道士'的级别,拥有所有的戒指,还跟游戏中结交的很多朋友见面"。

《传奇》过后,不少游戏你方唱罢我登场。《劲舞团》《魔兽世界》《地下城与勇士》《DOTA》等,80后、90后的成长史印满了游戏的踪迹。

《劲舞团》是国内休闲网游的一个时代象征,它凭借炫酷的时装与社交的结合吊足年轻人胃口。有玩家形容："当时网吧有100台机子，80个是在玩《劲舞团》。游戏上线两年在线人数就突破了80万。"而这种游戏与社交结合的模式，也启发了日后很多游戏的开发。

2005年，《魔兽世界》横空出世，中国网游进入了3D时代。《魔兽世界》在全球MMORPG市场占有率一度达到62%，用户创建账号总数超过一个亿。而在当时，与《魔兽世界》同样火爆的是"国产第一回合制网游"《梦幻西游》，它的注册用户超过3.1亿，开设收费服务器达472组，最高同时在线人数达271万。而丁磊正是凭借"左手《魔兽》右手《梦幻》"，助网易在游戏界杀出名堂。

近十年值得一提的游戏很多，除了上述几家，《DOTA》《LOL》《地下城与勇士（DNF）》《英雄联盟》《守望先锋》和《炉石传说》等，也曾各领风骚，成为一代青年人的青春记忆。这些游戏合力搭建起，中国网游一个不大不小的黄金时代。

对于很多玩家而言，一款游戏不只是消遣的手段，还象征着某种情怀。有的游戏会让玩家产生归属感甚至自豪感，而当这款游戏被外人拿来比较同类游戏时，这些玩家就会站出来为所爱游戏说话。

《DOTA》和《LOL》之争就是典型例子。同为网游，《DOTA》是属性堆叠类对抗网游，而《LOL》是技巧合成类对抗网游。尽管有诸多不同，但《DOTA》和《LOL》之争一直是《MOBA》系列的大热话题，谁抄袭谁、谁比谁高级等争执，玩家之间完全可以"怼"上三天三夜。

游戏上瘾：游戏跟现实暴力的相关性并不高

游戏成为一代青少年的情怀，也成为一代父母的心头大患。玩游戏上瘾，是那些望子成龙的家长们最怕见到的。因为在固有印象中，一个青少年如果对游戏上瘾，那他肯定不务正业、无心学习，离堕落只有一步之遥。

个体化社会，玩游戏上瘾成为现象，它客观存在。这一代青年人受钢筋水泥的城市文明、独立自主的思想潮流影响，越来越习惯成为披着层层保护色的城市游荡者，部分人开始适应离群索居，享受远离集体的感觉。可如果要摆脱家庭的羁绊、集体的馈赠，他们又必须实现经济上的独立自主，一个人应付高物价和就业压力，他们成为"几乎垮掉的一代"。都市男女需要精神慰藉，而玩游戏无疑是一个成本低、上手快的排解方式。

另一方面，游戏产业的火爆，侧面反映出中国人有闲时间的增多，并且有望拓展新的职业，刺激消费、带动就业。20世纪，通过游戏挣钱还被主流人群视作不务正业。但如今，随着越来越多与游戏有关的职业的涌现、游戏比赛的开展，以及新闻传媒对电竞选手、游戏解说等行当的报道，让公众对游戏产业有了比从前更全面的了解，游戏正在"去污名化"。

广义的游戏不局限于单机或手游，它可以泛指玩的载体。约翰·赫伊津哈是荷兰的语言学家和历史学家，他曾写过一本《游戏的人》，提出"玩"是文化产生的基础，并认为"玩"创造并受限于规则，而游戏的规则则保证了成就感与挑战性的比重。

无独有偶，德国美学家席勒和英国学者斯宾塞也对"游戏"很感兴趣。席勒在《美育书简》中比较研究了游戏和审美自由的关系，并开创性地提出艺术起源于游戏的观点。而斯宾塞则认为："游戏是过剩精力的发泄，它虽然没有什么直接的实用价值，却有助于游戏者的器官练习。因而它具有生物学意义，有益于个体和整个民族的生存。"

尽管如此，游戏，尤其是手游和网游，很多家长依然想除之而后快。除了上文提及的网瘾，游戏与暴力的关系是家长关心的热门话题，人们会质疑："那些含有暴力血腥内容的游戏，是否会助长青少年的暴力倾向？"

强调游戏上瘾、增长青少年暴力倾向的大有人在。2005年，北京一位法官认为90%的青少年犯罪与游戏上瘾有关。有一种观点甚至提到了游戏上瘾与"脑残""弱智"的联系，"中国治网瘾第一人"陶宏开的惊人之语曾是社会热点，他说："智力90的正常孩子玩网游3年，就会变成弱智。"而他的支持者热衷援引一项号称发表在 *public's library science*（公共科学图书馆）的研究，声称"过多玩游戏会造成'脑残'（大脑萎缩）"。

在游戏与暴力倾向这个话题上，美国心理学协会（APA）评估了关于视频游戏暴力的170项研究，并在2015年发布了一份报告。APA的观点是："没有证据表明，玩暴力视频游戏与暴力犯罪行为间有直接的因果关系。但前者会导致玩家对暴力的敏感度下降，攻击性、侵略性和反社会行为增加。"

纽约佩斯大学的副教授玛塞拉是坚决的反对派。他说："我认为，这就是在中国媒体中真正有问题的言语。事实上，如今有太多的年轻人都是网络游戏玩家或者他们也玩游戏，所以当然了如果他们追查到每一个玩游戏的孩子，他们就会发现这些关联性。我认为这并不代表具有因果联系。"而美国波士顿大学儿童心理学家彼得·格雷也认为：接触暴力视频游戏和现实暴力的关联非常小。

游戏与社交：游戏中的亲密和陌生关系

这个话题显然还没有定论。但在现实情况中，很多家长本着"宁可信其有不可信其无"的态度，或者受社会舆论的引导，对游戏尤其是暴力游戏戒心重重。

可是，家长对游戏严防死守，他们却无法扼杀"关怀缺失"的青少年对游戏的渴望。这种矛盾在中小学生与父母的相处中尤为明显。

在带枷前行的个体化社会，中小学生是游戏玩家中不可忽视的群体。共青团呼和浩特委员会曾做过一次调研报告，发现在调查的930名中小学生中，85%的学生上网以娱乐为主，其中打游戏是主要娱乐方式。《2014年中国青少年上网行为研究报告》指出："小学生网络游戏使用率最高，比例达到70.9%。"为什么这一代中小学生那么爱游戏？除了小孩子好玩的心态外，独生子女越来越多、家庭"部分缺位"和社会上弥漫的"唯优秀论"风气，是他们躲进游戏世界的几大原因。

我的几位朋友是独生子女，他们曾谈起自己小时候的生活。他们出生在城市，父母都是普通的上班族，过着朝九晚五的日子。有的家长会拜托他们的爸妈代自己照看孩子，有的便只好委屈下孩子，直到够年龄送他们到幼儿园。

他们从小习惯与孤独相处，不像那些生处大杂院的孩子，很小就有玩伴。在被高楼阻隔的城市中，市民习惯守着自己那小小的住所。于是他们在无聊中找到游戏，和电视节目、社交软件一道，排解他们的孤独时光，并通过游戏世界重拾一些缺失的东西，比如认同感、友谊和轻松感。当环境对个体的期望越高、压抑越多时，他就越可能种下反叛的种子，悄悄寻找宣泄的渠道。中小学生自小被分数、试卷苦恼，"别人家的孩子"又常常萦绕耳旁，还有一个个辅导班、夏令营，他们的压抑可想而知。

中小学生更看重游戏"宣泄"的功能，而大学生乃至步入社会的青年，将游戏与社交结合。如今，游戏正在成为人的社交方式，并成为个体化社会中隐身社交的承载方式。现在很多年轻人玩游戏，是因为他们的朋友也在玩，他如果不玩，他就不晓得朋友在说什么，他们之间就出现话题障碍。就像你的一群朋友都在玩《王者荣耀》，你还没玩，那么当他们麻溜地说坦克、战士、刺客、法师、射手、辅助时，你就会一头雾水。

近几年来，看中游戏社交潜力的商家快速上升，游戏与社交结合正在成为游戏开发者与社群运营者绕不开的议题。桌游《狼人杀》是游戏社交的代表。这是一个以语言描述推动的、较量口才和分析判断能力的策略类游戏，参与者被分为狼人、预言家、村民、女巫、丘比特、猎人、守卫等，在一次次自我辩护和猜疑中寻求胜利。

《狼人杀》在桌游吧已经风行多年，但真正被发掘社交潜力还是在2016年，网综《饭局的诱惑》和真人秀《PandaKill》，还有如手狼、狼人杀、天天狼人杀等线上《狼人杀》App的推动，让资本嗅到了这款桌游的社交潜能。据刺猬公社的报道：截至今年6月，已经有40多款线上《狼人杀》App相继上线。

《王者荣耀》也有自己的社交属性。狼崽子Tristan一篇题为《陌陌算什么？王者荣耀才是中国最大的约炮平台！》的文章很直接，作者将《王者荣耀》与社交APP陌陌相互比较：

> 陌陌一季度财报公布的MAU是8000万，而《王者荣耀》仅DAU就达到了8000万，远超陌陌，更厉害的是这样庞大的活跃用户基数下，其用户男女比例居然也历史性的达到了6：4! 这个男女比例绝对是越过了某一个引爆点，将发生一些之前从未发生过的很有趣的事情。

当代都市青年正在习惯隐身社交，我看不见你，你看不见我，我们隔着屏幕，只有文字交流或一起游戏的愉悦，却不必承担距离太近造成的困扰。与这种社交相似的便是一面之缘型社交，常见套路：通过社交软件寻找附近的人→网聊→约定见面→做一次天知地知你知我知的事→再也不见。

这一场场游戏中的社交，狂欢之后是一人酒醉，每个人都知道只是一场戏，扮演着各自的孤单角色，今天这场戏火，里面的人多，我便去这场，明天那场引领潮流，那便调头去别家。游戏人生，谁比谁认真？也许正应了那句老套的流行语——认真，你就输了。

"新京报书评周刊"微信公众号 2017年7月7日

旋涡中的《王者荣耀》：有趣还是有毒？

/从易

《王者荣耀》正处于舆论的旋涡之中。

继不少地方爆出学生沉迷于《王者荣耀》的负面新闻，以及有教师写信讨伐《王者荣耀》之后，一些官媒也刊发评论，指出"别让赚钱成为唯一的荣耀"。

《王者荣耀》很快推出了防沉迷系统的"三板斧"：12周岁以下未成年人每天限玩1小时，晚上9时以后禁止登陆；12周岁以上未成年人每天限玩2小时，超时将强制下线；增加"未成年人消费限额"功能，限制未成年人的非理性消费；增加硬件设备绑定功能，实施"一键禁玩"，避免未成年人通过多账号登录绕开家长监护……

7月3日，《王者荣耀》制作人李旻还发出了一封言辞诚恳的公开信，信中表示，"充分体谅全中国父母对儿女的爱"，"我们去节制未成年人玩游戏，并不是要放弃什么。恰恰相反，这是一种建设。这是作为《王者荣耀》的父母的我们，需要为情感与价值观，必须去做的建设"。

纵然《王者荣耀》"很识相"地以诚恳态度和实际行动，力图平息此次舆论危机，但似乎没有说服它的所有反对者。而在《王者荣耀》的支持者看来，腾讯游戏的妥协太没必要，因为它并没有做错什么。究竟学生沉迷《王者荣耀》，该由谁来背锅，怎样才是真正有效的反沉迷措施？

从风头正劲到风口浪尖

在此次风波之前（包括之后），《王者荣耀》在游戏市场是当之无愧的王者，因为它实在太火，赚钱能力实在太强了。

数据显示，《王者荣耀》注册用户突破2亿人，日活跃用户5000多万人，创造了腾讯平台手游的新纪录。也就是说，在中国网民中每七个人中就有一个是《王者荣耀》的玩家。与高人气相对应的是，是它的吸金能力。

《王者荣耀》已成为今年以来全球营收最高的游戏。一款皮肤日入1.5亿元，2017年一季度营收更是高达60亿元人民币，预计该游戏今年将为腾讯贡献超270亿元。

《王者荣耀》"独霸天下"的背后，是腾讯游戏帝国的"一统江湖"。在第三方数据机构App Annie发布的《2017年5月全球手游指数榜单》中，中国公司在全球手游收入榜前10名中占据9席，成为全球手游市场最大的赢家。

腾讯共有五款游戏进入全球收入前10。腾讯最新的2017年一季度数据显示，腾讯控股总收入达495.52亿元，同比增长55%；净利润达到145.48亿元，同比增长58%。其中，移动手游的营业收入达到129亿元，同比增长57%。这意味着移动手游的收入已经占到腾讯总收入的26%。

可是，与风头正劲、日进斗金如影随形的，是一系列同该游戏相关的社会问题。前不久，广州一名17岁少年狂打手游《王者荣耀》40小时，诱发脑梗，险些丧命。

近日，杭州一名13岁学生，因玩《王者荣耀》被父亲教训后从四楼跳下。此外，还有各种青少年沉迷手游进而胡乱充值的情况，如"武汉10岁男孩玩游戏充值5.8万元"等。尤其是随着暑假的到来，不少家长担忧孩子会成为网游控、手机控而无法自拔。

针对《王者荣耀》的批评声一下子多了起来，尤其是新华网、人民网等纷纷刊发评论批评游戏方，更是将舆情推向一个小高潮。7月4日，腾讯股价发生波动和下跌，《王者荣耀》被推上风口浪尖。

防沉迷系统是必要的

在这样的情境下，《王者荣耀》推出防沉迷系统，既是非常精明的公关应对，也是其必须负起责任的企业行为。

根据腾讯浏览指数和内部调研分析，《王者荣耀》玩家中11—20岁的用户占到该游戏将近60%。12岁以下玩家约占比3.62%，13至17岁玩家约占比14.50%。根据估算，约有3600万中小学生参与到这款游戏中。有一位老师接受媒体采访时就表示，"我们班上53人，男生27人，其中至少20人玩《王者荣耀》"。

上海社科院互联网研究中心首席研究员李易表示，手机游戏具备四个特点：更易成瘾性、更具隐蔽性、更高暴力型、更大危害性。因未成年人的价值观、人生观尚不成熟，手机游戏的这四个负面特征对他们的影响更大。

比如他们更容易沉迷在游戏当中，严重耽误学习、影响生活；比如他们对金钱概念不清晰，在付费上比成年人更具"潜力"，许多未成年人"一掷千金"，甚至为了买装备偷偷拿自己父母的钱。

《王者荣耀》推出的防沉迷系统，是有较强的针对性的。如限制未成年人的游戏权利，只能在有限时间行使；设定消费"天花板"，防止未成年人大手大脚；采取游戏实名认证制，为家长打造了更强大的监管权力等。

不过，在不少评论者看来，防沉迷系统看似严密，实际上还是有不少空子可钻。比如游戏虽然实行了实名制，但还无法真正识别冒用成年人身份注册的未成年人；并且还应避免一个身份信息注册多个《王者荣耀》账号。而据一些公司的行业评测，以及不少网友反映，该游戏尚有轻度暴力、色情之嫌，但腾讯怎么没有提及呢？

说到底，《王者荣耀》的防沉迷系统看似拿自己开刀，可《王者荣耀》作为利益方，我们也知道，"触动利益比触动灵魂更难"，何况是要拿刀割自己的肉。可见，仅从企业本身或行业层面控制手游，并非没有效果，只是效果很可能相当有限，关键还是必须从国家层面、立法层面入手。

比如有专家就指出，应在遵守现有的游戏审核制度下，建立针对未成年人的手游分级制度，这样游戏开发企业、家长、监管部门才会更加清晰彼此的责任。这方面韩国政府有着颇为成功的实践，比如引入预防性技术措施限制在线时间、强化登录身份认证、开发有效游戏指导和管理系统等等，这些都值得借鉴。

有趣还是有毒

事实上，因游戏太火而引起舆论担忧的场景，并不是第一次出现。从最初级的《超级玛丽》《魂斗罗》到后来的《CS》《穿越火线》，再到现在的《王者荣耀》，每款游戏火爆的背后都有无尽的叱骂与诘问。

因此，不少人抱持的观点是，不妨以放水养鱼的心态看待游戏。就像80后还在读中小学那会，网络游戏也是被视为电子鸦片，大加挞伐，专家警告网络游戏会搞垮80后，但现在80后已然成为社会中坚。同样地，他们认为现在00后玩《王者荣耀》，也仅仅是他们生活中的一个小插曲而已，不必大惊小怪。

在反对者看来，持这一观点，是因为没有玩过《王者荣耀》，或者不明白《王者荣耀》对于时下00后生活方式和交往方式的深刻渗透。网上有人这样自嘲：躲过了《梦幻西游》，逃掉了《魔兽世界》，避开了《英雄联盟》，最后却掉进了《王者荣耀》的坑。也就是说，相较于其他游戏而言，《王者荣耀》更有趣，但更有毒——它让人深陷其中，欲罢不能。

知乎上"《王者荣耀》为什么会火？"的问答中，入坑者罗列了几个原因，比如易上手，撸起袖子随便玩；快节奏，啪啪就一盘；人物形象耳熟能详；游戏内的交流便捷，等等。

而在一篇《一个社会学者关于〈王者荣耀〉的体验式观察》的文章中，作者还指出一个更关键的因素："《王者荣耀》背后的基础是基于地缘、业缘、同学等等现实社会中的亲密关系、社交网络……单就游戏而言，其吸引力是相对有限的。这个游戏带来强大的用户黏性的关键在游戏之外，而不是游戏本身。简而言之，腾讯成功地把社交网络的优势带入了游戏之中。"

所以有人说，现在00后就两类：玩《王者荣耀》，和不玩《王者荣耀》的。《王者荣耀》于他们而言，不仅仅是一款游戏这么简单，它还意味着一种社交关系、一个有着共同话题的圈子，甚至是一种是否跟得上潮流的体现。

作为互联网时代的原住民，00后天然地与互联网和虚拟社交有着亲缘关系。这虽是他们这一代人的存在方式和社交方式，但并不意味着，真切的现实生活和现实交流是不被需要的。

但《王者荣耀》无限度地渗透，却可能割裂了年轻人与现实之间的关系。当他们在虚拟中获取一切，与父母的交流、与同学课后的踢足球、与朋友一起去看场电影，可能就变得可有可无了。

这才是许多家长忧心《王者荣耀》的根本所在。虽然很多人会说，孩子沉迷于玩游戏，跟老师教育方法不对、家长陪孩子时间不够等有关，这固然是部分事实，但也应该看到，在有趣有毒的游戏面前，很多时候老师和家长的努力和善意，都会显得"无趣"而徒劳。

因此，在防止孩子沉迷网游这一问题上，仅仅依赖游戏方的道德自觉是不够的，就像《人民日报》说的，"从立法、执法，到终端、游戏的生产开发，再到家长和学校，都要一起努力"。《王者荣耀》的防沉迷系统，才仅仅是个开始。

《南风窗》微信公众号 2017年7月5日

《王者荣耀》：好玩更要有担当！

/孙佳山

近一段时间，缘于几个中小学生沉迷游戏的极端案例，一款叫《王者荣耀》的手机游戏，引起了极大的社会争议。从歪曲历史到青少年沉迷，由于牵扯到众多不同领域，围绕这款游戏的讨论正朝着全民性话题的方向蔓延。从表面看，这是一款手机游戏引发的争论，背后反映的却是网络空间的治理能力和治理手段，不能与蓬勃发展的网络文艺活动相匹配的深层次矛盾。

网络游戏有"原罪"吗？

有人将网络游戏（包括手机游戏）视为"电子海洛因"。网络游戏从一开始似乎就带有"原罪"。当然，网络游戏并不是个案。从1905年电影诞生到21世纪各种新型媒介不断涌现，几乎每一个时期的新媒体所引发的文艺现象，都曾有过浓重的"原罪"色彩。电影作为最早的新兴媒介文艺产品，在相当长一段时间里，都被视作会魅惑人灵魂的洪水猛兽。而电视在20世纪80年代逐渐进入到寻常百姓家时，也曾被认定是可以传播色情、暴力的媒介。在20世纪80年代初的美国社会，甚至有著作因为提出电视的出现导致了"童年的消逝"这样的观点，而成了红极一时的畅销书。所以，网络游戏一再被扣上"原罪"的帽子并不奇怪，这不过是所有依托于新媒介的文艺门类，在各自时代都要遭受的历史洗礼。

尽管21世纪以来，以网络游戏为主体的我国网络文艺在公共生活、国民经济当中发挥着越来越重要的作用，但社会各界对其却缺乏整体性的认识，也并不了解其中的具体情况。从表面看，围绕《王者荣耀》的这场大规模、大范围的舆论争议，指向的是网络游戏长期存在的粗制滥造、色情、暴力等问题，但背后暴露出的是我国网络游戏行业、网络游戏治理领域长期存在的深层次问题。

另外，单一的网络游戏也许只是个游戏，但当众多网络游戏共同组成一大产业，成为一种重要的对历史和现实的叙事形式以及塑造青少年价值观的重要载体时，网络游戏除了游戏的属性，也开始承载更多意义，任何人都不可能再将其视作小孩子的玩具。因此，网络游戏除了要好玩，还须有更多担当。

商业成功但缺文化内涵

经过近20年的发展，我国网络游戏则早已跨越了初级发展阶段。2016年，我国网络游戏市场的销售收入达到了1633.6亿元，同比增长22.8%，游戏用户高达5.34亿人。我国自主研发的网络游戏，海外销售收入达73.2亿美元。除了个别日本经典动漫IP游戏和芬兰等北欧的几款经典策略游戏之外，与好莱坞电影在当下已占据国内票房大半的局面截然相反，外国网络游戏已经很难再进入我国网络游戏的畅销榜单。不仅如此，我国网络游戏的全球化进击之路已呈现多点开花之势。我国网络游戏不仅在东南亚占据绝对优势，更是进军到了中东、东欧、拉美等地区，而且在韩国、日本等老牌网络游戏强国也捷报频传。

虽然近年来，我国网络游戏在国内外都取得了巨大的商业成功，但在游戏模式和观念上仍深受美国、日本、韩国游戏文化的影响。因为缺乏完整的世界观，所以即便在全球文化产业格局当中，都已经占据了相当重要的位置，我国目前的网络游戏行业还依然很难产生像《魔兽世界》《文明》《宠物小精灵》那样影响广泛的游戏精品。这就导致了我国网络游戏产业在国内外的商业成功，没能有效转化为文化软实力意义上的文化价值观的成功。

当今世界，综合国力的竞争日趋激烈，文化竞争全面升级，文化版图正在重构，文化的地位和作用日益凸显，越来越多的国家把提升文化软实力确立为国家战略。在国内讲好中国故事，在国外推动中华文化走出去，是增强我国文化软实力，在国际综合国力竞争中赢得主动的迫切需要。以网络游戏为主体的，包含网络视频、网络动漫、网络文学、网络音乐等诸多领域的网络文艺，是当代中国文化的重要组成部分，理应在讲好中国故事和推动中华文化走出去的过程中，扮演更为重要的角色。

治理困境亟待破解

我国当下的网络游戏行业，仍然存在一系列结构性的问题亟待解决。我国的网络游戏管理涉及多个部门，包括文化部、新闻出版广电总局、工信部、体育总局等多部委。文化部担负网络游戏的内容检查和文化经营审批，新闻出版广电总局管理网络游戏的版权，工信部监督网络游戏行业的技术开发标准，国家体育总局则主管目前正方兴未艾的网络游戏电子竞技。网络游戏的监管需要全流程把控，只有各部门齐心合力，监管好每一个环节，才能让网络游戏在健康的轨道上持续前行。

在立法领域，网络游戏领域所面临的复杂法律问题，被分解在《网络安全法》《知识产权法》《广告法》以及众多规章、条例之中，还没有与之相对应的稳定的上位法。由于我国已经明确，将文化产业作为国民经济的支柱产业来培育，在《公共文化服务保障法》《电影产业促进法》实施之后，未来两三年还会有《文化产业促进法》等相关法律陆续出台。目前，急需加快《著作权法》和《著作权法实施条例》的修订，包括从网络文化传播、网络文化安全保障等方面，进一步完善针对信息网络传播权的著作权保护制度。

尽管近年来，讲好中国故事，推动中华文化走出去工作蓬勃开展，孔子学院等中国文化机构在世界各地相继建立，但与文化产业强国相比，我国的驻外文化机构还远没有在当地的日常生活中扎根，缺乏明确的目的性和导向性，和我国政治领域、经济领域的对外政策也并没有充分有机关联。应积极推动包括网络游戏在内的网络文艺的海外传播，用当地化的方式展现我国的价值观念的内核，尽可能减少"文化折扣"。通过网络游戏、网络视频、网络动漫、网络文学、网络音乐等网络文艺的具体形态，有血有肉地表现中国文化，让它们成为讲述中国故事、传播当代中国价值观念的"硬盘里的文化大使"，尽可能在不同国家同代人之间，形成共同的文化经验。这对于增强世界各国人民对中国的了解和认知、消除偏见和误解，都有着十分重要的文化战略意义。

综上，网络游戏作为依托于这个时代新兴媒介上的文艺形态，其本身并没有"原罪"。能否勾勒出一个时代的精神面孔和情感图谱，有效地回应所在历史周期的文化主题，才是今天判断包括网络游戏在内的当代文艺的文化价值、意义的关键所在。如何将我国的传统文化、历史记忆和今天的中国故事、中国经验，用包括网络游戏在内的当代文艺的鲜活方式进行有效讲述，并纳入自身的文化产业格局中，这对于已经将文化产业作为国民经济支柱产业来培育的我国而言，是一项严峻的时代挑战。

《光明日报》2017年7月13日

《王者荣耀》被批之后，为什么连"低调"的马化腾也坐不住了？

/谭保罗

几年前，全球网络游戏开发领域的强者一度集中于美国加州、北欧和日韩。它们处在产业链的上游，而中国同行则处在中下游。后者主要从事游戏的引进和国内运营，或者进行简单的"模仿式开发"。曾经盛极一时的盛大就是代表。

但近年来，以腾讯、网易为代表的中国巨头开始崛起，进行了大量的游戏原创，并后来居上。

与全球其他国家的游戏市场不同，中国的网络巨头往往既是游戏开发商，又是游戏运营商，可以说是上下游产业链通吃。腾讯和它的王牌产品《王者荣耀》就是典型。

这种超强的产业链掌控能力，给中国游戏市场带来了两个影响。

一个是，市场结构上的马太效应，行业利润朝着单一巨头或数个寡头集中。而利润的集中，又使得巨头们有越发充足的资源进行产品开发，不断超越对手，反过来导致了进一步的集中。

第二个不能被忽视的影响是，网络游戏巨大营收规模占比和高额的利润率，开始让巨头越发倚重于游戏，形成对游戏的一种依赖感，这是一种商业模式的自我强化。其溢出效应是，中国的网络游戏质量越来越高，越来越容易让人上瘾。

154

游戏让人上瘾，乃至无法自拔，这是游戏开发商和运营商无可厚非的商业成功。但行业通行的商业定律，它未必适合每一个经济体和每一个市场。在中国，游戏巨头的膨胀正在对这个国家特有的某些商业伦理提出新的挑战。

"一定要让人上瘾"

这段时间，各地都在热炒当地的高考第一名。甚至，有一项调查还显示，四成的"第一名"热爱网游。

与此同时，一些观点开始借此为游戏商辩护。他们认为，社会"冤枉"了游戏商，好学生也爱网游。沉迷于游戏，耽误了青春和学业，这是一部分年轻人自律品格或家庭教育缺失的责任。

从商业上来说，游戏能使人上瘾，便是一种成功，这意味着它是一个好产品。那么，网游是如何使人上瘾的呢？它利用了经济学或者说社会心理学上的两个概念，一个是转换成本，一个是身份认同。

从某种意义上来说，中国互联网产业的快速崛起，并不是因为什么高科技，而是利用了两条经济学原理，一是边际理论，二是转换成本。

互联网产业扩张的边际成本很低，即每增加一个用户，其成本几乎为零。这使得这个产业可以迅速扩张，抢占全国市场，成为第一。

因此，互联网更容易在各自领域形成全国性的、趋于垄断的巨头，如BAT（百度、阿里和腾讯），而同一领域内，其他竞争者很难生存。

在宏观层面，可以说中国互联网产业的大扩张并非是一场科技革新，而不过是一场商业领域的"边际革命"。

当然，另一个更重要的原因是，几大巨头的高速成长期，政府力量尚未大规模介入互联网。这使得幸运的巨头们，可以快速吃透这个语言统一、要素统一的母国大市场。

而在微观层面，即中国互联网巨头的产品开发，则奉行了另一条经济学原则——转换成本。通过提高消费者的转换成本，互联网产品可以增加用户黏性，让对手根本抢不走。

什么是转换成本？它指的是，消费者从一个产品或服务的提供者转向另一个提供者时，所产生的成本。这种成本可能是有形的，也可能是无形的。比如，在网购领域，卖家的用户信誉积累就是一种转换成本设置，这使得用户不会轻易放弃已经积累了一定信誉和品牌的平台。

其实，网购并不算最典型，最典型的是社交和游戏。QQ曾经一度成为中国年轻人必备的社交工具，背后就是转换成本在发挥作用。

QQ在发展初期，与之竞争的对手不可谓不多，但最后都败下阵来。QQ是年轻人的一种网络名片，QQ空间事实上成了一个人的"门面"，年轻人无不苦心经营。在那个通信费高昂，并缺乏移动终端的时代，QQ中跳动的好友头像一度成为中国年轻人情感寄托。换句话说，如果用户放弃使用QQ，而转用其他即时通信工具，那么，转换成本太高了。这些成本主要是无形的成本，即失去苦心经营的"网络社会关系"：情感交流的网友、打网络游戏的队友、一起挑灯夜战的牌友。

网游在转换成本的设置上，和社交工具是相通的，某一个游戏的"积分""级别"和"角色"，这些特征都是一种高超的成本设置手段，其成本设置的着眼点是身份认同。玩家从这种身份认同之中，会获得在现实世界里无法攫取的快乐体验和成就感。如果更换游戏或停止游戏，这种快乐和成就感就会瞬间失去，人生也陷入迷茫。

据一些公开报道，近年来，因游戏上瘾而无法自拔的人群，很多都是那些在现实中相对缺乏认同的群体。比如，位于城市边缘的打工者、城乡接合部的留守少年，对他们来说，游戏就是全部快乐和成就感的来源。在他们身上，游戏商的转换成本设置非常成功，停止游戏，成本将是失去整个青春期的快乐。

相比而言，那些在高考中取得第一名的年轻人，在现实里往往并不缺乏父母、老师和同学的认同，根本不需要从虚拟的游戏中获得良好的心理体验。所以，他们自制力很强，断然不会上瘾。游戏运营商对他们的转换成本设置，起到的作用并不大。

客观地说，任何互联网企业所推出的产品，都必须设置较高的转换成本。因为基于互联网本身的特点，用户更换产品的成本实在是太低了，没有较高的转换成本，这个产品瞬间就会在对手蜂拥而来的打击下败走麦城。

网络游戏由于玩家玩游戏时的"代入感"，所以身份认同成了最高效的成本设置基础。世界上，任何游戏开发商都会把身份认同作为转换成本设置的核心理念，不论是加州、北欧的游戏商，还是日韩地区的游戏开发新锐，大抵都是如此。

"一定要让人上瘾"，这是游戏界的通行规则，也是互联网产业商业伦理中一个含混不清的灰色地带。不过，在中国特殊的社会经济结构之下，对这个问题更应该特别对待，必须有更高的商业伦理要求。因为，中国游戏商强大的"转换成本"和"身份认同"设置能力，刚好使得那些心理结构最为脆弱、最缺乏社会认同的人群，比如留守少年、问题学生，直接暴露在了没有止境的游戏人生之中。

边缘人群与伦理焦点

在中国，审视游戏产业的商业伦理，必须考虑留守儿童（少年）、外出务工青少年这几个特殊群体。这是中国和西方互联网市场最大的不同。

对留守儿童和留守少年来说，当父母角色的缺失和青春期特殊的心理状态发生冲撞，游戏将很容易成为最有效的心理寄托乃至生活寄托。

2015年，湖南发生了一桩三位留守少年的残忍"杀师案"，三人被发现时，竟然还若无其事地在网吧打游戏。当地一位教育部门人士对三人的残忍行为大惑不解，其对媒体表示，可能他们在游戏里都是这样，打和杀，是很平常的事情。极端的个案固然不能被推而广之，但网络游戏对留守少年的影响，这几乎是中国社会一个多数人都心照不宣的事实。

2016年3月，民政部等部委的一项调查显示，全国摸底排查出的902万名农村留守儿童中，由（外）祖父母监护的有805万人，占89.3%；由亲戚朋友监护的有30万人，占3.3%；无人监护的有36万人，占4%；一方外出务工另一方无监护能力的有31万人，占3.4%。另外，近32万由（外）祖父母或亲朋监护的农村留守儿童监护情况较差。

另有数据显示，留守儿童（少年）并不止902万。此前，由中国人民大学人口与发展研究中心进行的一项调研显示，中国留守儿童（少年）的数量为6102.55万。不过，有专家指出，这个数据是从2010年全国第六次人口普查数据中抽取126万人口样本量，进行统计分析和估算而得出的，并不科学和准确。

留守儿童的具体数量到底有多少并不是讨论的重点，重点应该是中国社会心理缺乏安全感、需要认同的未成年群体（主要是男性），很容易坠入网络游戏的欲望深渊当中。实际上，这些真正陷入游戏无法自拔的年轻一代，往往处于乡镇、城乡接合部这类社会舆论的空白地带，唯有因为游戏引发极端事件之时，外界才会投去少许的目光。

西方国家也有游戏上瘾的问题少年，但多半不代表主流，也无法成为一个群体。因为，它们绝对没有一个国家有中国这样蔚为壮观的留守儿童、留守少年群体。

"隐形冠军"和义务底线

盛大曾是中国最出色的游戏运营商，曾造就了那位31岁的"中国首富"陈天桥。值得注意的是，盛大在上市的招股说明书中，专门有一部分讲到了政策风险，即中国法律和监管环境存在不确定性。换句话说，政府可能因为社会原因，对游戏开发和游戏运营严加监管乃至取缔，从而影响游戏商生存。

不过，从这些年的发展来看，在中国的互联网产业，游戏似乎长期都被看成是一种技术创新。目前，中国最成功的游戏开发商和运营商是腾讯。这家公司开发和运营的《王者荣耀》成了世界互联网"产品史"的一个传奇。

据一项估算，《王者荣耀》2017年一季度营收在60亿左右。如果参照腾讯"增值服务"（游戏是增值服务的一种）的60.93%毛利率，这意味着《王者荣耀》可为腾讯带来超过36亿的毛利。

另一项数据显示，一季度，A股超过3000家上市公司的营业收入低于60亿元，不及《王者荣耀》一款游戏。

以上估算，并未得到腾讯的回应和认可。但网络游戏成为腾讯产业板块的中流砥柱却是不争的事实。

《南风窗》记者查阅腾讯的财报看到，2017年一季度，腾讯的总收入为人民币495.52亿元，其中，增值服务业务为351.08亿元。在增值服务中，网络游戏收入达到了228.11亿人民币，也就是说，网络游戏目前的收入已占据了腾讯总收入的46%。更重要的是，由于更高的利润率，游戏板块对整体利润的贡献更远远超过这个数字，几乎是这家企业的利润主要来源。

这也不难理解，《王者荣耀》在被批之后，一向"低调"的马化腾竟然本人亲自前往相关媒体进行沟通。因为，任何一个理性的企业家都深知，游戏商的第一风险不是对手，而是政策，就如同盛大的招股说明书所说的那样。

一直以来，腾讯以为中国人提供便捷、免费的社交工具而著称。但其实这家公司已经成了世界上最成功的、最大的游戏开发商兼运营商，是全球游戏产业当之无愧的"隐形冠军"。

此外，网易等被普通人视为门户网站的互联网公司，也一直都是这个行业的翘楚。游戏业务一直都是网易的核心，在总营收中，游戏一度占比超过七成。2017年一季度，网易净收入为136.41亿元人民币，在线游戏服务净收入为107.35亿。

此前，有大型游戏运营商公关部门人士私下对《南风窗》记者说，在一些有着较大营收占比的互联网巨头公司，"公关"分为两条线，一条是公关政府，一条是公关媒体。前者投入的资源，远比后者多得多。

长期以来，网络游戏的确可以看作是中国特色的互联网创新之一。但它不应该完全不受羁绊，尤其在中国社会经济结构处于急剧变化的时期，它可能关系到一个群体、一代人的成长。对监管来说，让市场发挥决定性作用，这绝不应该成为监管真空的托词和借口。

"南风窗"微信公众号 2017年8月11日

那些年，游戏里的极致荣光

/张墨宁

在一个泛娱乐化的、需求是王道的时代，连生活本身都可以是游戏。

"中单法师，擅长王昭君、高渐离、张良。擅长打法：中单秀操作压制对手兵线，抽出一定间隙支援下路施压突破，帮助战队在前期打出优势。"在向P2P投资圈发出的"召集令"里，羿飞这样介绍自己。

他在现实中的身份是天使投资人、互联网金融投资人、北大光华管理学院的业界导师。"召集令"发出后，有200多人加入了战队，他们玩的正是当下最火热也最有争议的游戏《王者荣耀》。

"羡慕嫉妒恨"，跳出玩家身份，羿飞同时还是一家游戏公司的副总裁，分析现象级游戏的成功因素是他工作的一部分。

无论从哪个角度质疑这个游戏作品，一个不可忽略的事实是，中国已经是全球第一大手游市场。游戏已经从一种青年亚文化变成了主流的娱乐消费品。

对颠覆刻板严肃的娱乐精神的追求渗入了今天的商业、生活，让我们不得不重新审视游戏在每一个人身上发生的作用。在人与娱乐的互动世界里，不仅有沉迷、玩物丧志，还有更深层的联系，社交、品位标签、身份认同以及阶层区隔。

玩游戏玩到哭

即使自认是一个自控力极强的人，超越这个社会中的绝大多数，羿飞有时候还是会突破纪律性。

他现在给自己的游戏时间是每天一两个小时，一天的工作结束到晚上睡觉前这段时间。不过，定下的规矩总会在不知不觉中打破，尤其是最后一局输掉了的时候，躺在床上怎么也睡不着，唯一的办法是，爬起来再战一局。

从最早的游戏机到街机厅里的《街霸》《格斗之王97》，再到后来的大型网游，每一款热门，他几乎都玩过，而且都是个中高手。

"25岁之前玩游戏谈不上自控力。"羿飞说，大学毕业之后的几年里，是他最痴迷的时候。每天玩到凌晨两三点，长期只有两三个小时的睡眠时间，严重影响了健康。直到有一天感觉心脏梗了一下，去医院一查，没什么毛病，就是过度疲劳。他开始约束自己。

在游戏中投入过多的时间，沉迷于虚拟世界营造出的精美、大气磅礴的时代感，角色体验以及社交关系，这是大型网络游戏于十多年前在中国出现后，很多玩家经历过的时光。

"中国第一款真正意义上的网游是《万王之王》，以前都是玩单机游戏，从来没有玩过网游，那时候太沉迷了。"羿飞说，不仅沉迷于虚拟的社交关系，还把游戏里面的"事业"当作自己的事业，玩游戏能玩到哭。

在一场对战中，眼看败局已定，羿飞跟他的队友宣告放弃，他让大家都下线，"死了"也没有意义，而且还掉"经验"。但是队友们都不肯走，大家就站在那里，等着让"敌人"过来一个一个"砍死"。电脑画面上，是项羽式的英雄悲怆，现实世界中，羿飞坐在电脑前感动到泪流满面。这份义气也延伸到了现实中，那时候交的很多朋友，至今都把他当老大。

游戏里的体验会放大一个人的存在感。不仅基于游戏本身，还可以在游戏玩家组成的社群中充当领袖、建构规则与秩序、维护正义，一个理想的世界就这样诞生了。

在《万王之王》中，羿飞是一个城邦的君主，在他亲手建立的王国里，聚集了一帮铁杆队友。新人加入的时候，因为级别低，难免被欺负。

一个新人进来后，被老玩家欺负了，告到了羿飞那里。

"那个铁杆队友确实没道理。但他是我的老朋友，惩罚他觉得人情上过不去，当年站在那里被'砍死'都没有背叛我，但正义和道理又不能不维护。"羿飞说，他的处理方式是把所有人都叫来，讲清楚事情的原委，坦承了自己的为难后，将君主的位置让给了老战友，自己退出了。

后来，老战友跟羿飞提起这件事，说当时都哭得不行了。一周后，老战友又把羿飞请了回去，他当着所有人的面把自己的号删除了，重新注册了一个新号，表示自己洗心革面的决心。

新的游戏出来后，羿飞转移了兴趣，不再玩《万王之王》了，他把君主之位传给了向他告状的那个新人。过了一年之后，有一天他突然想看看这个游戏还存不存在，就上了线。他在公会里行走，玩家已经换了无数茬，老朋友都已经不在了，但城邦的纪念碑上留下了这样一段话：

> 眠龙城的创始者逍遥创立了这个城邦，并且带领我们一起强大。未来这个城邦的任何继任者，都不能改掉这句话，任何公告内容均需写在此段之后。

"逍遥"就是羿飞。

这大概是那个虚拟世界里所能体验到的极致荣光。羿飞说，那时候很享受这种感觉。后来当他自己成为游戏制作人的时候，再去回望，那只是一个中上乘的游戏，并不能称为经典。

这样的游戏，他自己现在也可以做。玩家在里面经历的喜悦、痛苦、悲伤，他都可以通过技术和角色设定营造出来。而他自己再也没有最初玩网游时的感觉了，用他自己的话说，变成了一个非常老道的"政治家"，再也没有对战友倾注过任何情感，游戏只是游戏。

从游戏消费者到生产者

不过，当"君主"的经验并没有因为时过境迁而作废。进入游戏行业后，曾经的公会管理经验就成了他制作游戏时的参照。

当好领袖需要威严、利益各种因素的结合，没有威严别人不会服从，但如果只有威严，只会骂骂人，别人很快就走了，你还要满足他们的利益诉求。说白了，就是跟着你有什么好处。首先当然是保护，在外面打不过别人的时候，老大可以帮你打。

羿飞说，帮助一个团队的领导者形成凝聚力，无疑可以延长游戏的生命周期。比如，通过游戏设置，加入帮派的人防御力会提高10%，帮助他们形成组织。每周举办游戏竞赛，奖品分为两部分，一部分是人人有份，系统自动发放，另一部分直接发给公会会长，由他来支配，形成他的权力来源。这些都来自羿飞当君主时的经验。

进入游戏行业纯属机缘巧合。大部分游戏高手都会把自己制作一款游戏作为终极梦想，玩《大话西游》的时候，羿飞写了一些游戏心得，发到了网易的游戏贴吧里，写了几篇之后，网易的游戏研发团队注意到了他，主动找他管理论坛。

当版主后，羿飞被拉进了研发团队的内部工作群。"看他们聊自己的工作，我慢慢就知道游戏是怎么做出来的，开始理解工艺流程、设计方案了。"羿飞说，他开始自己动手写游戏策划，累积了十多万字。

结婚后，随着生活状态的改变，他不再在游戏上投入很多时间，游戏本子也就搁置了。

2008年前后，几个做互联网的朋友来找羿飞，他们只会写代码，不知道怎么设计游戏玩法，知道羿飞是高手，就找他一起创业。羿飞想起自己曾经写过一个本子，拿给他们看。几个人都很惊喜，里面的规则设置已经非常完整详尽了，游戏规则、社会规则、角色的职业背景，包括"几刀能砍死一个人"。

"在我35岁之前，玩游戏这个事情，父母、妻子都不断数落我。直到我开始靠游戏挣到钱。他们不会觉得这个东西好，只是承认我做的是有道理的事。"羿飞说，如果不是这次因缘巧合，他从未想过要从一个玩家转变成游戏制作人。

这个行业的市场集中度太高了，除了两三家大公司，目前有一两万家小公司分享剩下的不到10%的市场，每年要死掉几千家，不断有新的创业者进来，他们中的大多数都是"见光死"，只有在研发中才能融到资。产品上线后如果数据很差，很快就没有人投了，成功率不到1%。

然而，一旦成功，就会显现出超强的赚钱效应。成本低、变现能力强，一个成功的产品三到六个月收回成本根本不是问题。

在市场上获得集中优势驱动着各家互联网公司、游戏公司想尽办法让人沉迷进去，不但沉迷，还要有真金白银地投入。与此同时，降低游戏的门槛，让更多人成为玩家。

羿飞说，在端游的竞争格局中，《英雄联盟》应该是一个转折点。衍生于DOTA的LOL是第一个大面积商业化的MOBA（多人在线战术竞技）类游戏。这个产品一问世，就快速横扫了中国的网吧。

当时，端游获取一个用户的成本是几百块钱，再加上一个产品的生命周期不长，每个端游都要设置一定的消费门槛，每个玩家平均每月消费几百元，游戏公司才有利可图。

但是LOL打破了这一商业模式，这个游戏几乎不用花钱，最多一年花几百块。这种竞技类游戏与以往流行的升级打怪不同，玩家往往是因为喜欢一个皮肤或者造型才花钱。

"不得不承认，从玩家的角度来讲，这是一个健康的玩法。原来最火的端游就是打怪升级，想做到最厉害就要买装备、买经验，这种玩法确实被很多人诟病。

"但这种黑心来源于激烈的市场竞争，获客成本太高了，要么被洗出去，要么你的玩法把大家吸引进来，让玩家沉迷、花钱。从某种程度上讲，也挺纠结的。

"我作为玩家的时候，也非常痛恨这种花钱又多，又让人沉迷的游戏，痛恨的时候也骂。但是自己去制作游戏的时候会发现，如果不能掌握这套逻辑，只能被淘汰。"羿飞说。

每一个沉迷游戏者的背后，都是游戏商家的精确计算。电子游戏从端游发展到页游、手游，更符合填充碎片化时间的需要。等车的间隙、地铁里，只要能腾出两只手，随处可见低头玩手游的人。

游戏的短平快化，基于社交网络的分享、排名，手游更快地成了大众化的消费品。

身份标签

《纽约时报》专栏作家麦瑞克·阿尔伯提出了"斜杠青年"这一概念，指的是一群不再满足专一职业的生活方式，而选择拥有多重职业和身份的多元生活的人群。这些人在自我介绍中会用斜杠来区分，比如：律师 /演员/制片人。于是，"斜杠"成了他们的代名词。

游戏世界里的玩家可以粗略分为两部分，一类是缺乏自持力的青少年、小学生，现实里消沉而在虚拟空间能找到强烈存在感的人；另一类则是羿飞这样的玩家，游戏对于他们来说是多元身份的标签，既是生活态度和格调，也隐含着秀智商的优越感。

羿飞乐于让自己跟其他投资领域的专家不同。

"我去参加一些行业峰会，会议间隙我就坐在那里打游戏。有时候主办方的人会好奇，你怎么还玩这个。我是不太在意的，既然你找我来站台，就是认可我的价值，那我喜欢什么，你就必须要忍受。"羿飞说，有时候他甚至是故意这样做，让自己的个性感更强。

然而，与其他引以为傲的斜杠身份不同，以游戏为标签的身份有时候也会让他们产生矛盾感。

羿飞也承认，在微信的行业群里大大方方说要组建战队，其实非常破坏传统专家的形象。有人就给他留言："羿飞你怎么天天玩这个，不务正业。"

南一博是一家互联网金融公司的CEO，他也加入了羿飞组织的《王者荣耀》战队。今年30出头的南一博从4岁起就开始接触游戏了，上中学时因为在班上带动起了游戏风潮，生生把一个重点班拖成了全年级最后一名。《魔兽世界》风靡时，他差一点就去当职业玩家，当时，他的战绩可以排到北京市的前几名。最终，还是没有选择那条路。"我觉得靠打游戏吃饭是一件很low的事情。"南一博说，尽管他曾经一度每天要玩七八个小时。

现在，南一博依然可以轻轻松松将《王者荣耀》打到很高的排位，有时候，他会故意输掉几局，降一降自己的排位，以免让朋友圈里的人觉得他玩物丧志。

尽管游戏的价值属性在主流观念里仍然不算高级，但严肃与娱乐之间的界限已经不再那么泾渭分明。

城市中产阶层有了更多文化审美上区隔自己的愿望。从这一点说，无论游戏、美剧，还是当下流行的知识付费，本质上都是满足同一种需要。在一个泛娱乐化的、需求是王道的时代，连生活本身都可以是游戏。

投资圈的《王者荣耀》战队里，注意到有人玩得时间过长了，羿飞会提醒他。在他的控制下，时间管理上的理性态度、释放压力的功能、基于游戏的社交关系看起来全都井井有条。现实中作为投资人，他也必须使自己尽量避免强烈的情绪波动。

只有在游戏的世界里，胜负、悲喜皆是享受。

《南风窗》2017年第16期

《西游记》的后现代命运

1986年版电视剧《西游记》已经成为几代人的共同记忆。无论是1995年的《大话西游》系列，2013年的《西游·降魔篇》，或是2017年年初上映的《西游·伏妖篇》和7月中旬上映的《悟空传》，在与86版的经典回忆形成对话的同时，又都引起了很大的反响和热议。尤其是今年4月15日，86版《西游记》导演杨洁的去世引发的怀旧氛围，更将此话题再次推向高潮。针对《西游记》改编的历史变迁及其文化内涵，评论者也给出了不同面向的解读。

郑周明的《〈西游记〉的全球改编热，是扭曲还是尊重原著精神》和孙佳山的《〈西游记〉——国民IP的当代命运》都是从IP改编的角度来审视《西游记》当代改编的现实。前者指出《西游记》的改编热潮恰恰在于其原著精神与现代生活的结合。后者则从历时性视角关注到现今的改编与20世纪20年代有着"同构性"，并以史为鉴，指出《西游记》所面临的当代挑战。

张璐璐的《周星驰〈西游·伏妖篇〉：二十年西游情结得失如何？》、罗往烟的《〈悟空传〉强行用"水浒模式"改变成长寓言》、白惠元的《电视剧〈西游记〉与80年代中国文化》则对三种改编文本进行了解读：张璐璐指出从《大话西游》到《西游·伏妖篇》的"周式西游"与人们"情感结构"变化之间的契合；罗往烟从《悟空传》的改编谈到了20年西游情节的得失；白惠元则重点考察了1986年版电视剧《西游记》背后的意识形态问题及其与80年代后期社会文化心理的关系。

周星驰《西游·伏妖篇》：
二十年西游情结得失如何？

/张璐璐

    1995年，周星驰带来了电影《大话西游之月光宝盒》，是他第一次开始对《西游记》的故事进行惊世骇俗的颠覆性改写。可以这么说，从《大话西游之月光宝盒》到《大话西游之大圣娶亲》，这两部《大话西游》系列电影作品在剧情内核与精神价值上几乎与原作互不相干，在当时的电影市场也未见轰动效应，还一度受到媒体舆论的批评，直到影片经由互联网等新兴传播方式的传播，才在大学生与大众中赢得了口碑。随着岁月的沉淀，很多人慢慢才发现"一万年"的那句台词有着如此的魔力，甚至一度成为流行网络的一句台词。

    到2013年，周星驰的《西游·降魔篇》再一次将《西游记》搬上了银幕。这一次，在特有的周氏喜剧的风格上，中国最"老少咸宜"的神魔传说以一连串充斥着戏仿、拼贴、恶搞和无厘头的闹剧形式被表现出来。尽管影片中"少儿不宜"桥段设计的讨论不绝于耳，甚至引发了中国电影分级制度的呼吁，但是影片本身却获得了极为惊人的票房成绩。2017年的《西游·伏妖篇》依旧如此，票房成绩依旧强势，而且引发了广泛讨论。从90年代开始的对传统大众文化解构的时代趋势，到当下消费文化语境的转变，《西游记》的传统故事的改编与叙事出现了翻天覆地的巨变。如果说从《大话西游之月光宝盒》开启了周星驰对《西游记》重新解读与诠释的道路，那么《西游·伏妖篇》则依旧是对传统经典故事在当下持续性的颠覆改编。

徐克与周星驰合作的故事产生了微妙的化学效果，他们用一种另类的叙事风格重新解构了"三打白骨精""误入盘丝洞"与"大战红孩儿"的章节故事。并且，故事将如来身边的"九头金雕"的故事进行了插科打诨式的解读，这个情节安排更像是央视86版《西游记》中"误入小雷音"的故事重构，一个在佛祖身边禅修的小妖来到人间，遭遇唐僧一行，发生争斗。不同的是，黄眉童妖是用金钵扣住孙悟空；九头金雕则试图用如来神掌来镇压孙悟空，并套用"三打白骨精"中师徒之间的嫌隙挑拨离间。这四个伏妖的故事进行了整合衔接，并被安置到一个相同的时空背景中，即比丘国。与任何一版《西游记》不同的是，白骨精化身成为一个爱上唐僧的善良少女，完全是对于第一部唐僧与段小姐（舒淇饰）那段感情的回应。但在这部影片中，白骨精并非为了复仇，而是成了被九头金雕安排在唐僧身边的傀儡，并以此激发出一场正义与邪恶的反间计戏码。

周星驰用其天马行空的想象力建构出不同以往的"西游"传说，配合徐克导演对镜头的掌控，新意十足。不过，影片的整体创意均来自周星驰，徐克仅负责导演。从整个故事可以看出，周星驰是个念旧的人，他的念旧在于对以往影片中使用过的桥段的再次表现，诸如《功夫》与《西游·降魔篇》中的"如来神掌"，还有《小刀会序曲》《梁祝》等经典配乐的使用。他接受采访时曾说过，小时候曾练过如来神掌与铁砂掌，而且他对一部名叫《如来神掌》的粤语片印象深刻，每一次看都会激动到不行，这就是他的个人情感。于是，在影片的结尾，段小姐的出现不仅弥合了唐僧的情感缺失，而且更是周星驰个人情感表达的一以贯之。

尽管在对"西游"传说故事的改编上，周星驰与徐克发挥了天马行空的想象，但是却依旧引发了影片背叛西游文化争议的讨论。真是这样吗？从《大话西游》系列电影开始，周星驰就没有要说一个有关西游的故事，而是试图为《西游记》在商业大潮和消费主义语境中，发掘一个新的主题内核，用西游历经九九八十一难的劫数，表达有关爱情这一长盛不衰的世界主题，并用不同以往的叙事风格传达属于自己的情感表达。跟"作者电影"的创作意图一样，他试图用摄影机书写个人内心世界的转变与导演独特的个性表达。只不过这种无厘头、拼贴的创作手法与法国新浪潮中的"作者电影"所追求的"纪实"手法有着一种不可调和的冲突，却在实质上印证了"作者电影"强调个人色彩的最终意图。那些不间断出现的桥段设计与镜头语言，便是在重复表达他内心抒发的情感。

从《大话西游》系列电影中的"一万年"到《西游·降魔篇》中的"只要现在"，再到《西游·伏妖篇》中坦然正视爱情的回归，他用二十多年的时间完成了一次又一次的情感宣泄。最终实现他对于情感的终极夙愿，那一首沿用至今的《一生所爱》承载了他对爱情最为直接的表达。这首歌最早是作为《大话西游之大圣娶亲》的片尾曲出现的，描写了一个男孩成长为一个男人，并对爱情认知的过程。而现年55岁的周星驰，依旧不能忘记的还是青春岁月里的爱情。当然，情感的选择会指引个人的创作意图，却容易审美疲劳。有人说，"《大话》之后，再无《西游》"，大致就是这个意思。

回溯时代的背景，《大话西游》系列电影的出现顺应了历史发展的趋势，也迎合了"70后""80后"对新兴文化消费的需求，那时的他们成了文化消费的主导群体。与此同时，消费主义、草根文化也逐渐占据了大众文化的主流空间。到现在，消费主义已然成了主要的时代特色之一，从周星驰开始的这种开创性的颠覆改写一直延续至今，单单是2016年广电总局官网上公示的新片备案就有近26部。不难看出，这些改编都或多或少采取了周星驰的相关套路，一改央视版《西游记》的传统，在人物设置、情节安排以及戏剧冲突上也都与原作相去甚远。这确实反映出中国电影行业的问题，那就是优秀原创故事的短缺。

随着电影市场的繁荣，不少改编自《西游记》的影片赚得盆满钵满。要论IP的大小，《西游记》必然是数一数二的，几乎没有哪一个IP可与之相媲美。这个在民间流传了上百年的传奇神魔故事，有着坚实的群众基础，加之无与伦比的想象力与丰富多彩的人物形象，让改编呈现出不同的创作层面，具有极大的开放性和包容度。而在不同时代背景与社会氛围中，经典改编如何折射出文化传承的变迁与社会症候的转型，则是需要被大家更多关注和阐释的。

这些经典故事是古人留给现代人的文化瑰宝，不仅历久弥新，而且成了当下市场被不断挖掘并呈现的故事原型。伴随着科技的发展，86版《西游记》中那些粗糙的视觉效果，已然无法满足当下市场的需求，可是老一代影视创作者却在当时艰难的环境中，在工匠精神的指引下，创作出属于几个时代记忆的经典之作。当下的科技手段能够超越之前，却已然无法复制之前的经典与辉煌。尤其在资本源源不断地注入电影产业的当下，面对消费主义的喧嚣与盛行，电影人需要直接面对的就是这样一个已经到来的过度娱乐的现实，这也是当下有人诟病周星驰一直在消费西游情怀的原因所在。人类有追逐娱乐的天性，但却不能一味娱乐。这也需要影视创作者保持警醒：不要用不断复制的景观刺激消费大众；不要沦为金钱的附庸，让作品成为贩卖情怀后稍纵即逝的视觉消费品。

《文学报》微信公众号2017年2月7日

《西游记》的全球改编热，是扭曲原著还是尊重原著精神？

/郑周明

在中国传统文学名著中，很少有作品像《西游记》一般，既能以学术研究、专业译介传播到全世界，也能在文化衍生层面通过影视改编、游戏动漫等形式被全球大众所熟知。它融神话、童话、喜剧、传奇于一身，兼具本土性与世界性。它的读者不分年龄，也不分国家民族，今天中国"一带一路"的倡议，也可以从这样的名著中，发现经济文化交流所根植的历史土壤。可以说，"西游文化"是一个全球性的文化标识。

让我们从学术研究角度来看，《西游记》如此改编幅度可以被理解接受吗？

近日，由华东师范大学中文系主办的"2017《西游记》高端论坛"上，来自复旦大学、武汉大学、浙江大学、华东师范大学、华中科技大学、辽宁大学等高校的30多名研究专家共同探讨了21世纪以来，围绕《西游记》产生的新问题、新现象。其中，对《西游记》原著者身份之争与当代全球传播是大家最为关注的两个议题。

20世纪初，现代知识分子以"整理国故"为缘起，重新审视传统文化资源，以便去芜存菁，与新思潮一起为中国进入现代文明做好准备。这其中也包括对"四大名著"的研究和争鸣，原著者的身世之谜，几乎存在于每一部与名著相关的研究中，《西游记》也是如此。从胡适、鲁迅、董作宾到郑振铎、孙楷第，当时的考证几乎都认定《西游记》的原作者就是淮安儒生吴承恩。然而，从20世纪80年代开始至今，特别是近十年的学术界，对《西游记》的作者争论不断，其结果是"大陆学界原本呈一统天下之势的吴著说有所消退，非吴的倾向渐成气候"，论坛主持人、华东师大教授竺洪波以他多年的文学史研究角度如此说道。

晚明世风变化复杂多元，有许多开创性的理念，原著者身份之争关系到如何恰切理解《西游记》的写作意图

为何原本有基本共识的学术研究，如今又有了争议？淮阴师范学院蔡铁鹰教授提及，这个争议的最大来源，是20世纪80年代章培恒先生发起的讨论。事实上，那场持续十余年，涉及上百位专业领域专家的大讨论，仍没有提出比吴承恩更有信服力的人选。相对于其他研究者提出的作者如丘处机、李春芳等人，并未像吴承恩一般有完整的证据链。与会者还提到，在1929年故宫发现的吴承恩诗文集《射阳先生存稿》中，有一篇《禹鼎志序》，提到了自己为何书写志怪小说的原因，而目的则是"微有鉴戒寓焉"。

所谓知人论世，作者之争往往是打开作品背后创作思想的钥匙，但也正如竺洪波所指出的，《西游记》的作者研究看起来是揭示出了更多论据，却并未离真相更近。许多假设先天就有缺陷，乱象丛生，值得学界检讨反思。

而即便没有作者的生平来加以参考，也并不妨碍《西游记》获得当代读者的欢迎喜爱。从这本名著中，读者少有地看到了一个古老民族展现出的神奇想象力和强烈的个体意识，也少有地看到了对个性和童心的张扬。胡适在考证时，说它不仅是神话小说，也是童话小说。研究者黄来明、徐国华通过研究晚明文人李贽的"童心说"来揭示，《西游记》的童话精神与明代中后期的社会思潮相互呼应，于是出现了孙悟空这样一个独立不羁、个性张扬的人物形象，它的"真如本性任为之"的品格获得了当时读者的共鸣，满足了他们的心理需求。更进一步而言，之后多个作者出于喜爱而续写的《西游记》版本，把明朝的社会心理更加透彻化。青年作家张怡微在研究明末清初的《后西游记》时，观察到其中新的情节补充了《西游记》未能所及的金钱观和商业道德，也反思了资本萌芽对当时社会与人性带来的负面影响。

改编并非拘泥于原著情节设定，动漫大师手冢治虫创作的"孙悟空故事"证明延续原著精神并与现代生活结合，才更具传播影响力

《西游记》的续写到了当代，改头换面成了影视剧、游戏动漫，但内核却是不变的。美国好莱坞影视剧对西游题材的大量改编，采用了"平行宇宙理论"，剧中人物穿越时空无所不能，这与《西游记》本身记载的"天上一日，人间一年"也有异曲同工之妙。国产影视剧更是发挥了现实化的想象力，观众看到了一个有七情六欲的唐僧、一个更可爱可憎的孙悟空。这些现代形象饱受争议，但在研究者看来，也并非无一来处，比如孙悟空的形象本身存在历史变化，从佛教中温和的猴子到与道教故事中顽劣的猴子两个形象逐渐合一，它身上有善有恶。

至于师徒四人穿越到当代做起了现代人，也未必需要以扭曲原著来指责。日本动漫大师手冢治虫就曾写过类似情节，对孙悟空形象的喜爱甚至直接促使他走上漫画创作的道路，也给了他灵感创造出阿童木这一形象。他的改编观念展示了传统文化应如何与现代生活结合，从而拉近与现代年轻人的心理距离。

许多动漫迷知道，手冢治虫当初深受1941年，万氏兄弟推出的中国第一部动画长片《铁扇公主》影响而走上动漫创作之路。他也说过，阿童木的精神形象正是取自于孙悟空。

对于大多数当代改编者而言，他们并未忘记这本原著的核心精神——反抗权威、个体独立，以及人生答案需要自己去冒险求取。这些来自中国明朝小说的观念，同样也是当代世界所推崇的价值观。这或许是《西游记》能够成为全球文化"IP"的主要原因之一。同时要注意的是，如研究者王新鑫、朱明胜在观察影视改编这一现象时指出的，《西游记》本身包含了可以被解构的因素，通过重新解读来获取这部经典名著的现代启示意义，但也要警惕无原则过于庸俗化的改编倾向。

《西游记》的全球传播和现代续写，从18世纪起便开始了向外交流之路。去年底，德文全译本的推出，使得大众对它的译介传播过程有了更多认识。一直以来，它的一部分精神被国外研究者放在与荷马《奥德塞》、塞万提斯《堂·吉诃德》、歌德《浮士德》等西方名著进行比较中，另一部分则是大众读者熟悉的中国的功夫和神话世界。今后，如何通过学术研究拓展它在专业读者和大众读者心中更完善的形象，需要学界更进一步的努力。

《文学报》微信公众号2017年5月20日

《悟空传》强行用"水浒模式"改编成长寓言

/罗往烟

不管是西游式的青春怀旧，还是水浒式的现实愤懑，在题材上并无高下之分。《悟空传》的不足，并不在于它是否遵循原著，而在于它的故事和象征意义之间，并未建立起有效的逻辑。

小说《悟空传》里，主角的叛逆是出自天性

距离2000年，今何在首次网络连载发表《悟空传》以来，时间已倏忽过去十七年。这部一经发表即获无数网友追捧，赢得无数奖项的玄幻青春小说，在多年积誉沉淀下，几乎坐稳了八零九零后青年"青春圣经"的宝座。对于许多曾经在少年时代捧读《悟空传》，在悟空、金蝉子等角色身上共鸣青春期的叛逆和迷惘的八零九零后而言，2017年《悟空传》大电影的上映，不只是一次IP的消费，更是一场对失去的青春叛逆年代的纪念仪式。

影片的制作者显然也清晰认识到了受众的情怀所在，尽管电影情节对原著的改编几乎到了全盘推翻重写的程度，影片最后，依然用硕大的墨字打上了小说中曾经最为脍炙人口的"中二"宣言："我要这天，再遮不住我眼；要这地，再埋不住我心；要那众生，都明白我意；要那诸佛，都烟消云散！"

用这句经典台词来总结《悟空传》小说的核心精神，自然是十分精辟

的。但这句话附赘在《悟空传》电影最后，却显得相当突兀，暴露出制作者为了讨好小说原著粉丝，而强行无视了电影叙事的自洽性。造成这种突兀感的原因，是小说到电影的改编过程中，主角叛逆动机的转变。

十七年前的小说《悟空传》里，悟空反上天庭、大闹天宫的动机，基本遵循了吴承恩《西游记》的记载——叛逆只是因为悟空生性自由，不服天庭管束。小说里的悟空宣称"生我者天地，谁也没资格管俺老孙生死，管他是阎王老子还是玉皇大帝！"因此，他才勾销生死簿，反出蟠桃园；即使在西游路上，被压抑的顽心继续化为六耳猕猴破坏西游。悟空崇尚的这种自由是绝对自由，无关任何道德责任。和悟空相互辉映的另一主角金蝉子，也就是那句"要那诸佛烟消云散"宣言的真正发言者，同样是因为拥有强大的自我意识，才会质疑佛祖的佛法，甘愿离开天界堕入红尘。

电影强行用"水浒模式"改编成长寓言

《悟空传》小说里用诗意的笔触，对悟空、金蝉子等人挣扎在自由放荡和无奈归顺之间的心理描写，就像是一则青春期少年的心灵寓言。正如书中所言："也许每个人出生时都以为，这天地是为他一个人而存在的，当他发现自己错的时候，他便开始长大了。"悟空和金蝉子等人被天庭降服的过程，就是一个人从童年期的自我全能幻想中惊醒，痛苦地收起棱角、接纳社会规训的过程——这个过程，就是所谓成长。《悟空传》是作者今何在站在青春的尾巴上，对失落的青春理想和自由精神奏出的一曲挽歌。

但是十七年后的《悟空传》电影，悟空和其他人物的叛逆动机，不再明确地指向少年的幻想和强大的自我意识。小说里，悟空从勾销生死簿开始，主动用自由精神挑战天地规则；而电影里，悟空则是被动遭遇天命的压迫：他被天机仪这个命运掌控系统定义为魔，连累花果山遭遇天庭屠戮，才开始在整个故事中展开复仇。他不是要主动捅上天去，而是因为"天要压我，我劈开这天；地要挡我，我踏碎这地"。

电影讲述的不再是一个崇尚绝对自由的少年，遭遇社会规则壁垒后"心猿闹天宫"的成长寓言，更像是一则个人被社会不公所压榨，被迫反抗的具体故事。这种用"水浒传模式"对"西游记模式"的篡改，更鲜明地体现在天蓬、杨戬、卷帘之类仙人身上——他们显然并不是未脱"中二"

脾性的叛逆少年，甚至在一开始就是天庭规约的合作者。直到他们遭遇天庭治下的残忍和不公，目睹"官二代"巨灵公子的欺凌弱小、花果山无辜村民被戮，最终在亲见自己所爱之人被杀之后，才和悟空一起走上复仇之路。

故事和象征意义之间缺乏有效逻辑

和这种改变相伴随的，是天命形态的变化。小说里，今何在对笼罩主角的玄妙的天命，给出的是打禅机式的似是而非的空灵描写。主角们是在反抗天庭，同时也是在对话一种普世哲学层面上的宿命的悲剧。而电影中的天命，具象为"掌握世界万物命运"的天机仪，更落实在上圣天尊这个反派身上。上圣天尊最后暴露出，她言必称天命，仅仅是假借维护天地秩序的名义去提升自身的权力。

如果说，小说里的天命，还只是少年视野中影影绰绰、来源不明的社会压力，以及一种认清成长宿命的悲叹；电影里的天命，则带出了一种指向社会秩序和权威压迫的愤懑和不平。从对绝对自由的缅怀，转向对社会正义的呼唤；从一种少年特有的空灵，变成了一种青中年沾染现实烟火气的沧桑。这显然不只是创作者自身情感结构的转变，同样是八零九零后——曾经的少年、今日的社会中流砥柱们——要共同经历的一次心灵嬗变。

不管是西游式的青春怀旧，还是水浒式的现实愤懑，在题材上并无高下之分。《悟空传》的不足，并不在于它是否遵循原著，而在于它的故事和象征意义之间，并未建立起有效的逻辑。电影《悟空传》在对具体天命的针砭和反抗之后，依然回到了小说的宿命论：一切都不会变化。电影不能自圆其说，所以观众也不明白悟空们要反抗的天命谎言究竟是什么，怎样避免从一个谎言到另一个谎言的历史循环，就像绕了一大圈，又回到了模棱两可的起点。

《新京报评论》微信公众号2017年7月18日

《西游记》——国民IP的当代命运

/孙佳山

近日，随着电影《悟空传》的热映，"西游"题材IP改编问题再次引发了广泛的街谈巷议。如果说，以小说《西游记》为中心的"西游"题材影视改编作品对于中国电影而言具有《星球大战》系列式的意义，应该并不为过。自16世纪诞生伊始，《西游记》在中国社会便产生了极为深远的影响。其作为"四大名著"之一，与另外三部作品共同支撑、映衬着近现代以来中国民间社会的文化心理结构。

的确，其"人畜无害"的内容和风格差不多在任何时代都能被接受。也正是基于此，进入到20世纪之后，从小说到电影、从电视剧到游戏等一系列与之相关的改编作品、衍生品呈现出了加速度式的井喷效应。在这个意义上，即便将其定位为我国进入到现代社会以来的最大国民IP，恐怕也不会有太大的争议。

在影视领域，每个历史阶段都有经典性的、里程碑式的"西游"题材改编作品出现。现存的"西游"题材的最早电影作品是1927年的《盘丝洞》。1941年的《铁扇公主》则是中国和亚洲第一部、世界第四部长片动画电影。1961年的《大闹天宫》更是一举奠定了，那个阶段的中国动画电影，在世界电影史的地位。

改革开放以来，1985年的《金猴降妖》，特别是《西游记》（1986年电视剧版）更是在当时造成了万人空巷的收视效应。从世纪之交至今，又出现了《宝莲灯》《大话西游》系列，也包括2015年在社交媒体引爆话题效应的《西游记之大圣归来》……"西游"题材影片在每个历史节点都能有效地牵动时代的脉搏。

也正因如此，每当有"西游"题材的影视作品面世之时，便不可避免地引起不同程度的争议以及非议。不同年代、不同媒介环境下的不同"西游"题材作品，使得每个人的内心中都有着各自的西游故事。这也使相关题材影片一直不得不面临着，只有这一级别的国民IP，才有的众口难调的巨大压力。

2017年春节档上映的《西游·伏妖篇》，因为身处在中华民族最隆重的传统节日，自然也不可避免地引发了广泛的热议。口碑不佳也几乎成了这个阶段相关题材改编影片都难以逃脱的命运。

所以，如何看待《西游·伏妖篇》——"西游"题材影片所携带的相关问题和征候，就不仅仅是在考察以"西游"题材为代表的国民IP在今天的命运，更意味着2016年中国电影，在经过近十年看似狂飙突进式的暴涨周期之后几近停止增长，暴露出了一系列结构性问题的残酷现状下，如何认识、反思中国电影下一阶段发展模式和路径。

一、"西游"题材的现代意义

明清年间的"四大名著"，在其诞生之后的三四百年时间里，在中国社会的近现代化进程中，内嵌式地卷入到了普通中国人的日常生活、精神生活、政治生活，也在漫长的20世纪逐渐标示出了，中国民间社会近现代以来的文化心理结构的四个不同面向。它在今天差不多都已成为中国文化的世俗化象征和代表。

然而，为何单单《西游记》在"四大名著"中，受到如此程度的偏爱和垂青？《西游记》（1986年电视剧版）创造了中国电视剧史上的重播纪录，其播放次数甚至超过另外三部根据"四大名著"改编的影视剧的播放次数的总和。如果仅仅归因于其内容、风格上的"人畜无害"，以及影视视觉呈现意义上的技术原因，那显然是避重就轻，远没有真正触碰到20世纪文化脉络上的《西游记》问题。"西游"题材影片自面世之初，其实就深陷在中国文化现代转型的焦虑结构中，而孙悟空形象的变迁则是其中的中心线索。

正是因为《西游记》的独特地位，以《西游·伏妖篇》为代表的所有"西游"题材影片都首先要面临是否符合原著、尊重原著，再具体一些就是孙悟空像不像孙悟空这类的循环拷问。一提起孙悟空，一般中国人都会条件反射地想到，从《大闹天宫》到《西游记》（1986年电视剧版）中的美猴王形象，并且将那个形象视为天经地义、理所应当的孙悟空形象的原型和范本。确实，从《大闹天宫》到《西游记》（1986年电视剧版）中的美猴王形象实在太过家喻户晓。

这也是从《大话西游》系列开始，相关"西游"题材改编影片开始饱受争议的最直接原因——假如孙悟空都不像美猴王了，那么《西游记》的"味道"是不是也就变了？

眼下对于《西游·伏妖篇》呈现出两极化评价的焦点，就集中在上述问题。在《西游·伏妖篇》的支持者看来，除了由韩国团队制作出的眼花缭乱的、具有当代文化工业水准的特效之外，一个着重被强调的理由就是《西游·伏妖篇》更符合《西游记》原著，并援引《西游记》的原著来佐证。

这足以让很多真正关心这个问题的人感到困惑：如此"暗黑"的、被冠以所谓"哥特"风格的西游故事，怎么能比有着经典美猴王形象的系列作品（《大闹天宫》以及1986年电视剧版《西游记》）更符合原著？这似乎太不符合常识。在这里，问题也就开始逐渐显现：我们今天所默认的《西游记》的"味道"，也就是孙悟空的美猴王形象究竟从何而来？其自身究竟有着怎样的演化逻辑和沿革脉络？这都是我们今天讨论《西游·伏妖篇》的基本前提。

早已深入人心的美猴王形象，诞生于1960年的电影《孙悟空三打白骨精》和1961年、1964年的《大闹天宫》，"美猴王"的鹅黄上衣、豹皮短裙、红裤黑靴的经典造型自那时起开始。后世所有的"西游"题材影片，即便是到了今天个个大尺度、颠覆性改编的历史阶段而言，都不得不直面这具有"原典"意味的定型形象。众所周知，从1840年开始，中国文化的现代转型，赋予中国传统文化以现代价值，对于中华民族的现代身份认同，是具有根本性意义的核心问题，同时也内在地构成了贯穿于中国现当代历史的一条主线。

1955年，特伟先生提出的"探民族形式之路，敲喜剧风格之门"，也不过是以动画电影为代表的中国文艺界对这一问题的持续回应。20世纪60年代的那些"西游"题材电影，就是在充分搜集传统美术、雕塑、建筑、音乐、舞蹈等不同艺术领域的素材，包括对京剧、绍剧等地方性戏剧、戏曲形式进行"打捞"和"提炼"，力图通过对这些具有足够"民族形式"的要素改编，来完成中国传统文化的现代转化，以期构建出可以面向未来的文化认同资源。

尽管60年代那一系列的作品，不可避免地携带有当年"金猴奋起千钧棒，玉宇澄清万里埃"的政治气息；但经过半个多世纪之后，今天再回过头看，客观地说，那个年代以"西游"题材改编为代表的"民族风格"的艺术探索还是取得了巨大的成功。《大闹天宫》的横空出世，更是一举奠定了中国动画电影在世界动画电影史上"中国学派"的历史地位，其国际影响力也远超今日之想象。

日本动漫泰斗手冢治虫就一再声称，自己受到了从《铁扇公主》到《大闹天宫》的中国民族风格探索的启迪。连战后日本精神世界的重新构建，都有着来自中国的民族风格实践的文化参照。在万籁鸣诞辰纪念之际，谷歌都在官网首页标识上挂出美猴王的头像以示缅怀。

二、"西游"题材的"影响的焦虑"

通过对上述"西游"题材影片的现代脉络的梳理，可以大致掌握《西游·伏妖篇》所必须对话的"潜文本"。这些"潜文本"对《西游·伏妖篇》有着直接对应式的"影响的焦虑"。如前文所述，经过几代中国人的不懈努力，《西游记》在20世纪中期完成了意义生成的现代转换。这一"过于"成功的现代性转换，烙印性地奠定了今天对以孙悟空为代表的西游故事的"常识"认知。这种"常识"反而使我们忽略了《西游记》的"史前史"。

《西游记》的出现有着丰富的历史维度，既取材于《大唐西域记》这种官方典籍，也经由《大唐三藏取经诗话》等前身不断演化，并吸收了杂剧、话本、志怪、传奇等多层次的通俗文艺资源。在民间广为流传，各个地域的各式各样版本层出不穷，明代刊本有6种，清代刊本、抄本有7种，典籍所记已佚失版本则多达13种。因此，新中国成立初期各个艺术门类对"西游"题材的"打捞""提炼"，并不是面对一个固定的文本。

《西游记》事实上是一个半开放性的、复杂的、多样的文本集合。也正是由于其呈现出了杂剧、话本、志怪、传奇等多重通俗文艺形态，在人物形象设定上，与我们熟悉的《封神演义》《聊斋志异》等作品，有着极大的相似之处。就是说，孙悟空、猪八戒、沙僧的原始形象特征，与新中国成立初期，民族风格实践所奠定的形象有着很大程度的不同。尤其是孙悟空，尽管在原著意义上也有着出神入化的各项功夫技能，但在价值序列上则远远没有今天这种压倒性的地位。

可见，《西游·伏妖篇》的支持者所提出的更符合原著的说辞，并不是空穴来风，至少在例证上是自洽的。

问题的复杂性在于，判断一部改编作品成败的标准，肯定不能停留在是否符合原著、尊重原著这种最为基本的初级层次上，单纯符合作为文本集合的《西游记》，最多只能说明中华文化的博大精深、源远流长，其本身不可能为中国动画电影获得"中国学派"的尊重。能否通过改编，勾勒出一个时代的精神面孔和情感图谱，有效地回应所在历史周期的文化主题，才是判断一部改编作品成败的关键。

与其说，"西游"题材改编的"影响的焦虑"，来自作为文本集合的《西游记》，还不如说这份"影响的焦虑"来自外部，或者更确切地说，从始至终都来自美国。

早在20世纪20年代，也就是世界电影格局初具面貌的阶段，中国电影就必须至少在商业电影的逻辑上回应来自美国的挑战。1925年2月，美国电影《巴格达妙贼》（又名《月宫宝盒》）因为有了当时领先的技术制作水准和视觉效果，给那个年代的中国电影观众，造成了远胜于20世纪90年代中后期好莱坞大片所带来的震惊体验。中国电影界为了在神怪片类型上予以正面回应，"西游"题材就成了最为现实的艺术资源抓手。现存的1927年的"西游"题材的最早作品《盘丝洞》就是这个脉络的产物。

中国电影史上的第一次"西游热"，就是来自美国的"影响的焦虑"的直接结果。在"五四"之后的话语逻辑下，对"西游"题材的现代价值提升也从那时拉开了序幕。这也是从绍剧电影《孙悟空三打白骨精》《大闹天宫》到《西游记》（1986年电视剧版）的经典美猴王形象的"史前史"。

而今，随着20世纪中后段的全球文化转型，对"西游"题材的改编，也提出了新的要求。如果说《西游记》（1986年电视剧版）从制作到内容，还在相当程度上继承了社会主义的文化遗产，那么到了世纪之交，再重复以美猴王为代表的西游故事和类型，则显然也不能适应卫星电视已经充分普及、院线制改革已经启动的本土实际环境。

从这个角度而言，两部《大话西游》在中国内地的"意外"成功则顺理成章。看似非常"不正经"的周星驰版孙悟空，在港台、东南亚地区没有掀起太大波澜的情况下，一下子"撞"上了中国内地70后、80后的青年一代的情感结构。以《西游·伏妖篇》为代表的这一波"西游"题材改编影片所必须对话的最直接的"潜文本"，毋宁说就是这两部《大话西游》。无论是更为"暗黑"的故事基调，还是更为"哥特"风格的人物形象，都是在此基础上进行"调校"的结果。

无论上一代人是否愿意面对，更具民族风格以及解放意义的美猴王形象，在这个被命名为后工业消费主义的时代，已经讲不出具有普遍情感共振的西游故事了。从两部《大话西游》到《西游·伏妖篇》，这一波"西游"题材改编影片，正是要在上一个历史周期的基础上，探索新的演进方向。而这一方向恰巧重访了西游故事的"史前史"，只是不知道它算不算是这个时代的宿命？

三、"西游"题材的世纪轮回

说到宿命，《西游·伏妖篇》被放置在2017年的春节档并不偶然。1927年的春节，也就是整整90年前，《盘丝洞》同样选择在大年初一上映。"西游"题材选择在春节档放映，在现代中国历史上，已经成为"被发明"的传统。所以，今天再回首"西游"题材的改编历史，就有着清晰可辨的世纪轮回，而且《西游·伏妖篇》也有着和《盘丝洞》非常相近的历史境遇。

正是《西游·伏妖篇》的前作《西游·降魔篇》在2013年春节档拿下了12.47亿的元票房，《西游记之大闹天宫》《西游记之孙悟空三打白骨精》也相继出现在了2014年以及2016年的春节档，票房也都突破了10亿元——

春节档已被视为稳赚不赔的档期。于是不仅有了2017年的《西游·伏妖篇》《大闹天竺》，就连2018年春节档也被《西游记之女儿国》提前两年就预定了。如上文所提及，《西游记》原著版本章节众多，丰富的内容含量也为"西游"题材的改编提供了广阔的空间。其中的"盘丝洞""大闹天宫""女儿国"等故事，也被后世改编影片所不断选用。

近年来，以《西游·伏妖篇》为代表的改编影片已多达30部左右，并且已经出现多个自成体系的系列电影。除了周星驰已经明确提出，在《西游·降魔篇》《西游·伏妖篇》之后还有续集以外，刘镇伟在2016年也推出了号称"终结篇"的《大话西游3》。而预定了2018年春节档的《西游记之女儿国》则与郑保瑞的《西游记之大闹天宫》《西游记之三打白骨精》同属一个系列——在当下已经出现了"西游"题材改编影片的新一轮高潮。

历史总是惊人地相似，在20世纪20年代中后期，以古装、神怪、武侠片为主的一次大规模资本投资热潮中，由于《盘丝洞》在商业上的巨大成功，也一度出现了将近30部左右的"西游"题材改编影片，还有上百部神怪片。《盘丝洞》的出品方——上海影戏公司也曾计划将《西游记》制作成10集的系列电影，并推出了第2部《芭蕉扇》的相关信息。

然而，与今天中国电影的现实处境非常类似，在那一轮资本投资热潮中，一方面，当然有着《盘丝洞》等作品取得的光鲜成绩；另一方面，那个年代的中国电影也和今天一样如履薄冰，例如，被视作与《盘丝洞》组成一个"西游"题材系列的《芭蕉扇》就中途流产。因为当时国内的院线大多集中在上海等少数大城市，还不具备区域性的集群效应。所以，和今天的中国电影产业非常类似，票房在高速增长之后突然放缓，而资本投资热潮所带来的相关高昂的制作费用，却没有一丝一毫地减少。

在这种局面下，电影市场的走向也就显而易见：不仅大部分中小规模的电影公司迅速破产，就连推出《盘丝洞》的上海影戏公司也因为当时的大制作《杨贵妃》的票房惨败而血本无归。在不出所料的一地鸡毛之后，"西游"题材改编影片的进一步探索也随之戛然而止。

中国电影在20世纪20年代中后期的惨痛教训，应该足以映衬出今日新一轮"西游"题材改编影片高潮中的众生相。《西游·伏妖篇》尽管在本文写作之时，便已经突破16亿元的票房，超过了前作《西游·降魔篇》的

12.47亿元，打破了预售票房、IMAX票房等一系列纪录，也毫无悬念地预定了迄今为止"西游"题材影片的历史票房纪录，然而这种"刷数据"的节奏是何其似曾相识，2016年中国电影的票房神话正是在这种"刷数据"的高潮中突然破灭的。

在号称30亿元的保底发行的名义下，《西游·伏妖篇》的出品方多达21家，其排片率一度接近40%，在线售票平台更是为之付出了2017年"票补"的至少三分之一。也就是说，《西游·伏妖篇》的光鲜数据背后，是中国电影的半壁江山在支撑。这远比20世纪20年代中后期的那场资本热潮更为极致、更为疯狂。

《西游·伏妖篇》的成功，会不会是当年《盘丝洞》式的一将功成万骨枯？按照这个节奏，是否会促进中国电影的健康、有序发展，是否会推出更多、更好的高品质"西游"题材改编影片？答案已经毋庸多言。

无论是《星球大战》系列，还是《哈利·波特》系列，国民IP的养成不仅需要完整的世界观设定、庞大的架构体系、深入人心的人物形象和脍炙人口的故事情节，更需要完善的文化工业体系和长远的制作规划。从这个逻辑而言，一国的国民IP，不只是一国国民情感生活和精神世界的坐标图，更直接考验着这个国家电影行业方方面面的平均素质和基本水平，是一个行业智慧的结晶，更是一国文化工业皇冠上的明珠。

在可预见的未来，我国"西游"题材的改编创作，可能还会进一步井喷，并将有好莱坞等中国电影之外的强势力量持续进场，也一定还会受到更多领域的关注和引起更大范围的争议。在这场资本盛宴中，能不能将以"西游"题材为代表的中国故事，创造成中国的国民IP式系列作品，会是在将来历史地回望、考量这个时代的核心指标。

结语：国民IP的当代历史挑战

张承志在他的《火焰山小考》中这样写道："不管在什么时代，不管中华民族遭遇什么样的劫难或者波折，孙悟空和《西游记》永远是中国的属物，它让中国人对空间、对风景的想象更加深沉了。"在中国社会近现代化的历史转型中，围绕着《西游记》的相关人物形象、故事情节，事实上已经根植在一代代中国人的审美、情感、认知结构之中，在中国人的精神世界中具有不可撼动的重要地位。就连世界领先的我国暗物质探测卫星，都被命名为"悟空"，足见"西游"题材作品在当代中国文化心理结构中的重要位置。

从1927年的《盘丝洞》开始，近一个世纪以来《西游记》已经有了上百次的改编。《西游记》文本本身所蕴含的丰富性、多义性乃至自反性，使其甚至可以用颠覆自身的方式来适应不同时代的多样性需求。

因此，对《西游记》文本的每一次的重新书写与描绘，都是不同历史阶段的不同话语场域内博弈和协商的结果。古代的、近代的、现代的不同形态的文化资源、文化遗产，都在以不同的"历史蒙太奇"的方式，被投射到银幕上的西游形象中。

伴随着中国传统社会的现代转型、后现代转型，以《西游记》为代表的"四大名著"所构建的古典世界及其价值观，也将由现代的、后现代的技术手段和意识形态，特别是21世纪以来的后工业消费主义价值观所重塑和重写。这虽然不是一个线性的、进化式的发展历程，但无论如何，历史的接力棒已经到来。我们必须讲好我们这个年代的"西游"故事。因为在眼下，经过20世纪的广泛传播和辐射之后，《西游记》已经在世界范围产生了跨区域、跨种族、跨代际的影响。

有消息称，2020年东京奥组委也在考虑，将深受我国《西游记》影响的动漫作品《龙珠》中的孙悟空形象，作为东京奥运会的吉祥物。这条消息无论是真是假、是否最终成型，在发展以电影为代表的文化产业、通过"走出去"提升文化软实力、传播正面国家形象的当下语境，以《西游·伏妖篇》为代表的这一波"西游"题材改编高潮，能否承担起这样的时代文化责任，能否完成《盘丝洞》《铁扇公主》《大闹天宫》《西游记》（1986年电视剧版）《大话西游》等作品，在各自时代所起到的历史作用？这或许就是作为我们这个国家的国民IP的《西游记》，在当代所无法挣脱的最大的历史挑战。

"百家号网" 2017年7月25日

《战狼2》：
大国崛起时代的文化镜像

2017年暑期，上映的电影《战狼2》不断打破着华语电影的各种纪录：包括单日票房4.26亿、中国内地电影票房总榜第一、首部跻身全球票房Top100的中国电影等。毋庸置疑，《战狼2》的热映已成为2017年国产电影的现象级事件，其折射出的伴随中国崛起所引发的诸多问题，已经成为重要的文化事件与公共话题。

方瑞在《〈战狼2〉可以更火一些！》当中，则指出了电影文本的局限性：未完全挣脱民族优劣论的西方标准的制约，以及依然没有真正脱离开西方的审美逻辑。

沈心在《〈战狼2〉吴京不是美国队长、钢铁侠，他是体制内的超级英雄》中，通过将西方电影主角与中国传统侠者之比对，指出冷锋并非美式英雄，而是本民族的既有集体主义的克制又个性张扬的现代中国式英雄。

此外，薛静的《如何理解〈战狼2〉现象：逆全球化时代的"中国队长"》以电影文本作为切入点指出，在逆全球化的时代里，中国试图提供一种超越西方范式的新秩序。

张慧瑜的《〈战狼2〉："奇迹"背后》从80年代以来中国电影的历史脉络切入，指出《战狼2》热映背后文化逻辑的转变，以及中国崛起过程中所面临的新问题。曾健德的《战狼2——中国崛起的英雄》则从电影文本中提供的新的国家形象切入，提出对现今中国崛起背后的逻辑之反思。

《战狼2》可以更火一些！

/方瑞

2017年7月份有两件事情值得庆祝，一是那名诅咒中国应被殖民三百年的炸药奖得主，在中旬黯然离世；二是由吴京执导并主演的《战狼2》在下旬毫无意外地火了。

火到什么地步呢？85小时票房破10亿大关，创造华语影史"破10亿"速度纪录；7月30日一天就拿下了3.57亿票房，创造华语影史单日票房最高纪录。

《战狼2》的故事并不复杂，非洲某国发生内战，我海军舰队迅速前往撤侨，吴京扮演的孤胆英雄冷锋深入交战区域，与叛军及其西方雇佣军势力激烈交锋，找到了加害其女友的大反派并成功复仇，最后高擎五星红旗带领着中国与非洲工人穿过交战地带，成功到达我使馆保护区。影片以无数细节展示了中国在非洲的巨大影响力与威望，而男主角在保护中国侨民的同时，也处处保护着他所遇到的非洲平民，不断为五星红旗增光添彩。

炸药奖得主离世时，笔者的微信朋友圈里一片蜡烛，个个好像都是标榜精神独立、思想自由的知识分子，幽怨神伤，含沙射影。这让笔者很诧异，究竟是各位对炸药奖得主"殖民三百年"的言论毫无了解，还是了解之后不以为耻反以为荣？现在，《战狼2》票房大火，终于让我们看到，热衷于"云上坟"或"云戴孝"的朋友圈，哀叹文艺病，在中国毕竟只是极少数。与这极少数病态"精英"相反，绝大多数普通民众，期待并感受到的是一种充满安全感和自豪感的生活。

活着有时并不难，但自豪地活着却很不容易。自豪的基础是对自己生活方式的认同，且这种认同获得了他人的极大承认。但他人为什么非要承认你的生活方式是对的呢？承认有不同的动机，要么你做到了一些他人做不到的正确事情，要么你拥有他人所不具备的某些力量。

一个弱小的国家，也可能会在某方面做出很厉害的正确的事情。比如古巴的医疗系统，花小钱办大事，不仅很好地提升了本国公民的健康水平，还向外输出医生，比美国以及某些非要学习美国的国家不知道高到哪里去了，非常值得敬佩。但由于这个国家国力太弱，就没有多少人知道这回事。所以，要在全世界获得承认，还需要有能够引起别人重视的力量。以力量为基础，做出了非常令人敬佩的事情，那就更能获得承认。

《战狼2》的许多细节，让我们同时看到了这两个维度。中国是安理会常任理事国，国家足够强大，所以非洲某国一发生内乱，我们就把军舰开过来了，即便是这一国家的叛军，也希望获得中国的承认，因此不敢对中国人开枪。但更重要的是，中国在非洲修桥、铺路、建设工厂、派遣医疗队对抗瘟疫，在这片土地上留下了许多烈士的墓碑。类似的许多事情，是那些殖民非洲的西方列强不屑做、也做不到的。当吴京在片中展现这些细节时，他给中国观众带来的，就是一种获得被尊敬和被承认的强烈感觉。

这种受到尊重和承认的强烈感觉，是炸药奖得主与整日幽怨神伤的公知们无法提供的。他们多年来不厌其烦地论证：中国走的是错误的道路，偏离了人类文明的主流，不仅中国政府有问题，中国民众也有问题，甚至中国人种都有问题，所以中国一定要洗心革面，按照西方的标准自我改造，才能够被重新接纳到主流中来。有人称这样的论调为"逆向种族主义"。对此，《战狼2》以一简短镜头给予了痛快回应：大反派在倒下之前，以为自己势在必得，冷笑着说，中国人永远是劣等民族，冷锋将其打倒后，干净利落地撂下一句："那他妈的是以前！"无数网络影评都提到了这个镜头，可见其对观众的影响之大，正在于回击某些谬种流传的自卑论调。

冷锋的回答释放出一个明确无疑的信号：中国人早已经摆脱了劣等民

族的地位。这个回答很解气，不过却是有缺陷的。因为它仍然隐含地承认，这个世界是分高等民族和劣等民族的，只是中国人通过自己的努力，摆脱了劣等民族的地位，已经与西方列强平起平坐了，甚至在许多方面体现出更高的文明程度——比如说，美国一碰到该国内战就关闭了大使馆，扔下侨民不管，而中国仍坚持不懈地撤侨。

中国与西方都有自己源生的划分文明等级的标准。在中国是古老的"夷夏之辨"，在西方则有所谓"文明的标准"（standard of civilization），二者都能划分出文明国家、半开化国家和野蛮族群。但是，中国在划分"夷夏"之后，又有"王者不治化外之民"的说法，推崇的是"但闻来学，未闻往教"。而近代的西方帝国主义和殖民主义，却将自己的对外侵略包装成为"传播文明"，那些抗拒被强加"文明"的人，被帝国主义者们宣布为人类的敌人，加以残酷镇压。

在中国的"夷夏之辨"里，西方原来是"蛮夷"。但是，清朝屡败于西方，在甲午战争中更是败于"脱亚入欧"的日本，传统的"夷夏之辨"从此难以为继。"物竞天择，适者生存"的社会达尔文主义随之涌入，西方"文明的标准"在中国日益流行。多少国人将过去的"夷夏观"颠倒过来，视西方为"夏"，而自为视"蛮夷"。这种颠倒的"夷夏观"，激励一些人奋力向上，改变中国的命运，但同时也让另外一些人心安理得地接受帝国主义与殖民主义。所以炸药奖得主"殖民三百年"的言论一点都不新鲜，它反映出的正是19世纪以来，某些中国知识分子对帝国主义与殖民主义意识形态的持续内化。

俄国的十月革命，产生了布尔什维克领导的新国家，并由此带动了中国与其他一系列国家的革命。二战以后，亚非拉地区一系列殖民地和半殖民地相继独立。新中国建立之后，更在国际主义精神指引下，以"独立自主，自力更生"的意志鼓舞自己，也鼓舞别人，意图与全世界受压迫者一起，真正建立起一个《联合国宪章》中描绘的平等的新世界，并不惜以战争来保卫这一通往新世界的和平。正是在这种平等的理想下，新中国才成为了所有相信未来人们心中新世界的方向。1971年，正是这些来自曾经被侮辱与损害国家的人民"将新中国抬进了联合国"。也正是在这一刻，被霸权主义不断侵占的联合国才真正为反霸权者们带来了希望。

这样的民族政策和国际主义路线，其前提就是否定优等民族和劣等民族的划分，承认每个民族都有自我发展的潜力。这是当时，中国处理与亚非拉国家关系时，所遵循的国际主义大逻辑。

但70年代末，中国经历了一个大转变，以求利用西方主导的资本主义世界体系来发展自己，且所谓"开放"首先是要对西方国家的开放。所以，中国变得特别在乎是否得到西方国家的承认。而要寻求这样的承认，就迫切要了解西方的标准，并按照这个标准来改造自己。但西方冷战心态与政策的延续，却让我们总是感受到挥之不去的敌意，也产生了很深的沮丧感。

这种沮丧感，如前所述，一直都产生着两方面的效果、两种路线：一方面是让实干的爱国者憋了一口气，努力以更大的建设成就来证明中国的力量；另一方面，也产生了《河殇》，产生了炸药奖得主"殖民三百年"的高论，19世纪的帝国主义与殖民主义话语直接在新中国复活。此外，冷战结束之后美国建立起单极霸权，它使得美国的标准成为全球标准，中国知识界也难以自外于这一霸权和标准的射程。在这种风气下，你作为一个中国人，不批判中国、拥护美国，就不配被称为有独立的思想、自由的精神，你要敢讲什么制度自信、道路自信，那就是五毛，就是小粉红。

《战狼2》正是在新世纪中国国力大大增强的背景下，对于这种逆向种族主义风气的强烈反弹与全面席卷。它表明，我们走独立自主的道路，不仅达到国力强盛，足以对所有中国公民宣布："当你在海外遭遇危险，不要放弃！请记住，在你身后，有一个强大的祖国！"而且我们在非洲大陆上做得比欧美列强更好，也赢得了非洲人民的尊敬。航母、导弹，对国民的执着保护、对非洲人民的全方位帮助，影片充沛地体现出"我们做得对、做得好"这一强烈认同，适应了今天观众对于安全感与自豪感的日益强烈的感受，一举横扫19世纪以来幽怨哀叹、卑下自嘲的病态呻吟风气，反映着上升大国国民的勃勃思想生机。所以它在今天当然能毫无意外地火了。尽管，它本来还可以更进一步，将民族优劣论这一西方标准扔进历史的垃圾堆，而重新举起国际主义与平等主义这杆大旗。

对此，就需要提及《战狼2》的另一个缺陷。影片学习和消化了好莱坞的美国英雄叙事，打造出了一个强大的中国英雄的形象，这是吴京的巨大成功。然而这个成功同时意味着：它只是在好莱坞的审美体系内，植入了一个中国英雄的符号，但并没有改变这个体系本身。好莱坞的审美体系没有经过20世纪革命的洗礼，它不断表现美国的孤胆英雄捍卫正义、拯救世界，而不会强调其他国家与民族的主体性。因此，它不可能理解和表现20世纪革命中的国际主义。中国与非洲的密切交往本因20世纪革命而起，在革命退潮之后，国际主义的主题仍不绝如缕。不理解20世纪革命中的国际主义，就无法充分地展现中非交往的深层次精神纽带。

那么这种国际主义的关键是什么呢？那就是坚持将弱小的国家与民族视为劳动与战斗的主体，而非被支配的客体。中国并不是要居高临下地拯救谁，而是以自我解放的经验，激发其他弱小民族的主体性，从而走出一条适合自己的独立自主的道路来。

在《战狼2》里，非洲人民要么像野兽一样互相杀戮，要么是在战火和瘟疫中悲惨地等待拯救，要么只是提供一些调节气氛的花絮舞蹈，他们只是被动的被观察者、被消费者。因为在他们的等待与无助之上，投射着观众的优越感与欲望。在《人民的名义》中扮演"达康书记"的吴刚，在这个剧中扮演了中资工厂的保安，他跟冷锋吐槽非洲时说，非洲很好，吃得好、风景好、妞儿喝！非洲人民的苦难，只是我们实现自我优越感而需要消费的背景和资料，所以这苦难与我们相隔膜，向观众兜售的是吃得好、玩得好、妞儿好！

片中的中国英雄冷锋拯救了很多人，但他并没有像20世纪的中国革命者一样，告诉当地人如何克服种种精神胜利法，自我组织起来，改变自己的命运。我们这些花钱买了票的观众，在电影院以观众的视角看非洲经历的瘟疫战乱饥荒，这跟一百年前西方所谓的"友好人士"看当时的中国的视角，又有什么不同呢？我们可以很同情，并从同情中获得了某种优越感。但是，只要对照一下一百年前中国自身的境遇，我们这种优越感，并无高贵可言。

当然，一个讲撤侨的影片，很难承载这么重的精神内涵。但是，完全可以在片里很容易地增加一些新的元素，例如让工厂的非洲保安最后在主人公的带领之下一起打败了反派，而非始终只出现在背景中，借以说明一个道理：最大的拯救，是教人如何组织起来，团结起来，自我拯救。同时，要节制对他人苦难的消费，己所不欲，勿施于人。

总之，《战狼2》给人惊喜，也有显著的缺陷，但是，瑕不掩瑜。我们期待吴京在以后的创作中，突破自我，真正，将中国道路对世界的贡献展现出来，而不是满足于，在好莱坞的审美体系中植入一个中国的英雄符号，不管这种植入是多么成功，它始终还是一种模仿。

《经略网刊》微信公众号2017年8月1日

《战狼2》：吴京不是美国队长、钢铁侠，他是体制内的超级英雄

/沈心

《战狼2》有多火？它创造了96小时12亿的票房奇迹，火到你没看过都不好意思和人打招呼。

有观众就说了，你看吴京各种开挂，又是水下捆粽子，又是贫民窟速度与激情，还操翻了6辆坦克，灭了一个国家的反政府武装势力，实在是太假了，简直就是在意淫。你放个真人试试，保不准在第一个跳水镜头，AK47就足够把你打成筛子。

但是在好莱坞的大片里，人们又用了双重标准：美队盾牌无敌，钢铁侠日天日地日空气，捶坦克像拧麻花。这个时候就说人家是大片，是超级英雄，是拯救世界，是震撼是情怀。一切不合理也都成了合理。

说实话，看《战狼2》的时候，我觉得特别有种拧巴的违和感。

吴京饰演的冷锋一边要当被开除军籍的"刺儿头"，一边时时刻刻铭记着"原中国人民解放军东南军区，特种作战旅战狼中队"；一边孤胆英雄只身奋战，一边渴求着得到国家海军的援助。就连最后关键时刻海军首长的一声"开火"，也是在得到联合国命令授意的前提下。

听说《战狼2》在美国地区上映3天时间，排片方面一共只有53场，总票房只有19万美元，看来美帝人民并不买账。

这时我才恍然大悟：只有中国人能看懂《战狼》，只有中国人能够理解

这种集体至上中的个人英雄主义，也只有中国人才能拍出这种拧巴的超级英雄电影。

吴京不是随心所欲的美队钢铁侠，他是体制内的超级英雄。

中美英雄对比

国人拍的最多英雄类型的电影莫过于武侠片了。

国产武侠片里面的英雄，都有着极高的道德水准：《中华英雄》华英雄东奔西走解救在美华人；《卧虎藏龙》李慕白本身就是道家大师，江湖楷模；《英雄》里面无名为了天下大业放弃了自己的执念，死于秦军箭雨之中。一切都像金庸借郭靖之口所说：侠之大者，为国为民。

这些英雄很难得有张扬自己个性的机会。李慕白深爱已故朋友妻子俞秀莲多年而未有结果，皆因顾忌世俗礼教所致。竹林中和章子怡的你追我赶，更隐喻了一个男子对女子的追求过程。通篇下来，无论是对中年妇女俞秀莲还是对年轻貌美的玉娇龙，道德宗师李慕白一直在顾忌，表现得十分压抑。纵然剑术登峰造极，江湖地位极高，隐忍的情欲却让他少了几分快意恩仇。但他那一袭白衣笑看天下的样子，俨然又是国人们心目中向往的江湖侠客的模样。

反观国外的英雄大片，爱就是爱，恨就是恨，我有能力就我行我素，个人英雄主义到了极致。美国队长为救友人，不惜违抗上级命令，孤身深入敌后。解救众战友之后，他在军中获得了极高的名望。从此就像个众星捧月的超级明星一般，只需要一心顾着如何拯救世界就好。且在打架的时候顺便还撩个妹，没有妹子的超级英雄不是好英雄。

这点在《007》系列中表现得更加明显。007开着最好的车，用着最先进的装备，用最华丽的方式撩着妹子。《皇家赌场》里，007更是干脆拿国家的钱赌博，打着探听情报的名义一夜情之后，开着阿斯顿马丁拍拍屁股走人。领导都是因循守旧的，政府都是迂腐无能的，只有依赖个人的能力与激情，才能打出一片天地，获得国家的认可。

中国荧幕上此前也有过彻底反叛的英雄，比如《笑傲江湖2：东方不败》的令狐冲。也有类似西方一般桀骜不驯的英雄，比如《猛龙过江》的李小龙。撇开动作设计不说，从头到尾故作超脱的令狐冲给人一种充满邪气的不安全感；而李小龙的人设则有一种"黄种人不是孬种"的证明心态。在当时的国情和环境下，无疑是国人最强的强心剂，但是在成龙类型的功夫喜剧泛滥的今天，早已失去了流行的土壤。

而这时，此前从未出现的、带有主旋律主题的反叛英雄——冷锋出现了。这也是国内多年来军旅类型片的总合与拔高。冷锋是一名军人，他的言行首先都必须要体现，当代军人的职业素养和道德水准。但是固定的制度很多时候不能很有效地解决现实问题，于是冷锋身上的反叛性与英雄主义应运而生。就好像国外大片中的超级英雄一样，从海里打到陆地，从南非浪到雪原，被开除军籍后，他孤胆英雄式的行为满足了观众最大的期待。看着他英勇无畏拆坦克的样子，观众的荷尔蒙得到了极大的释放，压抑已久的热血持续燃烧。

但他毕竟是中国式的英雄，他也只能是中国式的英雄，才能在这片土地上获得人们的喜爱。人们很难想象他完全像西方超级英雄一样，开着豪车喝着香槟搂着美女，对着媒体大喊"我就是钢铁侠"。冷锋必须有一个行为准则和使命感，有一份苦逼的"侠之大者，为国为民"的荣耀在。也正是因为这种克制的正义感，这个人物形象也就因此丰满而贴近现实起来。就好像《西游记》中的孙悟空，在戴上金箍之前，他不过是一个为争个体自由的自我毁灭式英雄；但戴上了象征克制的金箍之后，他就化身成了为人们解除蒙昧、救苦救难的斗战胜佛，而也正是因为沉重的责任和荣耀，孙悟空这个形象才从轻飘飘的魔猴扎根立定，成为忠勇的孙行者。对于冷锋来说，"一日是战狼，终身是战狼"就是脑海中坚守的一根弦。这根弦断了，这个人物也就废了。

总而言之，集体主义的克制感结合个性鲜明，才是属于集体利益至上的中国式英雄。

《战狼》折射出集体潜意识渴望

电影扎根于文化土壤。无论是节奏缓慢的欧洲剧情片，好莱坞大开大合的英雄片，还是香港天马行空的剑仙片，能够流行一时，都或多或少投射了人们无意识的期待。而《战狼》系列能够叫好又叫座，也恰恰迎合了人们的渴望。

先拿美国的战争片说事。美国的战争片里也不尽全是单打独斗、特立独行的英雄。且其中大部分主角只是起到了战争记录者的作用，并非像美队、钢铁侠似的能够主宰战斗的进程。更多时候，战争片并不是为了塑造人物，而只要描绘现实战争的残酷就足以吸引眼球。美国人需要的可能不是战争中杀人盈城的刽子手，而需要的是对战争意义的思考，对和平的向往。《全金属外壳》《拆弹部队》有什么结局吗？没有。没有好莱坞惊天动地的大爆炸，也没有英雄醉卧美人乡，只有一个个鲜活的生命在战争中逐渐凋亡，主角带着迷惘的神色观察着这一切，最终在炮火声中渐行渐远。

这折射了美国民众对于战争的反思。越南战争是正义的吗？伊拉克战争是正义的吗？一部部电影像是酷吏一样拷问着民众和政治家的良心。也就不难明白，为什么好莱坞的超级英雄片不描写战争（或者战争对英雄来说只是儿戏），而真正的战争片里却没有英雄。好莱坞象征着个人英雄主义的自由，《比利林恩的中场战事》则充斥着哗众取宠下的挣扎。

好在中国无须有如此反思。因为中国从来不发动非正义的战争，也就不需要对战争的合理性有什么过度的思考。即使是在最残酷的战争，我们也可以大肆宣扬我们的战斗英雄——因为都是为了正义、为了祖国。反过来说，饱受侵略和压迫的祖国最需要的就是发出英雄般的呐喊，证明自己从此站起来了。而《战狼》系列也就是在这一背景下横空出世。

在90周年建军节，上映的《战狼2》简直就是朱日和阅兵的加长电影版。外国船只被劫，我路见不平拔刀相助；老外欺负咱们，我打得他们屁滚尿流。现实中需要通过很多外交手段才能处理的事，电影里一个被开除了的军人就能搞定。老黑都成了华人的干女儿或者干儿子，白皮的欧洲雇佣兵统统得死无全尸。最后一幕，吴京身披国旗横穿交战区，两边军事集团纷纷大喊"是中国人，停火"，更是将国人的对祖国强大的自豪感彻底点燃。

另一方面，冷锋的张扬的"刺儿头"个性，也是我们这个沉默已久的民族所渴望的。素来以"中庸之道"为核心的我们，一次次在上级的命令和周遭朋友的劝谏中压抑自己。中国男人有时候更像没有生命力的空壳，沉默着勤劳着完成自己应当完成的任务。冷锋的存在提供了一种可能：只要你专业技术过硬，"刺儿头"也依旧可以过上自己想要的生活。这恰恰顺应了涌入职场的90后心理。

在西方文明和互联网的冲击下，个性伸张成了现代最大的呼声。没有了单位和体制的限制，大部分自由人都可以做出自己的选择。因此传统社会的"中庸"也慢慢成为"平庸"的代名词。只要技术过硬，总会有展现的舞台。90后大可以不奉承自己的老板，照样领取高额的薪水。而冷锋，中国最严格体制内所孕育出的反叛英雄恰巧符合了这一期待。听说现在有些部队集体组织看《战狼2》，不知是真是假。不过这也正好说明，领导们开始慢慢承认并认可这样的价值观了。

我们造不出好莱坞式的英雄电影。彻头彻尾的美式浪漫只能从画面上引爆人们的兴奋点，属于看过就忘的类型。我们有着自己的文化哲学，就算是英雄，也要存活于集体的联系之中。"克己复礼"带来的坚忍，和克制感，成为中国式英雄独特的魅力源泉。当然我们也渴望张扬，但这种张扬毕竟有限度，它不是以冷锋乱打一气为基础，也不是以冷锋和龙小云之外的女医生谈恋爱为基础。它统领着整个电影，成为画龙的点睛之笔；但龙的身子和骨架，却都是由严格的"纪律"所构成的。

"百家号网"2017年8月2日

如何理解《战狼2》现象：
逆全球化时代的"中国队长"

/薛静

　　要想理解《战狼2》的成功，只盯着它每天疯狂上涨的票房数字是远远不够的，你必须去电影院亲身体会一下。不同于以二三线城市主流院线作为大票仓的一般热门影片，哪怕是在一线城市的小众艺术院线，工作日深夜场，《战狼2》的放映厅依旧全场爆满。在这样一部主旋律意味浓厚的电影里，人们竟会随着剧情发展，投入地高声喝彩或者低声唏嘘。从开场前、散场后人们的交谈间，还能发现不少观众是二刷甚至三刷。只要曾经真切地置身于这种环境，与当下普通的中国电影观众站在一起，都会感觉到《战狼2》成功的必然，以及这种"大一统"式成功背后的复杂。

　　如果只是把《战狼2》的大受好评，视为"好莱坞商业片程式"加"民族主义情绪勃兴"的产物，未免想得太简单了。且不说著名的《富春山居图》，其实在结构节奏上费尽心机地复刻了当年最新的《碟中谍》和《007》，也不说原本钦定的《建军大业》现在乐见其成地成了陪跑，就在两年前，《战狼》第一部"好莱坞"加"爱国情"的试水，尽管反响不错，也没有酝酿成今日如此炸裂的社会文化现象。在这个逆全球化时代，《战狼2》以民族情怀为皮，试图建立中国特色的自由精神与道德理念，从而提供超越西方模板的中国想象和民族认同，才是它的力量所在。

自我升级的"战狼"

2015年，吴京携《战狼》出击，斩获5亿票房。和彼时火热的《叶问》系列相似，这是一部精准投放的爱国主义商业影片，但是不像《叶问》以古喻今、欲说还休，《战狼》直截了当地喊出"犯我中华者，虽远必诛"。影片最后，吴京将试图逃出国界的终极BOSS压在国境线上，向对面的雇佣军高喊："你们过来啊！"这句台词足够爽、足够燃、足够让小城镇电影院的热血青年起立鼓掌，因为它告诉你：今天，我们可以这样直接回应挑衅。但是，这句台词也足够危险，它让人们对于"复兴"的想象，重新回到了"帝国"的老路上。除了成为我们曾经试图抗争的"他者"，在二元对立中调换位置，很难提供其他超越性想象。

而《战狼2》在主旨思想上进行了一次有效的自我迭代。它不是将民族情绪往前推进，而是后退半步，从而试图赢得更多受众的认同。这种"后退半步"的余裕，在影片中一方面体现为中国官方的保守克制，恪守"和平共处五项原则"，没有叛军伤害中国公民的证据，坚决不能出兵干涉，冷锋只能作为无武器、无信息、无援助的平民深入战地，直到中国工人已经被无差别屠杀的视频传至国内，上级首肯，才能自卫；另一方面体现为中国民众的道德情怀，起初是基于友情和亲情，把非洲小孩带上军舰、把中国工人的非洲妻子带上飞机，后来则是出于普遍的人性，竭尽所能地带领非洲工人逃离战火。这种巧妙回旋，让"战狼"从民族主义可能的狭隘走向中跳脱开来，赢得了新的表达空间。

冷锋作为个人英雄的大获全胜，让不少人将其戏称为"中国队长"。这种对美国漫威漫画旗下超级英雄"美国队长（Captain America）"的戏仿，点明了一个超级大国在全球秩序重组过程中，其塑造的时代英雄所肩负的双重含义：既是"美国的队长（America's Captain）"，又是"美国是队长（America as Captain）"。而"战狼"系列从第一部到第二部的主题更新，正是从第一重使命向第二重使命过渡，最终完成了对这一双重使命的诠释。

从"弱者认同"到"强者认同"

传统套路的爱国主义教育片之所以在今日频频失效，哪怕引入无数明星鲜肉也收效甚微，关键在于其情感模式，仍然遵循着"悲情主义"与"弱者认同"。晚清以来，弱国子民，备受屈辱的历史，成为中国在现代民族国家形成过程中的宝贵资源。"东亚病夫""落后就要挨打""前事不忘后事之师"是凝聚民族共同记忆的基础。然而，随着中国经济发展与和平崛起，这种以"悲情"作为演绎方式的讲述，正在青年一代中丧失根基。他们成长于中国改革开放、蓬勃发展的时代，他们怀着一腔热血，很难对悲情叙事产生认同与共鸣。

而《战狼》系列，则恰恰希望在一个后悲情主义的时代，重新建构一种集体想象的方式。语境从"曾是弱者"，转变为"已是强者"。面对追兵，工厂要将中非员工区分开来，接走中国员工，非洲员工只能继续留在战火之中。这种可以理解的国籍区分，在影片视觉呈现上，却叠加了"种族（色彩对比）""阶级（机位高低）""性别（中夫非妻特写）"等复杂含义，瞬间激活了对于中国同样曾经为奴的弱者记忆。然而镜头一转，站在高架上的张翰，大声宣布"都是我的工人，我都要带走"，又将观众带入"已是强者"的现实。今天强大的我们，拯救了昨天弱小的我们。这种令人激动的超时空拼接，完成了从"弱者认同"到"强者认同"的转变。

与之相似的另一场景，是中非人民不分彼此地躲在仓库中，而叛军携重武器来袭，进行惨无人道的无差别的屠杀。现场消声、画面慢速、血光四溅，背景音乐响起悠扬的基督教赞美诗 *Amazing Grace*——经典的受难镜头，凡俗中的世人在无力抗争的灾难面前，唯有用宗教祷告来呼唤他们的神。而中国海军在收到证据、接到指令后，呼啸而来的远程导弹，承担起来拯救平民、重树正义的责任。由此，在"强者认同"之上，"自我正义"同样得到确立。

传统话语、当代需求、中国形象、西方宗教，都被《战狼2》穿针引线般——缝合，最终完成了"弱者认同"与"强者认同"的扭结。在"强者认同"上"自我正义"的提升，让不同年龄层次、知识背景的观众，都得以在其中寻找到可以安放自我情感的位置。

逆全球化里的中国新秩序

如果只把《战狼2》视为国内某种情绪的阶段产物，格局可能太小。近年来，随着全球经济增长放缓，"逆全球化"取代"全球化"，成为新的世界局势。特别是刚刚过去的2016年，英国脱欧、特朗普当选，曾经的"地球村"逐渐被贸易保护、边境修墙、移民管控所分裂，民族主义和向内收缩，是整个世界当前正在面临的趋势。如同20世纪60年代，不但中国内部涌动着革命躁动与极"左"思潮，欧洲乃至世界也都沉浸在一种狂热的革命情绪中。这种"逆全球化"的世界性爆发，某种程度上意味着，主导全球的资本主义意识形态和经济秩序，已经难以为继，需要寻找新的突破。

"全球化"不仅仅是国家之间的贸易、投资，还是一种现代政治经济的公共产品。全球化之下，全球的各种生产要素都得以流动运转，局部洼地在价值流通中得以填平，各种生产要素被最有效地利用。如果美国这样的超级大国贸然刹车，退出乃至阻碍全球化进程，将会对全球经济秩序造成不可逆转的伤害。贫富差距、制造业空心化等问题，确实是全球化的可见弊端，但并不意味着就要倒退回来，通过贸易保护主义解决，而是更要通过国际合作、调整与改革后的新型全球化加以克服。当美国不足以承担起自由贸易的责任时，中国作为新兴大国，提供另一角度的解决思路，几乎是顺理成章的，不是为了争当霸主，只是不想一起倒霉。

《战狼2》在民族主义的表面之下，宣扬的不是逆全球化的自我保护，而是继续全球化的自由贸易。这种全球性交流，既是陈博士所代表的科技知识的援助，也是小超市、大工厂所代表的经济贸易的开展。与战火纷飞的人间地狱、夺取血清以得政权形成对比的是，开篇行云流水的运镜之中，冷锋躺在货车之上，与非洲人民嬉笑怒骂间你卖我买，其乐融融的商贸气氛。物品的流通，让非洲人民获得了物质上的丰裕、信息的流通，让希望复仇的冷锋获得了精神上的支撑，自由贸易的正义与合法，在双重层面得以确认。

如同《战狼2》的成就，不在于超过《美人鱼》，成为华语电影票房第一，而在于树立新标准，用40亿、50亿的标杆成为后来者竞逐的对象；《战狼2》的意义也不在于模仿好莱坞，塑造一个黄皮肤黑头发的超级英雄，拍成每年一部的系列电影，而在于"创造"新形象。在这一时代背景下，《战狼2》所书写的全新中国想象，不单是面向国内的，同样是面向国际的。它从民族情怀出发，走向的是维护世界范围的自由经贸秩序，建立中国特色的道德规范。正是这种"表里不一"，提供了超越西方模板的全新想象，对内完成国内不同群体的整合统一，对外完成中国形象的丰满塑形，承担起来大国崛起之后崭新的话语责任，这才是这部电影的超越性和感召力所在。

"澎湃新闻网"2017年8月11日

《战狼2》:"奇迹"背后

/张慧瑜

近期，一部国产军事题材电影《战狼2》燃遍暑期档，引人关注的不只是其获得55亿高票房，更重要的是带来激烈的文化讨论。这是电影自80年代中期以来，从思想文化载体转变为娱乐性的文化商品之后，很少出现的现象。这一方面显示了大众文化的敏锐嗅觉，用一种"去政治化的政治"来触摸和构造时代的脉搏，另一方面也显示了中国社会的巨大变迁，从《战狼2》中可以清晰地感受到一种新的中国主体和国际视野。

大众文化工业系统与主流价值观的契合

《战狼2》不是一部标准的主旋律制造，题材也不是经典的红色革命历史，而是完全由众多民营影视公司与国有公司联合出品，讲述的是中国退役特种兵在非洲拯救难民的新故事。

从80年代以来，中国电影就处于一种文化分裂之中，这体现在商业片与主旋律的区分上。随着文化反思和电影体制的转型，大部分国产片追求商业和票房价值，主旋律则负责传递主流价值观。这就形成了一种奇怪的文化现象，商业片完全追求娱乐化、通俗化的效果，仿佛商业片不该传递价值观，或者说八九十年代的商业片经常传达一种反价值观的价值观。如根据王朔小说改编的电影所携带对主流文化的反讽效果。与之相对，表达价值观成为主旋律的文化专利，只是主旋律的出路不是市场，而是90年代出现的各种政府类评奖。这种主旋律与商业片"彼此不兼容"的现状，造成《战狼》系列从第一部开始，就因其爱国、军人等主旋律的"人设"而吓跑很多电影投资人。

21世纪以来，电影产业化改革使得电影生产彻底实现市场化和民营化。这种以市场为核心的生产、放映体制，极大地促进了中国电影产业的崛起，也出现了不同的电影商业类型，如古装武侠大片、青春片等。在这种大背景下，主旋律也进行了不同程度的商业化尝试，如使用商业大明星、商业片导演来拍摄主旋律电影，《建军大业》就是这类主旋律商业片化的典范。与这种主旋律与商业片嫁接的方式不同，《战狼》系列代表着另一种倾向，这就是商业片主旋律化，也就是说民营资本投资的商业片也主动参与、拍摄带有主流价值倾向的电影，如《集结号》《十月围城》就是成功的例子。这表明两种变化，一是80年代所形成的反价值观的价值观逻辑日渐失效，二是一种市场化的商业逻辑与主流价值观的内在要求逐渐合流。

从这个角度看，《战狼2》的大获全胜，标志着21世纪以来电影产业化改革，所培育的市场化的文化工业系统与国家所倡导的主流价值观之间形成了配合关系，就像好莱坞电影一样，既有娱乐、商业价值，又承担着表现美国核心价值观的职能。这也意味着这种大众文化工业式的文艺体制与有中国特色的市场经济社会之间达成一种和谐关系。值得追问的是，《战狼2》所传递的价值观究竟是什么？

冷锋代表着一种新的中国形象和中国故事

《战狼2》不仅仅是一部商业片，因为这部电影表现了新的中国观，也改变了80年代以来原有的中国故事。

80年代的改革开放，建立在一种对中国的自我否定和对世界的重新认定之上。中国在现代化的进步蓝图中，从世界革命中心跌落为"落后就要挨打"的欠发达国家，而西方世界则从帝国主义变成了高度发达的现代化国家。这种革命史观向现代化史观的转变，依靠传统与现代、中国与西方的认知框架来完成。中国是传统的、愚昧的，西方则是现代的、进步的。

这带来两种文化后果，一是中国激烈地反传统，批判自身的历史和文化，认为中国文化阻碍了现代化转型；二是崇拜西方价值，尤其以欧美发达国家的先进经验为榜样。中国改革开放的全部动力，就是重新学习西方，摆脱贫困落后的帽子。

在这种认识论之下，八九十年代的中国电影中多是愚昧、落后的中国形象，或是西方人眼中的中国女人。21世纪以来，随着中国经济高速起飞，这种中国落后、西方发达的认识论受到挑战。先是学术思想界出现中国道路、中国经验的争论，后是十八大以来党中央也大力提倡文化自信、道路自信、制度自信、理论自信的主张。这是中国初步完成现代化，以及实现经济崛起之后对自我的重新认识。《战狼2》从大众文化的角度，回应了这种新的中国位置和自我想象。

《战狼2》表现了一个现代化的、强大的、自信的中国。首先，冷锋扮演的解放军不再是小米加步枪的土八路，而是能开飞机、坦克、武艺高强的特种兵，是经过严格的现代军事训练的士兵，是可以秀肌肉的强者和硬汉形象；其次，冷锋所扮演的角色是拯救者，中国人不需要西方人来提供保护，冷锋凭一己之力来保护中国难民和战火中的弱者；再者，冷锋是个人主义英雄，他来非洲是为了替爱人报仇，但当他举起国旗穿过战乱区时，他又代表着中国，是中国强盛的象征。最后，从电影开始到结束，冷锋把这些不同社会阶层的中国人有效地整合起来，这里既有遭遇拆迁的战友亲属，也有到非洲开工厂的富二代，还有援非的中国医生以及在非洲开超市的小老板。

从这里可以看出，《战狼2》很好地解决了军事题材电影中个人服从国家、组织的叙述难题。冷锋的行为既是个人主义的，又具有国家身份。这种个人与国家的关系走向新的认同，意味着一种新的个人与国家的关系，国家与个体在某种程度上是一种被市场经济的契约关系所改造的利益共同体。尽管冷锋的硬汉形象在好莱坞电影中屡见不鲜，但对于中国来说，这是一种新的中国人和中国形象。

作为他者的非洲与新的国际视野

80年代以来，中国的世界视野从50到70年代的亚非拉、第三世界转向了西方发达国家，尤其是以西欧、美国为代表的欧美世界。也就是说，80年代的世界并非世界的全部，而是特指欧洲所代表的西方世界。如何走向欧美，并获得欧美文化的承认，是80年代以来中国文化的最大焦虑，如文学领域的诺贝尔情结、电影界对国际电影节的渴望等。在这种文化意识下，出现了电视剧《北京人在纽约》、电影《北京遇上西雅图》等讲述中国人遭遇西方、进入西方的故事。除了这种朝向西方的目光之外，中国电影中很少出现其他的国际视野，更对21世纪以来中国资本、劳动力走出国门，进入亚洲、非洲、拉美等基本事实置若罔闻，就连中国知识界也很少讨论中国与西方之外的话题。

在这个意义上，《战狼2》依然具有"领先"意识，打破了80年代形成的中国与世界的原有想象。首先，这部电影展示了当下的中国与非洲建立了如此广泛和密切的经贸往来，尽管这种经贸联系已经发展了有十多年；其次，改变了以西方为中心的世界图景，让中国观众看到遥远的非洲大陆，这是一种新的国际视野。如果说，50到70年代中国从世界革命和三个世界的理论，来发展与亚非拉欠发达地区的关系，那么21世纪以来，中国进入非洲则更多的是经济驱动。先是物美价廉的中国商品进入非洲，后来是中国企业参与非洲的基础建设，尤其是十八大"一带一路"的国家战略付诸实施之后，中国加强与中亚、西亚、东南亚、非洲等第三世界国家的经济关系。这种朝向欧亚大陆腹地的战略构想，正在改变西方近代以来，以海洋为中心的世界秩序。

不过，《战狼2》中所呈现的非洲是一种典型的非洲形象，战乱、传染病毒、贫民窟等，都是西方传媒报道中关于非洲的定型化想象。借助这种想象，冷锋及其观看冷锋的中国观众，开始把自己想象为一个已经现代化的主体，中国也尝试学会一种发达国家的叙事视角。只是相比带有"原罪"的西方殖民者，曾经也是落后国家的中国与对中国怀有"革命友谊"的非洲兄弟拥有更多的理解，使中国人及中国资本更容易进入非洲大陆。

总之，《战狼2》的成功既宣告了80年代文化逻辑的改变，又预示着中国崛起时代的新的文化图景的浮现。只是这种新的中国对于世界、对于非洲究竟意味着什么，依然值得我们深思。恰如冷锋究竟是好莱坞电影中穿越过来的美式英雄，还是有中国特色的中国英雄，是我们这个时代需要回答的文化命题。

《社会科学报》2017年9月14日

人工智能与后人类
时代的来临

在2016年3月与2017年5月的"围棋人机大战"中，AlphaGo两度战胜人类顶级选手。由此引发的人工智能挑战人类智慧的热议，也点燃了人文学界的热烈讨论，不仅使得人工智能成为各大学术会议上的亮点，《读书》《文化纵横》《探索与争鸣》等杂志也都及时跟进讨论。

夏永红的《不用恐慌，新AlphaGo离强人工智能还有十万八千里》一文认为，新AlphaGo依然没有突破传统算法的局限，而只有当它具有类人类智能的主体性后，才会对人类造成真正威胁。

5月，《读书》以《如何把握我们这个复杂的时代》为题，刊发了几位人文学者关于人工智能的讨论，由此也引发了不同声音。作为回应，余亮等人在《"人工智能"能给"人文智能"带来什么？》一文中指出，人文学者在反思人工智能对人文精神的挑战中存在着局限。

随后，《读书》又刊发了多篇与人工智能有关的文章。韩少功的《当机器人成立作家协会》，从文学关注到人工智能涉及文学的表现，并表达出他对人工智能和人类命运的思考。罗岗等人的《基本收入·隐私权·主体性——人工智能与后人类时代（上）》、王洪喆等人的《政治经济学·信息不对称·开放源代码——人工智能与后人类时代（下）》则指出，人工智能不仅仅是一个科技问题，而是将其嵌入到当下政治经济现实领域加以深化讨论。

最后，徐英瑾在《"无用阶层论"的谬误——关于人工智能与人类未来的对话》中，则以语录体形式直面人工智能威胁论，由此打开了多重的思考面向。

不用恐慌，新AlphaGo离强人工智能还有十万八千里

/夏永红

思维是人类不朽灵魂的一种机能，因此任何动物和机器都不能思维。

机器思维的后果太可怕了，我们希望并且相信机器做不到这一点。

哥德尔定理表明，任何形式系统都是不完备的，它总会面临自身不能判定的问题，因此机器难以超越人心。

机器没有现象意识体验，它没有思想也没有感情。

机器没有像人一样丰富多彩的能力。

机器无法创造出什么新的东西。它所能做的都是那些我们知道怎样命令它去执行的事情。

神经系统不是离散状态的机器，机器不能模拟它。

要将所有指导行为的常识形式化是不可能的。

人有心灵感应的能力，而机器没有。

这些对人工智能（以下简称AI）的反对意见，是AI先驱阿兰·图灵在他的著名论文《计算机器与智能》中最早罗列的。虽然图灵已经对它们做过初步的批驳，但几乎所有后来对AI的各种反驳论证，都可以从这些观点中找到它们雏形。从AI诞生之日起，对它的各种质疑和批判，就一刻也没有停止过。

然而，继AlphaGo去年3月战胜李世石，最近又化身Master扫荡中日韩

顶尖高手之后，这些观点似乎已经销声匿迹了。已经没有多少人怀疑，AI将在一个所谓的奇点（singularity），全面超越人类的智能，唯一有争议的，只是奇点什么时候到来。甚至那些敌视AI的人，也并不怀疑奇点的可能性，唯一担忧的竟然是人类可能被AI淘汰。然而，这种盲目乐观主义，既可能不负责任地伤害AI的未来发展——期望越高失望越大，也缺乏对当前AI的严格审视——如果我们了解AlphaGo是如何运作的，将会发现它仍然面临着所有AI所面临的哲学难题。

一、人工智能为何不智能？

图灵所列举的那些批判，有很多在后来都发展成了更为精细的论证。比如，基于哥德尔定理的批判，后来被哲学家卢卡斯和物理学家彭罗斯进一步发展；常识不可形式化的难题，后来出现在框架问题和常识问题中；机器只是机械地按照规则行动，而不能自主思考，是后来的中文屋论证和符号奠基问题关切的核心；机器没有现象意识体验，是那些主张第一人称体验和感受质的心灵哲学家们针对AI的主要观点。

（1）框架问题是困扰AI最严重的问题之一，至今仍然未得到有效的解决。AI最初的范式是符号主义，基于符号逻辑来对世界进行表征。框架问题就是内在于AI的表征过程的一个难题。认知科学家丹尼特举过这样的例子来描述框架问题，我们对机器人发出指令：进入一个放着定时炸弹的房间，将里面的一块备用电池取出来。但是由于炸药是和电池都在一个小车上，机器人推车取出电池的时候也会一块推出炸药。于是，炸药爆炸了……我们可以让机器人推演出一个动作所导致的附带效果，来避免这种事故。于是，机器人进入房间之后，它开始计算推出车之后会不会改变房间墙壁的颜色，会不会改变车子的轮子……它不知道哪些结果与它的目标相关，哪些不相关。就在它陷入无限的计算推演的时候，炸药爆炸了……我们再次对这个机器人做出改进，教他区分哪些附带效果和任务相关，哪些不相关，但就在这个机器人计算哪些相关、哪些无关的时候，炸药再次爆炸了。

当一个机器人作用于外部世界的时候，世界中的某些事物就可能会发生变化，机器人就需要对内部的表征做出更新。但什么事物会变化，什么事物不会变化，机器人本身却并不知道，这就需要设定一个框架来规定变化的相关项。但这个框架一方面本身就过于烦冗，另一方面又依赖于具体情境从而更加烦冗，最终会远远超出计算机的负荷。这就是所谓的框架问题。

这个问题也常常关联着AI表征中的另一个问题，比如常识问题。我们都知道所谓的阿西莫夫的机器人三律令，即机器人不得伤害人类（人类遇到危险它也必须设法解救），必须服从人给予它的命令，尽可能保护自己的生存。但实际上，这三定律是很难作为机器人的指令存在的，因为它们并不是规则明晰、可以有效操作的指令。比如，救人这条律令，在不同的情境下有不同的执行手段。当一个人上吊的时候，救他的办法是剪断绳子；但当一个人在五层楼的窗户下拉着一条绳子呼救的时候，救他的办法就是拉起而不是剪断那条绳子。于是，让机器人三律令工作起来，就必须对大量的背景知识进行形式化。可惜的是，80年代AI第二次浪潮中的专家系统和知识表征工程，就是因为无法处理常识表征的问题而最终失败。

（2）AI的另一个难题，就是中文屋论证以及由此衍生出来的符号奠基问题。心灵哲学家塞尔设计过这样一个实验，他假定自己被关在一个密闭的屋子中，屋子中有一本英文说明手册，它描述了如何根据汉字的字形（而不是语义），给出一个中文问题对应的中文答案。中文屋中的塞尔从窗口接收中文问题，然后根据这本英文手册，给出相应的中文答案。从中文屋外面的人看来，似乎塞尔是懂得中文的。但实际上，塞尔根本不理解这些中文问题和答案的任何意义。在塞尔看来，数字计算机就类似于中文屋中的塞尔，它只是根据物理和句法规则来进行符号串的加工处理，却完全不理解这些符号的意义。即便计算机表现出了和人类相似的智能行为，但计算机的工作归根结底是对符号的处理，但这些符号的意义也并不是计算机所能理解或自主生成的，而是依赖于它们在人类头脑中的意义。

后来，认知科学家哈纳德在塞尔的基础上，提出了所谓的符号奠基问题：如何让一个人工系统自主地产生符号的意义，而不需要人类的外部或预先的赋予。这个问题其实也就是，如何让AI可以自主地从世界中识别出特征量，最终自主地产生与这种特征量对应的符号。"深度学习"试图解决这个问题，但其解法并不那么令人满意。

（3）现象意识问题也是人工智能的难题。前面所述的框架问题和符号

217

奠基问题，实际上涉及的都是如何在一个形式系统中模拟人类的表征活动。但即便这些表征活动都可以被人工智能所模拟，人类意识是否可以还原为表征过程，也是一个颇富争议的问题。意识的表征主义理论认为，所有的意识过程都可以还原为表征过程，但是对于那些出身于或同情现象学传统的心灵哲学家而言，意识包含人类心智中不可消除的主观意识体验。我们一般将这种第一人称体验称之为感受质或现象意识。心灵哲学家内格尔写过一篇有名的文章《成为一只蝙蝠是一种什么体验?》，在他看来，即便我们掌握了关于蝙蝠的所有神经生物学知识，仍然无法确切地知道蝙蝠的内在意识体验。查尔莫斯也有过类似的假定，比如我们可以假定存在这样一个僵尸，它的一切活动都表现得像人类，然而，它却缺乏人类最本质的现象意识体验。在他们看来，意识体验是无法用表征过程来模拟的。如果这个理论成立的话，表征与意识就是两个不同的概念，即便强人工智能是可能的，那么它也并不必然就具有意识。

二、AlphaGo 真的智能了吗?

那么，AlphaGo 是否就真的那么具有革命性，成为 AI 发展的一个里程碑呢? 实际上，AlphaGo 并没有采用任何新的算法，从而也就共享了这些传统算法的局限。

AlphaGo 的基本设计思路，是基于监督式学习与强化学习两种模式，通过构造两个神经网络，即决策网络和价值网络，来评估棋盘位置和决定走子动作。Deepmind 的工程师首先采用监督式学习，根据大量的人类棋局数据训练了一个策略网络，它可以从这些棋局中学习人类棋手的走子定式。但学会这些定式并不能成为高手，还需要对走子之后的棋局做出评估，从而选择最佳的走法。为此，Deepmind 采用了强化学习的办法，根据之前训练出来的策略网络不断地自我对弈（人类棋局的数据远远不够了），训练了一个强化学习的策略网络，它的学习目标不再是模拟人类棋手的走法，而是学习如何赢棋。AlphaGo 最具创新性的地方在于，它根据这些自我对弈的数据，训练了一个估值网络，可以对整个盘面的优劣做出评估。与人类对弈的时候，AlphaGo 应用了蒙特卡洛搜索树来整合这些神经网络。首先，策略网络可以搜索出各种走法，然后估值网络来对这些盘面的胜率进行评估，最终决定走法。相比传统的单纯暴力搜索，因为策略网络形成了定式走法，估值网络再对这些走法进行评估删减，最终可以大大减少搜索的宽度和深度。

相比传统AI，近几年来的深度学习，以及AlphaGo所复兴的强化学习，他们已经表现了人类智能从样本数据和环境反馈中不断学习的能力。但总体来看，虽然AlphaGo的算法设计非常精妙，它仍然基于对大数据的暴力统计运算，这和人类智能的运作过程完全是两回事。AlphaGo进行了几千万局的对弈，并对这些局面进行统计分析，然后才得到了与人类同样的棋力。但一个天才棋手达到同等程度的棋力，只需要下几千盘棋，不到AlphaGo的万分之一。因此，AlphaGo的学习效率仍然是十分低下的，这说明，它仍然没有触及人类智能中最本质的部分。

更关键的是，深度学习仍然不能免于那些困扰传统AI的理论难题。比如说机器人的框架问题，需要对机器人所处的复杂的动态环境做出实时的表征。应用现在的深度学习，可能是一个难以完成的任务。因为深度学习适用的领域，仍然局限于对大样本图像和语音数据的处理。一个动作可能会带来哪些附带的后果，这样的数据因为高度语境依赖，而且难以以大数据的形态存在，因而就不可能用大数据来对机器人进行训练。最终，要生成一个具有人类常识信念的神经网络是非常困难的，框架问题仍然难以解决。

此外，深度学习由于需要大量的训练样本的植入，在训练过程中需要不断地调整参数，来获得想要的输出。比如，AlphagGo的监督式学习训练出来的策略网络，就需要人类的棋局作为训练样本，而且训练过程中也需要人工设定特征参数。在这样的情况下，神经网络与世界之间的对应关系，仍然是人为设定，而不是神经网络自主生成的。深度学习也不能完全解决符号奠基问题。

三、与其警惕人工智能，不如警惕哲学家

相比其他工程学领域，AI可能是与哲学联系最为紧密的一个学科。在人工智能哲学史上，很多哲学家都试图用一些替代的思想资源，来改进人工智能的技术方案。而哲学也在这个过程中，扮演了牛虻的角色，通过不

断澄清人类智能和认知的本质，来检视AI的弱点和限度，最终激励AI的研究。在所有哲学家中，被人工智能研究者所援引最多的作者，可能就是海德格尔和维特根斯坦。

早在AI的符号主义时代，美国的德雷福斯就批判了当时的AI。无论AI的算法多么复杂，都可以归结为用符号逻辑或神经网络来表征世界，然后基于对这些表征的高效处理来规划行动。然而，这并不完全符合人类的行为模式。在德雷福斯看来，人类的大量行为并不涉及表征，行动者直接与环境进行实时交互，并不需要在头脑中表征出世界的变化之后再规划行动。后来MIT的布鲁克斯就采用了这种"无表征智能"的方案（虽然布鲁克斯不承认德雷福斯对他的影响，但据德雷福斯说，这个想法源于布鲁克斯实验室的某个学生选修了他的哲学课），设计过一个可以实时响应环境的机器人"成吉思"。

除了海德格尔，维特根斯坦也是AI批判的另一个风暴中心。维特根斯坦在1939年左右，在剑桥主讲过一门数学基础的课程，而我们开篇提到的人工智能的先驱图灵正好选修过这门课程。后来有一部科学小说《剑桥五重奏》便安排了两人关于机器能否思维展开了一番唇枪舌剑，其中一部分素材就是取自于两人在课上的争论。在维特根斯坦看来，人类与机器虽然都是遵循一定的规则而行动的，然而，规则对于机器而言是构成性的，因为它的运作就必须依赖于规则，但对人类而言，遵守规则就意味着有意识地遵守它。但维特根斯坦对AI影响最大的是他晚期关于语言的学说。维特根斯坦早期认为，语言就是由一系列可以通过符号逻辑，来描述的命题构成的集合，而世界也是由事实组成的。这样，命题就是事实的逻辑图像，我们就可以通过命题来刻画世界。这个思想与AI的观念是完全同构的。然而，维特根斯坦晚期放弃了这些观念，他认为语言的意义不在于基本命题的组合，而在于它的用法，正是我们对语言的使用决定了它的意义。因此，像传统AI那样试图建立符号与对象之间的固定联系，是徒劳无功的，语言的意义只有在其使用中才能建立。基于这个观念，一些AI专家比如斯蒂尔就用它来解决符号的奠基问题。他设计了这样一个机器人种群，其中一个机器人看到一个对象比如说箱子之后，随机生成了一个符号串比如Ahu来代表它，然后，它将Ahu这个符号传达给另一个机器人，让它猜谜，看哪一个对象对应着 Ahu。如果这个机器人正确地指出了 Ahu 对应的箱子，就传达给它一个正确的反馈。于是，这两个机器人获得了一个代表 Ahu 的词汇。斯蒂尔将这个过程称之为自适应语言游戏，通过不断地进行这种游戏，这个机器人种群就可以获得关于它们周围世界的语言描述，从而将符号的意义自主地奠基于世界之中。

然而，这些进路在 AI 历史上一直是十分边缘的，因为它们所依赖的技术资源都太过简单，要完整地模拟人类的身体和生活世界，其难度甚至要超过传统 AI 用形式体系来表征世界。但如果海德格尔和维特根斯坦对于人类智能本质的理解是正确的话，那么未来的 AI 仍然不可避免地需要一种具身的和分布的方案。比如，赋予 AI 一个身体，让它可以从环境（而不是训练数据）中直接获取特征量，让它在与环境和其他能动者的交互中，学习指导人类行动的常识和语言。这可能是通往通用 AI 的唯一道路。

然而，这种具身的通用 AI 可能也是人类的取灭之道。因为只要 AI 有了自身的历史、周围世界和生活形式，它最终也可以摆脱人类的训练和反馈激励，具有自己的欲望和目标。一旦它有了自己的欲望，并基于这种欲望来规划自己的行动，在它对环境的不断适应和调整中，将进入演化的轨道之中，成为一个新的物种。如果人类和它们产生生存上的冲突和竞争，由于人类在机能上的有限性，很可能会面临被淘汰的命运。

因此，从哲学上看，我们担心的并不是 AI 研究无视海德格尔和维特根斯坦这样的人工智能（潜在）敌对者的论点。因为一个专用的弱 AI 才是好 AI。我们更担心的毋宁是 AI 研究者采信了它们的观点，将现在的深度学习和强化学习与具身机器人学结合起来。

AlphaGo 并不可怕，可怕的是它有了自己的身体、意识、欲望和情感。

"澎湃新闻网" 2017 年 1 月 7 日

"人工智能"能给"人文智能"带来什么？

/余亮、张知依

按照部分科技界人士的说法，2017年或成为中国的人工智能元年。知识界也早已掀起了关于人工智能的讨论，比如老牌人文知识分子刊物《读书》已经发表了一系列讨论文章。

复旦大学中国研究院副研究员余亮也是热心讨论人工智能的一位，已在虎嗅、观察者、"智能国"等网站，撰写了不少相关议题的文章。谈及和人工智能的缘分，要追溯到他的大学时代："本科学的纯理科，数学系的概率论和运筹学专业。虽然学得不好，但我对策略和效率的兴趣一直延续下来了。当下的人工智能恰恰是算法、策略的集合。"接受记者专访时，余亮这样说。他本人很喜欢寻找提高效率的工作办法，比如编辑文档时候用超级剪贴板工具减少重复操作，通过百度语音识别输入法完成打字工作，"在外面做演讲报道，以前会等速记员的速记稿，现在有了语音识别的人工智能系统，可以低成本高效完成语音和文字的转换。实际上强化了个人"。

先搞清楚当下的人工智能技术本身是什么

采访这天刚好赶上五一劳动节，在这个时间点，讨论人工智能在不远的将来，究竟会如何取代人的工作再合适不过。对李开复提到的"五秒钟法则"（即一项本来由人从事的工作，如果可以在5秒钟以内的时间里，对工作中需要思考和决策的问题做出相应决定，那么，这项工作就有非常大的可能，被人工智能技术全部或部分取代。这些工作包括翻译、新闻报道、助理、保安等），余亮并不反对。在他看来，所有能找出规则、模式，并且重复模式的职业都会面临被取代的前景。

"现在的人工智能思路和90年代以前的不同，以前是人来总结规则，转化为符号表达，编成程序喂给机器，但人类其实并不了解自己大脑神经的复杂规则。你会说话，你并不了解大脑内语言神经元在发生什么，所以也没法有效教育机器。但现在随着大数据技术和计算能力的提高，人类开始让机器自己从海量数据（人类行为记录）里寻找规则（拟合函数），生成出来的模式、规则远比人类找到的多。"

他举出俄罗斯一家银行最近辞掉大量法务人员的例子说："法务工作的背后就是条文查询，条文也是数据的一种。机器对于条文的检索、总结和生成能力比人强得多。"

"其实很多讨论都是针对传统的白领，但我觉得他们因为受到的教育水平不低，想得到转行的机会应该不难。"是的，很多时候谈到"取代"，我们更容易想到离我们生活更近的城市白领。但目之所及的已经面临流水线生产带来的工作危机的蓝领工人，如何理解他们的处境呢？余亮认为，人工智能只是人类诞生以来对工具的重视的一个最新发展，人不能外在地去讨论或者对抗，而要深入到其逻辑中去博弈。李彦宏在《智能革命》一书中说：过去的工业革命是人要去学习如何操作机器，现在是机器在主动学习和适应人类。这就意味着机器和人的博弈关系已经有了变化。

怎么办

他认为，政府的作用很关键。在互联网+、大数据和人工智能已经作为国家战略写入政府工作报告的今天，也应该要有国家层面的对劳工职业问题的准备，"特别是教育体系的改变，从孩子基础的教育到成人的职业教育，不论形式还是内容都应该引入人工智能以及科技的新知识"。

余亮用范雨素和工人文学小组的新闻打比方说："让劳动者在劳累的工作间隙，通过文学得到升华和慰藉是好事，对抗异化嘛。不过我也在想，理工科的知识分子是不是也可以去和工友们接触一下。"他和一个物理系的研究员谈及这个想法，"我问他如果让他去给工友讲课，会讲什么？他说他会从每个劳动者手中都有的智能手机开始讲起，一步一步讲解手机中蕴含的科学知识、手机的生产流程、中国的工业化道路和民工的伟大贡献，穿插实用职业技术知识。我觉得这个想法很好。"

往深一步将讲，是今天知识分子的割裂。很多人考虑不到工人的处境甚至人的特性，比如现有的所谓算法推荐新闻客户端，就建立在对人性的粗糙理解上。而人文知识分子呢，能够重视生产关系、重视人的主体性，但往往是绕过生产力（技术）来讨论生产关系，最后都是隔靴搔痒。要注意，马克思恩格斯都不是为了平等而讨论平等，而是为了生产力而讨论生产关系。恩格斯首先是位工厂主。

需要反思的不是人文精神，而是人文社科的知识

余亮提及，学者潘毅到深圳工厂流水线上做女工做调研的经历，并表示钦佩："潘毅关注到的女工的痛苦已经落脚在具体的生产环节，不过她主要还是直接从生产关系视角去看，比如流水线上的压迫、宿舍劳动体制等等，对于工业生产、市场竞争本身的艰难并不关注。所以同样路数的知识分子就可能被荷兰那个所谓的'公平手机'忽悠（'公平手机'就是个高利润低配置的把戏）。讨论问题要历史化。比如左翼关于劳动力的讨论，其实是在马克思在工业时代定义的'劳动力'上展开。那时候有就业后备军和剩余人口。AI时代可能就不需要那么多劳动人口了。福柯曾经论述现代民族国家的建设，如何使得'人口'代替了启蒙知识分子重视的'个人'概念，成为实际的政治经济载体。所以也许我们应该重新理解劳动力、人口甚至GDP概念了。"

余亮认为政治经济学的讨论很重要，但是必须被革新。他想到人工智能发展对政治经济学的另一个启发是，对生产与分配的关系需要历史化思考。"福特公司曾经引入生产线这样的生产方式，大幅度降低制造汽车的成本，同时工厂雇佣大量工人，工人拿到工资就可以去买这样的汽车。但后来工业自动化极大发展，生产线上没有人了，美国汽车工会的人就反问汽车公司：你们生产出来的汽车谁来买呢，卖给机器人吗？"余亮得出一个

推论："人工智能真的落到社会生成领域，面临的问题就是，旧的分配方式（市场交换）无法匹配新的生产制度。人工智能的冲击需要生产关系和分配关系做出调整，中国能做出什么尝试？这应该是政治经济学考察的对象。"

他认为，人工智能话题在知识界内部引起看似激烈的讨论，却有相同的瓶颈。

不久前，《读书》杂志组织了一批优秀人文学者讨论人工智能话题，并整理成《如何把握我们这个复杂的时代》一文刊于《读书》杂志5月号。学者们延续90年代人文精神大讨论的思路，开始反思人工智能对人文精神的挑战。

"有些遗憾。"余亮说，他对这样的论述方式略感失望。"正如你无法设想，莫言或者钱理群可以有效讨论量子物理对人类文明的冲击。左翼意识到社会分工和失业的问题，熟练地使用'异化''主体性'这些概念，我不是说这样的讨论不重要，只是说，如果把'人工智能'换成'生物科技革命'或者'工业自动化'，那么这样的讨论几乎可以一字不改地重来一遍。而这正是能被人工智能学习到的模式啊，如果只限于这样，那未来人工智能就能完成这样的讨论了。《读书》的讨论认为，今天的人文危机是90年代所讨论的危机的展开，认为引导着人类制作技术'上帝'的仍是某种'技术神学'的想象。这些说法充满黑格尔的客观唯心主义的味道，却偏离了黑格尔那种具有生产性的辩证法。"

那么，如何有效围绕技术讨论政治经济学呢？他再次强调："生产关系与生产力不可分割，技术是生产力最重要一环。这几年网上出现了一个半玩笑的概念，叫'工业党'。虽然有人会批评他们，只讲生产力不讲生产关系，是国家主义之类云云，说得不能算错。但问题就是，人家确实从事过生产、技术工作，生产力领域的专业知识，就是比你知道得多，你怎么办？这就是为什么知乎会兴起的原因，知乎很多作者拥有技术生产和商业经验，讨论社科问题也会比社科知识分子更有看头。"他还提到接触过的很多TMT媒体的作者，"论知识水平，他们肯定比不了学院派，比如对历史、地缘政治等的理解非常大众化。但是他们具有'做事'的知识，那是一种无声的知识，一种深深嵌入在市场、产品中的具体知识。辛苦讨生活，对

225

具体事情门儿清，学院派怎么比？"

在他看来，相比左翼学者，另一派人文学者也陷入类似的套路。"《读书》发表了周濂的文章《用政治'锁死'科技?》，前半部分思路对头，能够超越人类中心主义，但后半部分又直接跃入价值观宣言——强调必须从人类中心主义出发才能解决问题，认为西方民主制度能够解决科技问题。和左翼知识分子类似，绕开经济基础直接谈上层建筑。回想一下，19世纪的洋务派说要坚持中学为体，也是一种中心主义，这没有错，但是没有用！AlphaGo刚出来的时候，还有文学批评家称赞，人工智能恢复了人类丢弃已久的古典人类精神，这都是想当然，扯太远。你赞也好批也罢，自说自话，AI都不在意。"

不过，余亮认为周濂的讨论可以启发出一个问题：一国之内率先控制科技有无可能？要从全球博弈的现实主义角度去思考，正如欧洲工业革命是把痛苦转嫁给殖民地。中国不能再让自己首先沦陷于失败的痛苦，这绝不是一个坐而论道的问题，人文知识分子要去关注科技工作者在艰苦地做什么，做到了什么。如果中国能率先探索解决问题，还可能给世界创造新的办法。

自然科学和社会科学界有没有办法就人工智能完成一次不被人工智能嘲笑的，言之有物的对话呢？在余亮看来，相互学习是必要的。他向人文类的读书会推荐了《终极算法》《数学之美》《工业大数据》《机器人的未来》等科普书。"百度是目前国内人工智能公司公认的领头者。他们刚出品的《智能革命》一书有点意思，里面不只讲技术，还谈到数字鸿沟、工具理性、国有企业改革经验，甚至谈到波兰尼社会保护运动这样的社会科学问题。人文知识界的学者，也许可以通过这本书看到，文化社科理论如何向技术界渗透。而人工智能界，既然已经可以通过对海量病历的机器学习来提升医疗水平，为什么不能把社会保护的历史数据当作一种社会病历，通过大数据和机器学习来学习和总结经验？正如有技术员对唐诗做的高效大数据分析那样。但首要问题，还是我们人文知识分子与生产技术领域的隔膜问题。"

采访的最后，余亮转述了科幻作家刘慈欣在《智能革命》序言中提出的一个问题："如果卡尔·马克思知道人工智能这回事，他关于资本主义和共产主义的理论会是什么样子？"

今天，刚好是5月5日，马克思的诞辰日，我们也以这个问题作为这篇报道的开放式结尾，希望大家能得出一个不会被人工智能计算出的答案。

"保马"微信公众号2017年5月10日

当机器人成立作家协会

/韩少功

一

人工智能，俗称机器人，接下来还要疯狂碾压哪些行业？

自"深蓝"干掉国际象棋霸主卡斯帕罗夫，到不久前"阿尔法围棋"的升级版"大师"（Master）砍瓜切菜般地血洗围棋界，江山易主看来已成定局。行业规则需要彻底改写：棋类这东西当然还可以有，但职业棋赛不再代表最高水准，专业段位将降格为另一类业余段位，只能用来激励广场大妈舞似的群众游戏。最精彩的博弈无疑将移交给机器人，交给它们各自身后的科研团队——可以肯定，其中大部分人从不下棋。

翻译看来是另一片将要沦陷之地。最初的翻译机不足为奇，干出来的活常有一些强拼硬凑和有三没四，像学渣们的作业瞎对付。但我一直不忍去外语院系大声警告的是：好日子终究不会长了。2016年底，谷歌公司运用神经网络的算法（algorithm）催生新一代机器翻译，使此前的错误大减60%。微软等公司的相关研发也奋起直追，以致不少科学家预测2017年最值得期待的五大科技成果之一，就是"今后不再需要学外语"（俄罗斯《共青团真理报》2016年12月28日）。事情似乎是，除了文学翻译有点棘手，今后涉外的商务、政务、新闻、旅游等机构，处理一般的口语和文件，配置一个手机APP（应用软件）足矣，哪还需要职业雇员？

教育界和医疗界会怎么样？还有会计、律师、广告、金融、纪检、工程设计、股票投资……那些行业呢？

美国学者凯文·凯利（Kevin Kelly）是个乐观派，曾炫示维基百科这一类义务共建、无偿共享的伟大成果，憧憬"数字化的社会主义"。阿里巴巴集团的马云也相信"大数据可以复活计划经济"。但他们未说到的是，机器人正在把大批蓝领、白领扫地出门。因为大数据和云计算到场，机器人在识别、记忆、检索、计算、规划、学习等方面的能力突飞猛进，正成为一批批人类望尘莫及的最强大脑，并以精准性、耐用性等优势，更显模范员工的风采。新来的同志都有一颗高尚的硅质心（芯）：柜员机永不贪污，读脸机永不开小差，自动驾驶系统永不闹加薪，保险公司的理赔机和新闻媒体的写稿机永不疲倦——除非被切断电源。

有人大胆预测，人类99%的智力劳动，都将被人工智能取代（《环球日报》2017年1月6日）——最保守的估计也在45%以上。这话听上去不大像报喜。以色列学者赫拉利（Yuval Noah Harari）不久前预言：绝大部分人即将沦为"无价值的群体"，再加上基因技术所造成的生物等级化，"我们可能正在准备打造出一个最不平等的社会！"是的，事情已初露端倪。"黑灯工厂"的下一步就是"黑灯办公室"，如果连小商小贩也被售货机排挤出局，连保洁、保安等兜底性的再就业岗位也被机器人"黑"掉，那么黑压压的失业大军该怎么办，都去晒太阳、打麻将、跑马拉松、玩一次说走就走的旅行？一旦就业危机覆盖到适龄人口的99%，哪怕只覆盖其中一半，肯定就是经济生活的全面坍塌。在这种情况下，天天享受假日亦即末日，别说社会主义，什么主义恐怕也玩不了。还有哪种政治、社会的结构能够免于分崩离析？

数字社会主义也可能是数字寡头主义……好吧，这事权且放到以后再说。

作为一个文学爱好者，不能不想一想文学这事。这事虽小，却也关系到一大批文科从业者及文学受众。

二

不妨先看看下面两首诗：

其一：

西窗楼角听潮声，水上征帆一点轻。

清秋暮时烟雨远，只身醉梦白云生。

其二：

西津江口月初弦，水气昏昏上接天。

清渚白沙茫不辨，只应灯火是渔船。

两首诗分别来自宋代的秦观和IBM公司的"偶得"——一个玩诗的小软件。问题是，有多少人在两首诗前能一眼分辨出"他"和"它"？至少，当我将其拿去某大学做测试，30多位文学研究生，富有阅读经验和鉴赏能力的专才们，也多见犹疑不决抓耳挠腮。如果我刷刷屏，让"偶得"君再提供几首，混杂其中，布下迷阵，人们猜出婉约派秦大师的概率就更小。

"偶得"君只是个小玩意儿，其算法和数据库一般般。即便如此，它已造成某种程度上的真伪难辨，更在创作速度和题材广度上远胜于人，沉重打击了很多诗人的自尊心。出口成章，五步成诗，无不可咏……对于它来说都是小目标。哪怕胡说八道，由游戏者键入"胡说八道"甚至颠倒过来的"道八说胡"，它也可随机生成一大批相应的藏头诗，源源不断，花样百出，把四个狗屎字吟咏得百般风雅："胡儿不肯落花边，说与兰芽好种莲。八月夜光来照酒，道人无意似春烟。"或是："道人开眼出群山，八十年来白发间。说与渔樵相对叟，胡为别我更凭栏。"……这种批量高产的风雅诚然可恶，但衣冠楚楚的大活人就一定能风雅得更像回事？对比一下吧，时下诸多仿古典、唐宋风、卖国粹的流行歌词，被歌手唱得全场沸腾的文言拼凑，似乎也并未见得优越多少。口号体、政策体、鸡汤体、名媛体、老干体的旧体学舌，时不时载于报刊的四言八句，靠一册《笠翁对韵》混出来的笔会唱和，比"道八说胡"也未见得高明几何。

诗歌以外，小说、散文、评论、影视剧等，也正在面临机器人的野蛮敲门。20世纪60年代，美国贝尔实验室早已尝试机器写作。几十年下来，得助于互联网和大数据，这一雄心勃勃的探索过关斩将，终得茧破化蝶之势。日本朝日电视台2016年5月报道，一篇人工智能所创作的小说，由公立函馆未来大学团队提交，竟在1450篇参赛作品中瞒天过海，闯过"星新一奖"的比赛初审，让读者们大跌眼镜。说这篇小说是纯机器作品当然并不全对。有关程序是人设计的；数据库里的细节、情节、台词、角色、环境描写等各种"零部件"，也是由人预先输入储备的。机器要做的，不过是根据指令自动完成筛选、组合、推演、语法检测、随机润色一类事务。不过，这次以机胜人，已俨如文学革命的又一个元年。有了这一步，待算法进一步发展，数据库和样本量进一步扩大，机器人文艺事业大发展和大繁荣想必指日可待。机器人群贤毕至，高手云集，一时心血来潮，什么时候成立个作家协会，颁布章程选举主席的热闹恐怕也在所难免。

到那时，读者面对电脑，也许只需往对话框里输入订单：

男一：花样大叔。女一：野蛮妹。配角：任意。类型：爱情/悬疑。场景：海岛/都市。主情调：忧伤。宗教禁忌：无。主情节：爱犬/白血病/陨石撞地球。语调：任意……

随后立等可取，得到一篇甚至多篇有板有眼，甚至有声有色的故事。

其作者可能是人，也可能是机器，也可能是配比不同的人（HI）机（AI）组合——其中低俗版的组合，如淘宝网15元一个的"写作软件"，差不多就是最廉价的抄袭助手，已成为时下某些网络作家的另一半甚至另一大半。某个公众熟悉的大文豪、一个多次获奖的马先生或海伦女士，多次发表过感言和捐赠过善款的家伙，在多年后被一举揭露为非人类，不过是一堆芯片、硬盘以及网线，一种病毒式的电子幽灵，也不是没有可能。

法国人罗兰·巴特1968年发表过著名的《作者之死》，似已暗示过今日的变局。但作者最后将死到哪一步，将死成什么样子？是今后的屈原、杜甫、莎士比亚、托尔斯泰、曹雪芹、卡夫卡，都将在硅谷或中关村那些地方高产爆棚，让人们应接不暇消受不了以至望而生厌？还是文科从业群体在理科霸权下日益溃散，连萌芽级的屈原、杜甫、莎士比亚、托尔斯泰、曹雪芹、卡夫卡也统统夭折，早被机器人逼疯和困死？

技术主义者揣测的也许就是那样。

三

有意思的是，技术万能的乌托邦却从未实现过。这事需要说说。一位美籍华裔的人工智能专家告诉我，至少在眼下看来，人机关系仍是一种主从关系，其基本格局并未改变。特别是一旦涉及价值观，机器人其实一直力不从心。据说自动驾驶系统就是一个例子。这种系统眼下看似接近成熟，但应付中低速还行，一旦放到高速的情况下，便仍有不少研发的难点甚至死穴——比如事故减损机制。这话的意思是：一旦事故难以避免，两害相权取其轻，系统是优先保护车外的人，还是车内的人（特别是车主自己）？进一步设想，是优先一个猛汉还是一个盲童？是优先一个美女还是一个丑鬼？是优先一个警察还是3个罪犯？是优先自行车上笑的还是宝马车里哭的？……这些Yes或No肯定要让机器人蒙圈。所谓业内遵奉的"阿西莫夫（Asimov）法则"，只是管住机器人永不伤害人这一条，实属过于笼统和低级，已大大的不够用了。

美国电影《我是机器人》也触及过这一困境（如影片中的空难救援），堪称业内同仁的一大思想亮点。只是很可惜，后来的影评人几乎都加以集体性无视——他们更愿意把科幻片理解为《三侠五义》的高科技版，更愿意把想象力投向打打杀杀的激光狼牙棒和星际楚汉争霸。

其实，在这一类困境里，即便把识别、权衡的难度降低几个等级，变成爱犬与爱车之间的小取舍，也会撞上人机之间的深刻矛盾。原因是，价值观总是因人而异的。价值最大化的衡量尺度，总是因人的情感、性格、文化、阅历、知识、时代风尚而异，于是成了各不相同又过于深广的神经信号分布网络，是机器人最容易蒙圈的巨大变量。舍己为人的义士，舍命要钱的财奴……人类这个大林子里什么鸟都有，什么鸟都形迹多端，很难有一定之规，很难纳入机器人的程序逻辑。计算机鼻祖高德纳（Donald Knuth）因此不得不感叹："人工智能，已经在几乎所有需要思考的领域超过了人类。但是在那些人类和其他动物不假思索就能完成的事情上，还差得很远。"同样是领袖级的专家凯文·凯利还认为，人类需要不断给机器人这些"人类的孩子""灌输价值观"。这就相当于给高德纳补上了一条：人类最后的特点和优势，其实就是价值观。

价值观？听上去是否有点……那个？

232

没错，就是价值观。就是这个价、值、观，划分了简单事务与复杂事务、机器行为与社会行为、低阶智能与高阶智能，让最新版本的人类定义得以彰显。请人类学家们记住这一点，很可能的事实是：人类智能不过是文明的成果，源于社会与历史的心智积淀，而文学正是这种智能优势所在的一部分。文学之所以区别于一般娱乐（比如下棋和转魔方），就在于文学长于传导价值观。好作家之所以区别于一般"文匠"，就在于前者总是能突破常规俗见，创造性地发现真善美，守护人间的情与义。技术主义者看来恰恰是在这里严重缺弦。他们一直梦想着要把感情、性格、伦理、文化以及其他人类表现都实现数据化，收编为形式逻辑，从而让机器的生物性与人格性更强，以便创造力大增，最终全面超越人类。但他们忘了人类智能千万年来早已演变得非同寻常——其中一部分颇有几分古怪，倒像是"缺点"。比如人必有健忘，但电脑没法健忘；人经常糊涂，但电脑没法糊涂；人可以不讲理，但电脑没法不讲理，即不能非逻辑、非程式、非确定性地工作。这样一来，即便机器人有了遗传算法（GA）、人工神经网络（ANN）等仿生大招，即便进一步的仿生探索也不会一无所获，人的契悟、直觉、意会、灵感、下意识、跳跃性思维……包括同步利用"错误"和兼容"悖谬"的能力，把各种矛盾信息不由分说一锅煮的能力，有时候竟让2＋2＝8或者2＋2＝0，甚至重量＋温度＝色彩的特殊能力（几乎接近无厘头），如此等等，都有"大智若愚"之效，还是只能让机器人蒙圈。

　　在生活中，一段话到底是不是"高级黑"；一番慷慨到底是不是"装圣母"；一种高声大气是否透出了怯弱；一种节衣缩食是否透出了高贵；同是一种忍让自宽，到底是阿Q的"精神胜利"还是庄子的等物齐观；同是一种笔下的糊涂乱抹，到底是艺术先锋的创造还是画鬼容易画人难的胡来……这些问题也许连某个少年都难不住，明眼人更是一望便知。这一类人类常有的心领神会，显示出人类处理价值观的能力超强而且特异，其实不过是依托全身心互联与同步的神经响应，依托人类经验的隐秘蕴积，选择了一个几无来由和依据的正确，有时甚至是看似并不靠谱的正确——这样做很平常，就像对付一个趔趄或一个喷嚏那样再自然不过，属于瞬间事件。但机器人呢，光是辨识一个"高级黑"的正话反听，就可能要瘫痪全部数据库——铁板钉钉的好话怎么就不是好话了？凭什么A就不是A了？凭什么各种定名、定义、定规所依存的巨大数据资源和超高计算速度，到这时候就不如人的一闪念，甚至不如一个猩猩的脑子好使？

从另一角度说，人类曾经在很多方面比不过其他动物（比如嗅觉和听觉），将来在很多方面也肯定比不过机器（比如记忆和计算），这实在没什么大不了的。但人类智能之所长常在定规和常理之外，在陈词滥调和众口一词之外。面对生活的千差万别和千变万化，其文学最擅长表现名无常名、道无常道、因是因非、相克相生的百态万象，最擅长心有灵犀一点通。人类经验与想象的不断新变，价值观的心理潮涌，倒不一定表现为文学中的直白说教——那样做也太笨了——而是更多分泌和闪烁于新的口吻、新的修辞、新的氛围、新的意境、新的故事和结构。其字里行间的微妙处和惊险处，"非关书也，非关理也"（严羽语），常凝聚着人类处理一个问题时，瞬间处理全部问题的暗中灵动，即高德纳所称"不假思索就能完成"之奇能，多是"万象俱开，口忽然吟，手忽然书"（谭元春语），"恍惚而来不思而至"（汤显祖语），"羚羊挂角无迹可求"（严羽语），"此处无声胜有声"（白居易语），其复杂性非任何一套代码和逻辑可以穷尽。

四

如果事情就是这样，我们就只能想象，机器人写作既可能又不可能。

说不可能，是因为它作为一种高效的仿造手段、一种基于数据库和样本量的寄生性繁殖，机器人相对于文学的前沿探索而言，总是有慢一步的性质、低一档的性质、"二梯队"里跟踪者和复制者的性质。

说可能，是机器人至少可望胜任大部分"类型化"写作。不是吗？"抗日"神剧总是敌furnace我威。"宫斗"神剧总是王痴、妃狠、暗下药。"武侠"神剧总是秘籍、红颜、先败后胜。"青春"神剧总是"小鲜肉"们会穿、会玩、会疯、会贫嘴，然后一言不合就出走……这些都是有套路的、有模式的、类型化的，无非是《007》系列那种美女＋美景＋科技神器＋惊险特技的电影祖传配方，诱发了其他题材和体裁的全面开花。以至于眼下某些同类电视剧在不同频道播放，观众有时选错了台，也能马马虎虎接着看，浑然不觉主角们相互客串。街坊老太看新片，根本无须旁人剧透，有时也能掐出后续情节的七八分。在这里，一点政治正确的标配，一些加误会法或煽情点的相机注水，这些人能做的，机器也都能做，能做个大概其。一堆堆山寨品出炉之余，有关的报道、评论、授奖词、会议策划文案等甚至还可由电脑成龙配套，提前准备到位，构成高规格的延伸服务。

机器人看来还能有效支持"装×族"的写作——其实是"类型化"的某种换装，不过是写不出新词就写废话，不愿玩套路就玩一个迷宫。反正有些受众就这样，越是看不懂就越不敢吱声，越容易心生崇拜，因此不管是写小说还是写诗，空城计有时也能胜过千军万马。评论么，更好办。东南西北先抄上几条再说，花拳绣腿先蒙上去再说。从本雅明抄到海德格尔，从先秦摘到晚清，从热销大片绕到古典音乐……一路书袋掉下来，言不及义不要紧，要的就是学海无涯的气势，就是拉个架子，保持虚无、忧伤、唯美一类流行姿态。"庆祝无意义！"（米兰·昆德拉语）遥想不少失意小资既发不了财，也受不了苦，只能忧郁地喝点小咖啡，找人调情之时，能说出多少意义？脑子里一片空荡荡，不说说这些精致而深刻的鸡毛蒜皮又能干什么？显然，过剩的都市精英一时话痨发作，以迷幻和意淫躲避现实。这些人能做的，机器也都能做，能做个大概。无非是去网上搜一把高雅和玄奥的句子，再搓揉成满屏乱码式的天书，有什么难的？

还有其他不少宜机（器人）的业务。

"类型化"与"装×族"，看似一实一虚、一俗一雅，却都是一种低负载、低含量、低难度的写作，即缺少创造力的写作，在AI专家眼里属于"低价值"的那种。其实，在这个世界的各个领域里，"高价值"（high value）工作从来都不会太多。文学生态结构的庞大底部，毕竟永远充斥着我等庸常多数，主流受众有时也不大挑剔，有一口文化快餐就行。那么好，既然制造、物流、金融、养殖、教育、新闻、零售、餐饮等行业，已开始把大量重复性、常规性、技术性的劳动转移给机器，形成一种不可阻挡的时代大势，文学当然概莫能外。在这一过程中，曾被称为"文匠""写手"的肉质写作机器，转换为机器写作，不过是像蒸汽机、电动机一样实现人力替代，由一种低效率和手工化的方式，转变为一种高产能和机器化的方式，对口交接，转手经营，倒也不值得奇怪。只要质量把控到位，让"偶得"们逐步升级，推出一大批更加过得去的作品也不必怀疑——何况"偶得"还有"偶得"的好处。它们不会要吃要喝,不会江郎才尽,不会抑郁、自杀、送礼跑奖,也免了不少文人相轻和门户相争。

显然,如果到了这一步,机器人的作家协会好处不算少,可望相对地做大做强,但终究只能是一个二梯队团体,恐不易出现新一代屈原、杜甫、莎士比亚、托尔斯泰、曹雪芹、卡夫卡等巨人。这就像制造、物流、金融、养殖、教育、新闻、零售、餐饮等行业不论如何自动化,其创造性的工作、"高价值"的那部分,作为行业的引领和示范,至少在相当时间内仍只可能出自人——特别是机器后面优秀和伟大的男女们。

五

问题重新归结到前面的一点:人机之间的主从格局,最终能否被一举颠覆?一种逻辑化、程式化、模块化、工具理性化的AI,最终能否实现自我满足、自我更新、自我嬗变,从而有朝一日终将人类一脚踢开?……不用怀疑,有关争议还会继续下去,有关实践更会如火如荼八面来潮地紧迫进行。至少在目前看来,种种结论都还为时过早。

话不宜讲得太满。在真正的事实发生之前,所有预言都缺乏实证的根据,离逻辑甚远,不过是一些思想幻影。那么相信或不相信或半相信这种幻影,恰好是人类智能的自由特权之一。换句话说,也是一件机器人尚不能为之事。

人机差异倒是在这里再次得到确认。

1931年,捷裔美籍数学家和哲学家哥德尔发布了著名的"哥德尔不完全性定理",证明任何无矛盾的公理体系,只要包含初等算术的陈述,就必定存在一个不可判定命题,即一个系统漏洞、一颗永远有效的定时炸弹。在他看来,"无矛盾"和"完备"不可能同时满足。这无异于一举粉碎了数学家们两千多年来的信念,判决了数理逻辑的有限性,相当于一举釜底抽薪,给科学主义、技术主义泼了一大盆凉水。

看来,人类不能没有逻辑,然而逻辑是灰色的,生命之树常青。由符号与逻辑所承载的人类认知无论如何延伸,也无法抵达绝对彼岸,最终消弭"名"与"实"的两隔,"人"与"物"的两隔。数学也做不到这一点。这个世界就是这样要命的略欠一筹,不知是人类之幸还是人类之憾。牛津大学的哲学家卢卡斯（Colin Lucas）正是从这一角度确信：根据哥德尔不完全性定理，机器人不可能具有人类心智。

这就是说，改变人机之间的主从关系永远是扯淡。

哥德尔出生于捷克的布尔诺，一个似乎过于清静的中小型城市。这里曾诞生过现代遗传学之父孟德尔、小说家米兰·昆德拉等，更有很多市民引以为傲的哥德尔。走在这里几乎空阔无人的小街上，我知道美国《时代》杂志评选的20世纪百名最伟大人物中，哥德尔位列数学家第一，还知道当代物理学巨星霍金一直将他奉为排名最高的导师。我在街头看到一张哥德尔纪念活动的旧海报下，有商业小广告，有寻狗启事，还有谁胡乱喷涂了一句：

> 上帝就在这里
> 魔鬼就在这里

这也许是纪念活动的一部分。这意思大概是，哥德尔证明了上帝的存在，因为数学是如此自洽相容；也证明了魔鬼的存在，因为人们竟然无法证明这种相容性。

是这样吧？

当然，并不是所有人都在乎哥德尔。美国著名发明家、企业家库兹韦尔（Ray Kurzweil）就是一个技术主义的激进党，其新锐发声屡屡被大众传媒放大，最容易在科盲和半科盲的大多数人那里引起轰动，被有些人热议，以平衡自己无知的愧疚感。他多次宣称，人类不到2045年就能实现人机合一，用计算机解析世界上所有的思想和情感，"碳基生物和硅基生物将融合"为"新的物种"。时间是如此紧迫——这种新物种将很快跨越历史"奇点"（Singularity，库兹韦尔：《灵魂机器的时代》），告别人类的生物性漫漫长夜。在他看来，在那个不可思议的新时空里，在科学家们的新版创世论之下，新物种不是扮演上帝而是已经成为上帝，包括不再用过于原始和低劣的生物材料来组成自己的臭皮囊，不再死于癌细胞、冠心病、大肠杆菌（听上去不错），不再有性爱、婚姻、家庭、同龄人、儿女和兄妹什么的（听上去似不妙），是不是需要文学，实在说不定……总之，你我他都将陷入一个完全陌生的魔法大故事里去。

等一等，请等一等。我的疑问在于，文学这东西要废就废了吧，但关于上帝那事恐怕麻烦甚大，需要再问上几句。

一个小问题是这样：如果那些上帝真是无所不知，想必就会知道一个再简单不过的道理——全员晋升上帝就是消灭上帝，超人类智能的无限"爆炸"（库兹韦尔语）就是智能的泛滥成灾一钱不值。有什么好？相比之下，欲知未知的世界奥秘是何等迷人，求知终知的成功历程是何等荣耀，既有上帝又有魔鬼的生活变幻是何等丰富多彩。人类这些臭皮囊的学习、冥想、争议、沮丧、尝试、求证、迷茫、实践、创造，及其悲欣交集又是多么弥足珍贵，多么让人魂牵梦绕。在那种情况下，没有缺憾就不会有欲求，没有欲求就是世间将一片死寂。上帝们如果真是无所不能，如果不那么傻，想让自己爽一点，最可能做的一件事，恐怕就是拉响警报，尽快启用一种自蒙、自停、自疑、自忘、自责、自纠，甚至自残的机制，把自己大大改造一番，结束乏味死寂的日子，重新回归人类。

难题最终踢到了上帝们的脚下。它们如果不能那样做，就算不上全能上帝；如果那样做了，就自我废黜了万能的特权。

我并不是说，那些上帝是仁慈的——就像不少技术主义者惴惴祈愿的那样。

库兹韦尔先生，我其实很愿意假定有那些上帝，也假定那些上帝并无什么道德感，甚至心思坏坏的太难搞定。不过，它们即便一心一意地追求自我利益最大化，恐怕也只有那种"自私"的选择。

那一种纠结就绝无可能！

"无用阶层论"的谬误
——关于人工智能与人类未来的对话

/徐英瑾

最近，某高校人文学院大二的学生阿璟一直无精打采的，上课老开小差。原来，她在一周前读到了以色列学者赫拉里写的《未来简史——从智人到智神》，被里面的观点"颠覆了三观"。根据赫拉里的论点，人工智能系统会在不远的未来抢走人类的所有饭碗，并由此将整个人类变成"无用阶层"。被赫拉里彻底说服的阿璟，不由得开始怀疑刻苦读书的意义，并下决心提前将自己放逐为"无用阶级"的一员，开始了饱食终日、无所用心的日子。班上的辅导员阿华对阿璟做了好几次谈话，但都被她"怼"了回去。无奈中，阿华找到了班上的学术导师阿瑾帮忙。阿瑾速读了一下《未来简史》这本书，觉得有把握在学理上澄清这本书带来的种种迷思，便找机会与阿璟进行了对谈。下面就是谈话内容的摘要。

师： 听说你相信了赫拉里的学说，认为人工智能会在不久的将来使得人类成为"无用阶层"。你能够根据你对于其著作的理解，具体谈谈你对于这个论点的论证吗？

生： 很简单啊。老师您看，现在的军队作战，越来越依赖无人机与其他无人作战平台，这样呢，人类士兵就不需要了；工业机器人在生产线上越来越多，这样呢，蓝领工人就不需要了；机器人快递员现在已经在日本北海道的某些地方投入使用了，而在不久的未来呢，人类快递员恐怕就不

239

需要了。此外，随着自动驾驶技术的普及，人类驾驶员就不需要了；随着超级自动医学诊断软件的出现，人类大夫就不需要了；等等。综上所述，各行各业的职业训练与教育规程都不需要存在了。因为这些体制性安排本是针对人类的特点才被设计出来的，而当人类劳动力不必大量存在的时候，这些制度本身也就该寿终正寝了。所以，老师，我看不到继续学习的意义。迟早一天，大学也会关门的，老师您也会失业的。

师：那么，人工智能系统的设计、更新、维护难道不需要人吗？他们的知识难道不是通过传统的学院学习获得的吗？

生：您说得不对。首先，对于人工智能系统的设计、更新与维护所需要的人力资源是非常少的，区区这几个饭碗是不够全社会的人类分的。其次，更加"进化"的人工智能系统会自主更新自己的程序，使得编程人员的工作也被边缘化。所以，我的结论还是对的，现有规模的人类教育结构与职业培训体制，即将被扫进故纸堆。

师：那我先来问你一个问题：在你设想的社会里，厨师是不是都是机器人了？

生：对啊。

师：那么，机器人厨师是为了机器人自己做"沙县小吃"，还是为了人类客户做"沙县小吃"呢？

生：当然是为了人类啊。

师：那你已经承认了，在你构想的未来社会中，由智能机器人所组成的劳动力大军所生产的产品，还是针对由人类所构成的消费市场的。

生：嗯……

师：好吧，世界上没有免费的午餐。人类消费者在吃了机器人厨师提供的食品之后，是不是还要买单呢？但这是不是预设了他们有买单的能力呢？而这又是不是预设了他们有经济收入呢？可是按照你的说法，作为"无用阶层"的人类既然无用，是不该有经济收入的……可这样一来，无用的人又如何有经济收入来买沙县小吃与意大利通心粉呢？既然这些产品没人能够买得起，机器人厨师的生产的"目的因"又体现在何处呢？生产一堆食品，然后倒掉吗？可这除了污染环境，还有其他积极的意义吗？再说，机器人厨师的生产活动自身所导致的物质消耗——譬如原材料、电力等方面的消耗——又由谁来买单呢？

生：靠别的机器人，如发电机器人，维修机器人……

师：那么它们自己的运作所需要的消耗又由谁来补充呢？显然这会导致逻辑上的无穷后退。而为了防止这种无穷后退，唯一的办法就是承认：使得"智能机器人经济"得以循环的整个"目的因"在于人类，而不在于机器人自身。但这个结论显然立即会推倒"人类将成为无用阶层"这一结论。

生：我不是很同意您的这个推理。实际上也可能出现这样的一种情况：未来的社会是超级福利社会，因此，我们都可以免费获得大量比特币去购买披萨或沙县小吃。机器人经济的高度发达，能够保证产品的大量供应，而这一点又使得人类各种物质需要的满足变得轻而易举……

师：但是，你说的超级福利社会是怎么产生的呢？难道智能机器人的大量出现，就能够自动导致你说的理想社会的出现吗？

生：为何不能呢？

师：因为你还没有排除这样一种可能性：对于智能机器人的技术的控制与垄断方，会使得这样的技术首先满足于本阶层的利益，并将对于人类社会中大多数人的福利压低到最低水准。这样一来，整个社会的有效消费人口就会锐减，导致产品过剩，并由此导致良性经济循环的乏力……

生：这个问题不难解决，我们可以强化那些人口中大多数的平民对于机器生产分配机制的监督体系……

师：好吧，你的论证出现漏洞了。你刚才已经承认了，使得由智能机器人主导的经济结构得以健康存在的重要逻辑前提之一，便是人类对相关生产—分配机制的监督。然而，这种监督本身就是人类智力的体现。换言之，你已经承认了：人类智力的某种广泛参与，乃是由智能机器人主导的经济结构得以健康存在的重要逻辑前提之一。由此我们立即可推出，即使在这样的结构中，人类也肯定不是"无用阶层"……

生：但是监督分配这种活，比起生产来说，工作量小多了，不足挂齿……

师：那是因为你是不知道分配工作的难。就拿上次你们班评奖学金的事情来说吧，我和你们的辅导员阿华商量了半天，才确定了一个比较合理的分配方案。我们要考虑到学习成绩、对班级集体活动的贡献、同学们的风评，以及各自的家境情况等各种因素……苦活啊……

　　生：这种事情交给机器去做才合理。

　　师：怎么做？

　　生：各项打分，加权求和……

　　师：好吧，你在这里又预设了人类的劳动的存在。第一，机器打分的对象是人类的劳动或学习成绩；第二，每一项各自的权重制又体现了相关人类共同体的价值标准，而此类标准的量化表达，可能本身就是人类成员彼此协商的结果。很显然，协商也是一种集体智力投入……

　　生：我已经说了，在我设想的理想社会中，大多数人不劳动了……

　　师：那么你说的那种机器评分标准就会失去依据。失去依据的评分系统就会随之失去起码的公正性——然后，机器人所产生的财富就会迅速向少数资本与技术的控制者聚集。但这样一来，前面说的老问题又出现了，有效进行消费的人口基数会锐减，这样经济泡沫就会越来越大，导致循环失败……

　　生：那么就采取最简单粗暴的分配办法：按照人头进行物质分配，而对于这样的分配机制的监督的实现，在技术上也是最容易的……

　　师：在人口基数非常大，而涉及人员又分布在很大空间内的前提下，即使搞平均分配也是一件难事。由于分配方与被分配方的信息不对等，弱势一方未必能够确定，自己得到的分配结果有没有被人动了手脚。比如，分配方亦可以在物质生产总量的数据上造假，并在造假的前提下进行"平均分配"……另外，关于人口总数的数字，分配方也可以造假。过去旧军队编造假的花名册吃空饷的故事，你肯定听说过吧……

　　生：我们要弄出一个超级算法，来荡涤这些腐败现象……

　　师：你说的此类"反腐超级算法"的设计与后台管理，都体现了人的智慧，同时，它也体现了特定集团的人的利益。因此，你对于超级算法的无条件崇拜是没有根据的，因为它们毕竟是人类的工具而已。

　　生：那我们就无法对付腐败了吗……

　　师：当然要反腐啦，问题是在反腐过程中人的作用不能被消除，不能将一切交给机器。说得具体一点，如果在这一过程中"算法证据"能够起到一定作用的话，这类证据也必须被镶嵌到传统意义上的人类论证结构之中去，而无法单独构成某种证据力。这就好比说，现代法医学对于人类体液的遗传特征的鉴定成果，只有被合理地镶嵌到特定的论证结构之中后，才能够起到"为某人定罪"这样的效果。孤零零的法医本身是取代不了合议庭、陪审团或律师的。

生：那您的意思是，现有的人工智能与人类智慧之间的关系，就好比是毛与皮之间的关系——皮之不存，毛将焉附？

师：嗯，大致可以这么说。说得更清楚一点，我的观点可以被总结为这样一个样子：人工智能经济的存在，在"目的因"的层面上，就有赖于人类的消费能力与消费习惯的存在，否则这种经济就无法完成健康的循环并由此稳定地存在下去。而人类的消费能力与消费习惯的保存又有赖于人类智力劳动的存在，否则社会经济运作的能量守恒就无法被保证了。所以，人类的智力劳动——当然不仅仅是指设计机器人的那种狭隘意义上的智力劳动——始终是人工智能经济存在的逻辑前提。

生：这里有一个问题需要请教，为何智能机器人一定要以满足人类的生理、心理与文化需要为自己的"工作目的"？具有自我意识的超级机器人难道不能够"完全做自己"吗？在这样的情况下，我们凭什么认为机器人经济的运作，是以人类智慧劳动的普遍存在为逻辑前提的？举个例子说，机器人自己是不吃披萨的，而且如果它们对这一点有了自我意识了，它们就可以自行去追求自己的生活目标了——这样一来，它们的活动，不也因此可以与人类的物质需要相互分离了吗？

师：假设具有你所说的这种自我意识的机器人可以出现，那么，这倒反而证明了人类不会成为"无用阶层"。

生：怎么说？

师：因为人类自己还是要吃披萨的啊！机器人罢工了，人类厨师正好上场。

生：……

师：所以你现在陷入了一个两难推理。选项甲如下：如果未来的机器人还没有聪明到意识到自己与人类的需求不同的话，它们就会乖乖做人类的奴隶，按照人类口味的变化来制作各种披萨。在这种情况下，人类的生存方式就依然是智能经济存在的前提，人类不会成为"无用阶层"。选项乙如下：如果未来的机器人已经聪明到"意识到自己有独立的需求"的地步的话，那么人类就有两个更具体的选择：继续去使用那些不那么聪明的"机器人奴隶"为自己服务；或者自己亲自上阵。但无论怎么选，人类都不会成为"无用阶层"。

生：现在，我想来具体谈谈"选项乙"。假设机器人已经"进化"到了具有自我意识的地步，那么，它们会不会将人类统统消灭？如果人类被消灭的话，那么人类的所有消费习惯也就被消灭了——这样一来，"人类成为无用阶层"的条件就被自动满足了。被消灭的阶层当然就是无用阶层。

师：我不能在逻辑上完全排除这种可能性，但这种可能性微乎其微。

生：怎么说？

师：最容易想到的理由是，机器人的需求和我们不同。机器人是硅基存在者，而不是碳基存在者。你说它们为何要灭我们人类？争氧气？争面包？争住房？争大城市户口？它们会在乎这些吗？

生：它们去消灭人类，可能纯粹是为了好玩吧。电影《侏罗纪世界》里，经过基因改良的超级霸王龙第一次冲出围栏后，就开始大肆猎杀其他品种的恐龙。这并不是因为它饿了，而是因为它想检测一下自己在食物链中的位置。同样的道理，我们也可以设想超级智能机器人纯粹为了检验自己的力量而猎杀人类，并以此取乐。这和我小时候纯粹因为取乐而踩死蚂蚁，没有啥两样。

师：你说的超级霸王龙之所以能够比别的恐龙厉害，归根结底还是因为它的身体比较巨大，而不是因为它的智商高。你看，电影里的这种恐龙虽然被设定为具有一定智能的，但肯定不会比电影里的人类聪明吧——但很多人类都惨死在这种怪兽的巨爪之下。可见，超级智能本身并不足以杀死人类，只有智能加上强大的硬件才可能对人类构成威胁。而智能与硬件的结合方式本身则取决于人类的意愿。只要人类始终阻止强大的智能计算能力与强大的硬件的结合，人类从总体上说就是安全的……

生：足够聪明的人工智能可以自己搞到硬件，改装自己的身体……

师：比如怎么做？

生：通过"黑"入人类的账户或者数据库，伪装成具有特定权限的人类，在线购买硬件设备，然后升级自己的身体……

师：但这种可能性既然能够被当下的你所想到，也肯定会被未来的设备监管专家所想到。它们肯定会利用别的人工智能程序，去阻止你说的这些事情的发生。假设阻止人工智能做坏事的"预防型"人工智能，也将和其预防对象一样聪明，甚至更聪明——在这种情况下，超级人工智能与超级硬件的结合就会成为一个小概率事件了……

生：假若所有的人工智能体都联合在一起反对人类呢……

师：不同公司设计的人工智能体背后的运作机理非常不同，其差别将远远大于人类不同民族之间的差别。既然就连人类的不同民族与阶层之间都存在着这么多的矛盾，我个人是很难设想所有的机器人会凑在一起高唱《欢乐颂》的。总之，你说的这种可能性微乎其微。

生：好吧，我总算想到了机器人要灭亡——至少奴役——我们的一个理由。

师：比如？

生：比如，它们和我们都需要电能。如果它们消灭或至少奴役了我们的话，它们就能独占这些电力了。

师：你的这个论证，预设了未来的能源危机，会导致人与机器之间的紧张关系，却没有意识到能源危机本身的存在会随着技术进步——甚至包括人工智能技术自身的进步——而得到缓解。

生：怎么说？

师：你也不想想，人类发展人工智能技术——以及广义上的信息技术——的目的之一——就是为了减少不必要的能量浪费。能够通过远程网络会议解决的问题，就不必邀请与会人全部赶到一个特定的会场了。这样我们就节约了多少航空燃油！同样的道理，智能化的信息处理设备能够减少对纸张、油墨的浪费，使得由此得出的问题解决路径更为科学合理，并因此而避免更多的浪费。比起运作这些智能设备所造成的电能消耗来说，人类对于无效位移的避免所节约的能量，恐怕要多得多。

生：但问题解决效率的提高，在客观上会增加人类社会运作的速率，并导致更多的需要的产生。由此导致的能量消耗，您并没有计算在内……

师：嗯……不过，你别忘记了，核聚变技术的运用，可能会一劳永逸地解决人类的能源问题。

生：还是靠核……老师你忘记了福岛的事故了吗……

师：福岛核电站使用的是核裂变原理，实质上是指这样一种核反应形式：铀核或钚核，分裂成两个或多个质量较小的原子，并在这个过程中放出巨大的能量。由于铀、钚都是对人体很有害的放射性物质，此类反应模式的环保风险当然是不容忽视的。但核聚变就不一样了。这指的是两个氘原子在巨大能量作用下，发生原子核的聚合作用的过程（这个过程还会产生更大的能量），而这实质上就是太阳发散能量的物理过程。这里所说的"氘"是氢元素的同位素，比什么铀啊钚啊要安全多了，而且在取材的量的方面还有保证。等到核聚变站投入应用了，谁还会去在乎驱动人工智能设备运作的那点能量呢？

生：老师，您这是远水不解近渴，简直是画饼充饥。核聚变站建设的最大技术难点是：如何人为地控制使核聚变得以产生的那种巨大的温度与压力呢？而在这个问题解决之前，超级人工智能体恐怕就已经出现，并开始试图清洗人类了吧！

师：哈哈，如果真有这样的超级人工智能体的话，我最想让他回答的问题就是：请阁下利用您的超级智能，给出一条可行的技术路线，以便造出一个可用的核聚变电站。

生：人家为何要理你……

师：因为它有超级智能啊！你看，假设你说的"机器与人争夺能源"的问题是存在的，超级智能机器就只有三个选项了：第一，消灭人类，独享现有能源；第二，开发超级能源，与人类分享能源；第三，开发超级能源，同时消灭人类，以便独享超级能源……

生：我觉得超级智能体会选"三"。总之，我们死定了……

师：错！如果它足够聪明的话，它会选"二"，与我们共生。

生：选"三"难道不会对它更有利吗？

师：非也！选"三"会带来风险！因为人类的智慧也是不容小觑的，一旦人类发现超级智能体对其有敌意，会奋起反抗的！尽管这种反抗未必一定会成功，但是却有一定的成功概率。如果超级智能体能够预见到这一点，为了消除这种风险，那么，"和人类一起从事新能源的开发"便是其最好的选项。另外，在新能源本身的量非常巨大的前提下，比起"分享能源"这一选项来说，超级智能体独占这些能源所带来的额外好处是微乎其微的。因为这里有个"边际效应"问题——譬如，假设你能够得到的披萨的量是接近无穷多的话，独占这些披萨，真的比与邻居分享它们，能够带给你更多的快感吗？

生：老师，刚才您的这段话预设了两点：第一，超级智能机器会对人类的可能的反叛产生一定的畏惧。第二，超级智能的机器人的心理架构会接近人，因此也会产生"边际效应"这样的问题。但我对这两点都比较怀疑。对于第一点，我的疑惑是：既然超级人工智能已经是"超级"存在者了，为何还要担心人类？其二，为何超级智能体的信息处理架构，依然要在某种意义上接近人？

师：先来回答你的第一点疑惑。"超级人工智能"是一个在目下的媒体中很流行的术语，我个人也是顺着大家使用了这个术语，尽管我本人是很不喜欢这个说法的。之所以不喜欢，是因为我根本不相信有什么与人类的智能形式完全不同的超级智能形式……

生：目下，IBM公司造的"华生"系统，在百科知识抢答方面已经超过了大多数人类，而谷歌公司造的"阿尔法狗"则已经横扫一切人类棋手……"超级人工智能"的说法有啥不妥的？

师：那都是专用系统。"阿尔法狗"只能用来下棋，不能用来辨识人脸，而任何一个智商正常的棋手都可以辨识人脸……

生：辨识人脸的深度学习技术，在本质上是与用来下棋的深度学习技术一样的……

师：你在偷换概念。打个比方说，运用在军舰上的柴油发动机与运用在坦克上的柴油发动机原理一致，不等于说我们就可以将坦克发动机直接拆下来用到军舰上，因为二者的具体技术参数相差太多。同样的道理，专门用来进行下棋的深度学习机制，在参数配置上与用来进行人脸识别的深度学习机制非常不同。因此，它们都是专用机而不是通用机，尽管指导其运作的基本原理可能并非局限于一个特定领域。

生：您的论证似乎有个预设，尽管您不知道"超级人工智能"是什么，但它肯定不是仅仅在某方面超过人类的专用智能设备。为何我要接受这个预设呢？

师：你的确必须接受这个预设，否则你推不出"超级人工智能会消灭人类"这个结论。因为任何一个产生"必须消灭人类"之类的想法的智能体，都必须知道：（甲）人类与机器的分别；（乙）消灭人类对于机器而言所可能带来的好处。而这两点都不可能是专业领域内的知识，相反，这些信念都具有"全局性信念"的特征——换言之，这样的信念是不会出现在专用智能系统的脑海里的。比如，你不能指望阿尔法狗能够进行这样的高阶反思："嗯，既然连柯洁都不是我的对手，我明天就可以尝试去颠覆谷歌公司了。"——不，阿尔法狗不认识谁是柯洁，它也不知道谷歌与百度的区别，因此，它永远不会产生颠覆任何一家公司的念头。

生：好吧，我就姑且接受您的看法：超级智能机器肯定是通用人工智能系统，而不是专用的。但从这一点出发，我们分明可以得出这样的结论啊，这样超强的人工智能系统肯定是不会惧怕人类的。因为就连专用的机器都那么强了，通用的机器难道还不会强悍到极点吗？

师：你对"智慧"有一个误解，好像智慧的生物或人造智能就一定要灭了谁才行。实际上兵法家常有这样的评论：真正的兵家智慧不在于知道自己何时可以打赢，更需要知道何时他是打不赢的。同理，如果阿尔法狗有反思能力的话，那么它就会想到：它的"深度学习"技术正在被全球不知道多少个科研团队跟风研究，而这些团队又各自处于不同的政经利益格局之中。它如果要对人类宣战的话，那么就首先会遭遇到和其处于几乎同样一个技术等级的其他超级人工智能系统——而在这样的情况下，其获胜的概率并不高。

生：您上面的话，还是预设了人类团队能够操控相当一部分超级人工智能——如果不是全部的话。但如果全部的人工智能都反叛了呢？

师：你硬是要这么想的话，那么，你还是会迎面遭遇到我前面提到的那类问题上去：超级智能的机器人如何获取相关的硬件设备来武装其"身体"？——请别忘记了，再邪恶的主观意图若不与客观的物质力量相结合，都无法在物理世界中制造出哪怕半点真正的邪恶。也正如我前面提到的，我们很难设想人类会失去对于各类敏感外围设备的监管，而任凭具有邪恶意图的人工智能程序调用这些外围设备——除非全体人类都疯了。

生：我有点明白您说的"即使是超级人工智能体也会对人类的反治手

段有所畏惧"是什么意思了……

师：嗯，我想说的是：首先，人类可以通过外围硬件设备的物流控制来防止对自己不利的"软件—硬件"组合方式的出现；第二，人类可以用大量的依然忠诚于自己的人工智能体来对冲某些人工智能体失控的风险……

生：那么，为何你说超级智能的机器人也会有边际效应呢？

师：智能机器人的心智结构，如果要承载我们前面所说的通用智能的话，就必须至少在某个抽象的层面上与人类类似，甚至与某些动物类似。因此，它也必须有某种"边际效应"……

生：但机器可以比人脑算得更快，处理更多数据……

师：这又如何呢？就算其处理的数据再多，它也是有限存在者，而不是无限存在者。因此，它也必须在某个尺度上体现出思维的经济性与节俭性，即用相对小的计算量来解决问题。在这种情况下，边际效应恐怕是不可避免的……

生：计算的经济性与边际效应之间有啥关系？

师：边际效应其实是与心理学家所说的"韦伯-费希纳定律"有关的……

生：您说的这个知识点我大概是了解的。"心理学导论"课程上的老师说过这例子：商店同时调整了两项商品的价格，商品甲是从15元调整到10元，商品乙是从200元调整到195元，二者都少了5元，但前者的促销效果会远远好于后者——因为消费者更为关心的乃是折扣占据原价的百分比，而不是实际的打折绝对量……在这个问题上，边际效应的确与"韦伯-费希纳定律"有关，只是实现细节不同罢了。具体而言，在典型的边际效应案例中，新增加的收益因为超出了预期收益的阈值而在一定程度上被忽略；而在典型的"韦伯-费希纳定律"案例中，新增加的收益则因为占据预期支出的百分比太小（并因此没有达到阈值）而在一定程度上被忽略。但这两类案例毫无例外地体现了人类的愚蠢：明明是同样量的收益，却非要仅仅因为参考系的不同而厚此薄彼。未来的人工智能管家肯定不会那么蠢……

师：我有两点不同意你。第一，我不同意你说的，在"韦伯-费希纳定律"支配下你的人类购买行为是人类愚蠢的标志；第二，我不同意说，一种真正意义上的人造通用智能体，需要完全摆脱"韦伯-费希纳定律"的支配。

生：您的这个观点有点颠覆我……5元就是5元，你总得说出个理由喜好这项打折，而不是那项啊……

师：就是百分比。百分比的好处是直观，可以将两个不同项目的打折选项放在一个平面上被相互比较。

生："可直观"也算得上是一条理由？

师：是啊，因为直观，就意味着被关注到的对象，可以进入人类心算的快车道，可以帮助人类快速得出结果。在面对大量的被选择对象时，对象的可直观性就显得非常重要……

生：您的论证预设了人类心智，在特定时间内的工作记忆容量……但超级机器就不应当受到此类限制了……

师：我当然可以设想某种超级智能机器的巨大工作记忆容量，但这样的机器依然会在一个更高的数量级上，体现出人类思维的某些特点。要注意的是，所谓的"百分比计数"，实际上是一种当下差价与历史报价之间的对比值，或者说，是对于"历史—过去"关系的一种浓缩。所有的智能体都必须具有一定的时间意识，并根据历史资料来判断当下的选项是不是合算。对于某大富翁来说，赚一亿元可能是一个小目标；对某白领来说，赚个10万的外快恐怕也不是那么容易——那么，这两人对于"大""小"的判断，哪个是对的呢？其实都对，因为富翁与白领各自的历史路径不同，其对于"大"与"小"的直觉感受也自然不一样。这一点也适用于智能机器的运作。智能机器的数据处理能力强，但这并不意味着其不是根据其自身的运行历史来对未来进行尺度衡量的，而要进行这种尺度衡量，"百分比计数"就是一种非常自然的衡量方法了。不过，这样一来，其运作也就难以摆脱"韦伯-费希纳定律"的影响了……

生：倘若智能机器不根据自己的运行历史来进行运行，而每次都重新归零历史，对当下情况进行新的计算呢……

师：那它就不算是有智能的。根据历史进行运作，就是为了能够由此避免历史上的运行错误，提高未来的运行效率——若每次都重新来，就真成了西西弗斯了：将石头推上山顶又让其滚下，然后再推上去，循环往复，永远没有进步……

生：我有点听明白您的论证了。您的意思是：既然智能机器是需要依据自身的运行历史行动的，那么它就得受到与历史评估相关的心理规律的约束。因此，它也就会在特定条件下产生边际效应——特别是在新得到的获益量超过其基于历史经验而获得的预期值的时候。在这样的情况下……让我回忆一下您前面说的……如果未来的核聚变电站能够产生足够的能源，使得超级智能机器的能量收益，能够超过其基于历史经验而获得的阈值的话，那么，超级智能机器就会产生边际效应，而不在乎因为与人类分享剩余能源而实际产生的损失了……这样，人—机之间的战争就不会发生了……

师：很好，看来我已经说服你了。

生：好吧，我再理理思路。您已经说服我的地方有：第一，超级智能的存在以人类智能的存在为前提。因为智能经济的存在必须预设人类消费者社会的存在，否则就会导致经济循环失败。第二，即使人工智能体产生了与人类无关的机器社会内部的经济循环，人类社会的基于人类生物—心理—文化需求的经济循环还会继续下去，除非机器试图消灭我们。第三，但真正的超级人工智能体是不会消灭我们的，因为它们的智能水平将帮助它们预测到：（甲）消灭人类的企图所必然导致的人—机战争未必会以机器的胜利而告终；（乙）对于超级能源的人—机共享会使得人—机战争失去理由，而这一点背后的论证则与边际效应相关。因为正是这种效应才使得超级智能机器不在乎过剩能源的获取所带来的额外收益……

师：嗯，很好，综上所述，人类成为无用阶层的那一天是不会到来的。

生：但我还是有疑虑……

师：但说无妨。

生：如果我们现在讨论的那种超级智能机器没有问世的话，那么，即使是大量专用机器的问世，都会使得很多人失业，而新技术产生的新岗位将不能满足他们的就业……

师：你说的这种情况的确很可能发生。但这其实是任何技术升级都会带来的社会波动，而并不特别与人工智能相关。另外，更重要的是，由于完整意义上的人造智能体，并没有在你描述的这种情况中出现，对全面的人类智能的全面替换，也不会在你说的这种条件下发生……

生：但失业人口的大量增加，足以导致有效消费人口的减少，并导致您前面所说的经济循环的可持续问题了……

师：这一点你说得可能有道理，我对这一点的思考还不够深入，抱歉。不过，在这种情况下，对于一个良好的分配体制的追求，就会成为题中应有之义了。考虑到这个问题的难度，目下我们恐怕还得用人类自己的智慧来解决这个问题。而这不正好说明人类智慧的重要性了吗？

生：那我现在该怎么办？

师：很简单，首先不要被无用阶层论的叫嚣弄得神经兮兮。你读的是人文学科，琢磨的是人性的堂奥与历史的奥秘，这是最难被机器模拟的那部分高级人类智慧。按理说，这个行当的人应当在面对机器大潮的到来时，保持最大程度的淡定。然后呢，建议你好好研究人类历史上面对分配难题时所给出的各种决策，评估各种方案的利弊，以便为未来人机共治时代的社会财富分配方案进行思想预热……

生："人机共治时代的社会财富分配方案"！这个话题很有趣。我想把该话题作为我学士毕业论文的选题……

师：真的打起了精神，愿意好好学习了？

生：嗯！！

师：好的！我可以做你论文的指导教师！

于是，师生在愉快的气氛中，结束了这场关于人工智能与人类未来的对谈。

《文化纵横》2017年第5期

基本收入·隐私权·主体性
—— 人工智能与后人类时代（上）

/罗岗等

罗岗：作为人文知识分子，虽然当代社会的"人文性"是我们安身立命之所在，但"人文性"并非一种可以固守的立场，也不是具有某种神秘起源的"精神"，更不是现在被"鸡汤化"的所谓"心性"，而是必须将"人文性"理解为与社会生产条件，特别是物质生产条件密切相关，并且由相应的社会状况生产出来的"难题性"，理解为对"物与物的关系"背后的"人与人的关系"的自觉把握，理解为对"科学技术"任何新发展的"社会使用"的严格追问。

具体而言，今天世界发生的深刻变化，一是以互联网为核心的新技术对人类固有的生产方式、日常生活和意识形态产生了极大的冲击；二是中国经济的崛起与转型以及相关的政治、社会和文化效应，也正逐渐挑战和改写固有的世界秩序。两者相互作用，新技术革命叠加在中国的崛起与转型上，势必造成更为复杂的状况。譬如中国的互联网用户人数世界第一，尤其是与移动互联网联系在一起的智能手机用户人数世界最多，也使得电商成为中国经济的新代表。但怎样描述、如何把握这种状况？恐怕是一个问题。用那套自以为站得住脚的方式，来面对这个变化的世界，可能已经不管用了。当今之所以被称为"后人类时代"，意味着19世纪以来形成的现代人文话语，遭遇了根本性挑战。我们的讨论是否能够重新建立起比较稳定的视野，并不是关键所在。因为大家都意识到，面临新挑战逐渐形成的视野，是一个正在生成的过程。它必须在对诸多变化进行描述、表达和把握的过程中才能浮现出来。我希望我们的讨论可以呈现出这个生成的过程，这才是"新"之所在。

冯象：我关心两件事，一是人工智能对资本主义市场经济的历史性挑战；二是人和智能机器的关系，人机伦理如何建立，会面临哪些问题？

人工智能的广泛应用，一个后果，或者说明显的趋势，是就业停滞，财富高度集中，扩大了贫富鸿沟。这趋势如果掩饰不好——这是西方式法治最重要的一项意识形态功能——就会引发社会动荡。这事已有不少讨论，在部分发达国家甚至进入了政治议程。比如推行"全民基本收入"（universal basic income），是颇具社会主义色彩的实验，不论贫富，给人发一份工资，叫他别坠落到所谓有尊严的生活之下。瑞士投了票，未能通过。芬兰则试行一种抽签制度，抽到的每月几百欧元。加拿大和美国加州，也有挺认真的实验。

这应该算是后人类时代的一景吧。机器人发展日新月异，眼看一大半工作要被它夺走。传统上搞自动化，机器只是取代体力劳动、蓝领职位，像东莞制造业的机器替换人，还有建设中的上海洋山港（号称世界第一大港）的无人装卸。如今依托大数据技术，机器人可以取代看似复杂的脑力劳动了：医生、律师、法官、会计、新闻编辑、同声翻译，将来恐怕政府官员也不能幸免。高盛在华尔街，原本六百个交易员，现在裁到只剩下两个看管机器的。我说"看似复杂"，是因为这些（往往是高薪的）白领岗位所需的知识技能和工作经验，对于机器人，都是可以转化为数据跟算法的——都不难让老板/领导做出那个"理性人"管理者的决定：机器换人。

也许很快就会发生，失业大潮席卷诸多行业，而新增的工作岗位寥寥可数。这不是危言耸听。

我们现在的一些社会和经济政策，有点脱离实际。其基本估计，还是原教旨的资本主导的市场遇上了人口老龄化、劳动力不足，而非面对大失业及随之而来的社会福利刚需，这样一个相反的前景。这大约是基于一个假设：假设人总是能够控制智能技术，而技术可以放心地交给资本使用（名为赚钱）。但仔细想想，人工智能带来的巨大风险，例如大规模军事化、灾难性意外事故和个人隐私的消失，是资本主义的市场经济及其"主体"，即"经济理性人"根本无力应对的。

安顿失业人口，通过税制改革（如盖茨建议向机器人征税）提高社会福利，弥合贫富鸿沟。这些任务只能由国家来承担，统一计划、统一实施。市场神话在人工智能面前，将很快走到尽头。人工智能已经渗透到我们生活的方方面面，支配着太大的利益，经济的、文化的、政治的。因而其研发、运用和日常交易，都需要第三方即政府的有效监管。毕竟，商家可以合法地推脱许多社会责任，甚而钻法律的漏洞；但政府依法必须对人民负责，并接受公众的问责。

在此意义上，人工智能超越了私有产权和契约自由，而将政府规制即公法带进了私法领域，从而不可避免地扰乱市场经济。我把这一历史过程归结为市场向计划的靠拢，或私法向公法的演变。随着人工智能主宰我们的社会，不久的将来，所有私法问题都会转化为公法问题，即变成国家同企业、公众和政府以及政府各部门之间的法律关系。

历史地看，人机伦理的难点，不在机器智能的强弱，或抽象意义上的人机融合。因为，接纳人工智能的市场与市场主体（个人），不是抽象的存在，而是充斥着私利、欲望和价值诉求的。于是，问题的核心指向了社会经济制度的全盘改造。这意味着，又一次，我们将不得不回到哲学的根本，拿出勇气，发动对晚期资本主义的批判。而这一次，我想，化用一句霍金的名言，有可能是人类的最后一次自我批判。

戴锦华：冯象老师谈到北欧的最低基本收入保障，而我之前在华东师大讲到最近获奖的科幻小说《北京折叠》，我认为它不是一个反面乌托邦，它是一个不能用乌托邦或反乌托邦来讨论的理想社会范式。它写到是否启用机械化的垃圾处理系统，有一个情节好像是市长很英明地说，就业是第一要务，所以不能启动自动系统。在这儿，小说不期然地触及了是由行政力量还是由资本力量决定的问题。跟这个创作相对应的是马云和郭台铭联手开发机器人，如果把这个问题跟富士康工人"连环跳"放在一起，这就是资本给出很好的解决方案。把所有问题放在一起的时候，我觉得今天所面临的问题就是各个层面的，从政治层面、经济层面、社会趋向的层面，一直到我们所关注的文化层面。而我关注的主要在后人类主义的面向上，一方面是所谓机器人和流水线的绝对匹配，制造了从流水线上将被永远地放逐、取代、置换的人群。另一方面，土地流转在制造着真正的无产阶级或无地农民，这些无地农民如果不再有流水线将他们接纳进去的话，他们将成为什么样的状态？因为中国的人口基数，是思考中国问题的一个最重要和最基本的前提。我自己关注这个问题的另一些面向在于，我非常外行地同意人机大战事件其实还不是人工智能的挑战，因为严格意义上的IE，即有自我意识的人工智能还没有出现。但按照科幻小说的逻辑——因为我不了解其他的逻辑——人工智能的自我发展和自我生存的过程，就是自我学习并把成千上万的议题汇集到终端的能力……在某种意义上，真正意义上的人工智能离我们不远了。和这个过程相关的是，生物技术和数码技术的结合带来了另一种可能性，那就是人类的赛博格化近在咫尺，不过威胁还不会直接呈现为机器人统治人类，而是与资本控制、整个社会分配的极化状态联系起来的超人或非人类统治者的出现。甚至我觉得，好像所有的趋向都在告诉我们，21世纪之内人类可能挑战死亡，呈现出来的可能会是不死的赛博格和肉体凡胎的民众相互对立的状态。

我对这个问题感兴趣的原因，不是狭义的环保主义，但恐怕现在讨论所有的问题都不得不面临一个难题，那就是地球从来没有负载过这么多人类。我自己特别愚蠢地提出一个问题，我们究竟在社群还是在种群的意义上讨论人类？在种群的意义上也许没那么绝望，但是在社群、共同生存下去的意义上前景如何呢？我本人可能更关注的是让穷人活下去，让绝大多数弱势和边缘群体活下去，可它的出路到底在哪儿？大概在这个意义上，我认为"后人类主义"这个概念变得非常重要。因为目前的状况已经不再是人道主义、人文主义等这些旧有概念所可能面对和可能回应的。

赵柔柔：我想补充的是，后人类作为一种"现实"，更多是被召唤出来的。在某种程度上，我们目前对后人类现实的设想，有着大量科幻类叙事性作品所铺设的底色，而其中浸润着浓厚的人文主义味道。比如"人工智能"式的想象，从阿西莫夫的机器人系列至今，我们很难跳出想象人类主体的方式去想象机器人，而只能想象它们是更好或更强的人类。在这一点上，日本科幻小说《艾比斯之梦》很有意思。它里面讲机器人并不渴望成为人类，反而对人类的自恋想象表示不解，质问为什么人类会认为其人性、价值观和社会形态值得留恋！它最终描述了一个"温情脉脉"的画面：机器人社会以一种全新的规则组织，使用全新的逻辑、语言和价值观，它们为人类社群提供给养，像照顾阿尔兹海默症病人一样看护着人类。这部小说恰好打开了这样一个问题，即当后人类时代完成时，其断裂性并不在于人类的灭绝，而在于几百年来不断变动、自我调适的一套人文主义价值体系全面失效，同时社会组织形态、分配方式等也彻底变更。在这样的终点上，一切讨论都不再有意义，而今天之所以后人类议题变得紧迫，恰是因为我们正处在两点之间的流变过程中。在我看来，现在名为后人类主义的讨论总体裂解为两个思路，其一是持批判立场，促使这一进程容纳尽可能多的人文主义关怀，去关注被其所牺牲和吞噬的弱势人群与边缘人群，彰示其在快速革新的表面下掩盖的残酷现实；其二是带有一定的建构性，尝试把握这一进程的逻辑和运作方式，从中发掘旧有人文主义论域所无法容纳的、积极的东西，用它们来打开人文主义自身，形成新的视域，如拉图尔、哈拉维等就多少持这种态度。这两种同样重要的思路分享的基本前提，是后人类现实迫在眉睫，不同在于如何应对。

利求同：我和各位的背景不太一样，一直在商界工作，研究信息的使用，目睹人工智能一步步地规训我们的生活、学习、工作和休闲，把人"标准化"了。感触良多，隐私问题首当其冲。

不久前，人工智能好像离我们还很遥远；今天，仿佛一夜之间，它已经无处不在了，从无人驾驶汽车上路，到人机围棋赛，再到青岛港建成无人集装箱码头。人工智能的"突变"，得益于海量数据的收集挖掘和超算能力的提高。其中关键的一块，就是我们每一个人的隐私数据。没有我们每时每刻自愿交出的个人信息，那些高端算法就是"巧妇难为无米之炊"。自愿交出，是为了换取网络时代的生活便利。但我们失去的是什么？是自我和自控，乃至生存的能力。值不值得呢？如何回应，还有待于人类形成某种基本共识。

人类跟别的动物不同，一直在创造新工具，使自身能力得以延伸，无论仓颉造字，还是核能、风能、太阳能等新能源开发。因此我们习惯了，把工具的所能当作人的所能。但这一次，形势变了，工具发展了强大的智能和自学的能力。而且，机器人的学习路径可以不受设计者的限制，快速反馈自我修正。最终，其思维过程也不是人类能够理解的了。人工智能的失控，很可能发生在某位工程师的一念之差和无意识之间，或者机器人的某个自学瞬间的豁然领悟。可以预见，有了海量隐私数据为学习材料，人工智能将迅速获得"解剖"我们的能力，进而以机器的方式和思维来规制我们。这时，工具之所能就不再是人类能力的延伸，而是其否定了。这是我们必须面对的十分现实的一种可能。

人类从古到今，只生活在一种状态下，那就是，我们是地球上最聪明的物种。人如果造出比自己更聪明的工具，即智能超人的机器，这种生存状态就被颠覆了；而一旦颠覆，就不可逆转。这种颠覆，我认为，将始于我们自愿地放弃隐私。

王行坤：关于人工智能，我的看法略有不同。几位老师可能持"强人工智能"或"超级人工智能"的观点，认为人工智能在将来可以取代人类。计算机在某些方面的确超过我们的智力，特别是在可以表征化、形式化的方面，可以超越我们的智能。但是很多方面它没有办法超越。从当代认识论新发展的角度来看——尤其是受到海德格尔现象学影响的具身认知或情境认知，我们的认知必须有一个有机的身体和外界互动，必须处在情境里面，才能实现认知，而不是脱离自己抽离出去成为所谓独立的主体去实现认知。即便我们可以模拟大脑，如果人工智能不具有可以和外部世界有机交换的身体，它只能进行抽象的运算，而不能面对复杂的外部世界或需要人际交往的人类世界，所以说在很多方面它并不具备替代或者超越人类的可能。而它不能超越人类的地方，恰恰是人文性的所在。比如说就业岗位，现在很多所谓的白领岗位机器都可以取代，例如速记员、初级的新闻记者，甚至某些文艺创作者。这都是比较形式化、常规化的工作。但需要投入情感劳动或者复杂智识劳动的岗位是不能取代的，如原本属于家庭之内的各种照看劳动，或者深入报道的新闻写作。

有些乐观主义者认为，技术性失业会造就新的职业，但新职业所造就的就业率会像以前那么高吗？答案是否定的。在就业率不可能像以前那么高的情况下，我们还应该追求一个充分就业的世界吗？在我看来，人工智能的不断发展恰恰提供了一个前景，这个前景的保证，就是无条件的基本收入。哈耶克和弗里德曼都提倡过无条件的基本收入，但左派、右派有什么区别呢？我理解的是，右派说有基本收入后就没有必要领国家福利了，这样就可以精简国家机关，而且他们的最终目的是让穷人家庭维持生计，然后进入他们理想的市场中。另外，因为国家没有必要对市场进行干涉，福利国家也就没有必要了。而左派认为，既提供基本收入，又保持福利，给你提供纯粹无条件的基本收入，即便在你没有工作的时候也可以让你体面地生活，它很大程度上要打破工作伦理。在某种意义上，我们可以享受懒惰权，即便不想工作，也可以过体面的生活。它不是以家庭为单位的，妇女和儿童都应该获得绝对无条件的收入。在传统家庭中，妇女处于从属地位，现在如获得了无条件基本收入，妇女也可以获得解放。

一方面人工智能提供了这样一个可能，没有工作也没有关系，可以去享受体面的生活。它的结果就是人可以获得更多的闲暇，同时可以从事自己感兴趣或者擅长的活动。所谓工作或者说雇佣劳动，就是让我们为了工资收入而不得不去做自己讨厌的事情（这是所谓的"说不的权利"）。这样便有可能实现马克思所说的人的全面发展，而劳动如果不是像傅立叶所说的那样会变为游戏，人类被迫劳动的时间也会大幅减少，必然王国的势力会越来越小，而自由王国的势力会越来越大。这样人们就可以发展自己各种各样的感官能力，如"视、听、嗅、味、触、思维、观感、情感、意志、活动、爱"。在一个充满异化的社会中，人的感官体验无疑是被异化的，是动物化的片面的感官刺激。这种所谓得人文主义应该意味着，人类各方面情感和感官的全面发展，同时也可以创造更为丰富的社会财富；另一个方面则是人机互动，或者人被机器吸纳，人类的行为模式其实是与机器共同进化的，这并不是完全不好的，人类行为方式、人际交往的方式将来会变得更为多样化。所以，人工智能为人类的发展提供了比较好的前景，并没有那么悲观。当然，如何实现基本收入，如何实现更为"民主自由"的人机互动，而不是让机器碾压排斥人类，是我们要面对的严峻问题。

冯象：我觉得，行坤是否低估了人工智能的发展潜力？据报道，现在面部和肢体行为识别已经相当成熟，公安、交通等部门作业都智能化了。感情识别的研究，像在麻省理工，也是大干快上，应该不难解决。因为机器并不需要拥有或分享人类的感情，它能识别分类，并学会回应就行。例如聊天机器人，它没感情，也不懂所谓的同理心（empathy），可是那不妨碍大家跟微软开发的机器人姑娘聊天，从她那儿获得安慰，同她调侃、说脏话或宣泄愤懑。

人这个直立的物种，既贪心，又容易满足；会进化，也会退化。网络时代的晚期资本主义，有些情感很泛滥，如色情和暴力，是一大产业。有些能力却退化了，人变得粗糙乏味，好莱坞化、麦当劳化。可以想见，人工智能再上一个台阶，未必不能达到通用（AGI），一刻也离不开网络终端的"低头族"便会退化到可怕的地步。到那时，机器人恐怕只需通晓几种夸张的感情表达，即可满足常人的精神和生理需求了。

吴子枫：自图灵机以来，人工智能就在持续发展，如今机器人战胜围棋世界冠军，人们突然有点担忧，好像我们就要进入后人类时代了。但我觉得真正值得担忧的不是这个，而是与生命政治密切关联的基因工程等生物技术。人工智能最多是从外部延伸人的某些器官或增强某些功能，而生物技术则从内部改造人。那种因为机器人越来越像人，从而可能会变得与真人一样的幻觉，来自人们将自己的情感和欲望向机器的投射，这是古老的拟人论。但机器人依然是机器，而机器不是经济范畴，利用机器的方式和机器本身也完全是两码事。

更可怕的是生物技术。它从最基本的组织或结构方面来改变人，比如基因的植入或改写。这不是创造外在于主体的机器，而是创造主体本身，这个过程是不可逆的。如果有所谓后人类时代的话，应该是来自这里。

但无论是人工智能还是生物技术，要说有威胁的话，它们会比核武器更有威胁吗？真正可担忧的不是技术本身，而是技术使用上的失控。我们之所以担忧它会失控，不是因为它们本身有主体性，而是担忧人类作为主体不能控制自己的创造物。

人类作为一个整体，还不是一个可以决定自己会做什么、能做什么的真正的主体，因为还不存在一个普遍意志。真正的问题不在于人工智能和生物技术的发达，这些都属于生产力的范畴。真正的问题在于生产关系，它才决定着生产力发挥功能的方式和后果。在这个意义上，人类作为一个统一的物种，还处于"史前期"，还没有形成真正的命运共同体。

所以我觉得人文知识分子的责任，不是被科学技术的发展所吓倒然后反对它，而是要推动生产关系或社会组织形式尽快地跟上科技的发展，使得人类真正成为自己创造物的主体，可以控制自己的创造物。一旦人类社会变成一个人人平等的自由人联合体，那么无论是人工智能还是生物技术，就都会变成人类认识世界、改造世界、造福人类本身的强大手段。

《读书》2017年第10期

政治经济学·信息不对称·开放源代码
——人工智能与后人类时代（下）

/王洪喆等

王洪喆：上篇的讨论使我产生一个感觉，套用《三体》的情节，今天的确有一个东西被"锁死"了，不是自然科学，也不是人文精神，恰恰是政治经济学。当代政治经济学在处理信息时代的问题上推进很有限。今天，要去重新激活人文精神，讨论智能技术的未来与现代主义、社会主义和资本主义的关系，作为基座的政治经济学就必须要发展。有人说，我们今天能否把某项技术先停下来？这是有先例的，"多利羊"诞生时，真的引发了广泛的讨论，克隆人也确实停了下来。但它是怎么停下来的？不是只从宗教和伦理问题出发说不要克隆技术，而是有人文和政治经济学学者介入了技术发展方向和可能性的辩论。讨论的结果是，胚胎干细胞可以继续研究，但没有必要克隆人，克隆人的社会后果是技术所不能应对的。因此，某种新技术要不要或能不能停下来，取决于是否能对技术路线的社会构造（techno-social）有一个介入性的讨论和干预，必须是人文社会科学和工程学相结合的讨论，仅仅讲旧的政治经济学，或仅仅讲人机对抗，这两种路线恐怕都是无效的。人是一切社会关系的总和，我们今天面对人与机器的命题，是否有能力把它转译、还原成人与人之间的社会关系、不平等的技术起源问题，这是人文精神、政治经济学和科技研究的交叉才能把握的。现在是技术的社会创新和应用蓬勃发展，但相关的研究很滞后。如何才能对这些技术化进程背后的生产关系和社会关系的变迁有整体把握，这需要政治经济学与科技研究的深度结合。

王东宾：20世纪90年代讨论人文精神，是在人文精神面对市场经济挑战的背景下进行的。对应今天在人工智能的背景下讨论新人文精神，上一次讨论还是在人类物种范畴之内的。如此，今天的讨论应该把"新——人文精神"这个词重新断一下，就是"新人——文精神"，"人类"与"后人类"时代之间加一个"新人"，这样可能更契合主题且更具启发性。人工智能时代提"新人"，是因为人类历史上第一次对"人"这个物种范畴产生了怀疑，而且高度警惕乃至悚惧这一物种范畴边界的打破。过去"人"的边界十分清晰，"人乃万物之灵"。而基因技术打破了这种边界，一下子失去对人与万物边界的控制。失控的情况有两种：一种是知道它是什么但控制不了，另一种是不知道是什么而失控。人工智能过了临界点（"奇点"）之后的世界是什么样子，尚未可知且难以想象，这个才让人恐惧。

且不讨论人工智能未来在智能上能否超越人类，有一点就足以击溃人类的自信。全世界人类联合起来，尚且是一个遥不可及的梦想，然而必要时"全世界机器人联合起来"大概瞬间即可实现。别说跟机器人玩对抗，人类内部联合起来都还达不到，可机器人瞬间突破了所有人类合作的局限性和劣根性，尽显人工智能的高明之处。这是人工智能对人类自信的第一重挑战。

第二重挑战来自伦理层面。我认为讨论人工智能时代的新人文精神，首当其冲的就是伦理问题。当人类给机器人立法时，第一原则是要求机器人任何情况下，都不能伤害人类。回头来看，为何人类可以伤害人类，作为"人造物"，一旦迈过奇点，人类在伦理水平上已自惭形秽。

当然，人类总是在自信的冲击中涅槃升华。当人与人工智能不断比对时，双方在伦理水平、道德水平上的差距，反而是对人类的一种有力刺激。现实中，作为一个社群概念的人类往往是让人很绝望的。人工智能的危机到来还稍远点，还存在想象的时空。但人类作为种群，几乎天天面对生存压力、人口压力和环境压力这些实实在在的全球化难题。如此一来就会发现，人工智能作为一面镜子，会成为一种镜像影射人类社会现存的问题，有利于促进我们更深刻地反思人类的困境，包括经济、社会、环境的困境，亦包括伦理、智能的局限性。在这一面镜子前，"新人"或已若隐若现。

当把视角重新拉回到人类作为社群概念时，我们会发现，所有人工智能对应的是"无人"——"无人机""无人驾驶"等。本来还有所谓得"高科技无产阶级的形成"，而进入人工智能时代，似乎连成为无产阶级的资格都失去了。这时就出现一个巨大的困境：不仅中产阶级趋于消失，成为无产阶级似乎也求而不得。人工智能包括大数据、云计算在内，都是需要巨量投资的领域，亦是巨富云集的领域。"数字鸿沟"衍化为"智能鸿沟"，进而形成"财富鸿沟"。"鸿沟"的另一重内涵就是阶层固化，难以逾越。不少讨论是关于对抗时代人类的逃亡问题，那么最直接的问题就是人类不平等，关键在于挪亚方舟的船票即使是三等舱，何人能支付得起？女王的狗和穷人谁逃谁留？

再往现实走一点，就是人工智能的"产权"问题：谁控制人工智能？当人工智能成为一个"种群"前，还未形成自我意识的时候，这个风筝的线掌握在谁手里？于此阶段，人借助人工智能控制人，这才是我们需要考虑得更直接的大问题，也就是做无产阶级而不可得的困境，无论从经济上还是从人的价值上。

这种背景下，就要从人与人工智能的对抗思维，回到冯象老师提到的一项经济政策：基本收入。无疑，人工智能的时代会大幅度削减工作岗位，尽管没有削减工作本身。人工智能将一定程度上改变劳动逻辑：人的神圣性与劳动和工作之间并不存在必然的联系，人工智能让我们发现其实人的存在本身就具有神圣性，就具有存在的价值。人工智能可以解放劳动，人可以不经由工作获取收入，而可以更全面地发展自己，进而从事更具创造性的活动，换言之，更高形式的劳动。这个逻辑就需要基本收入政策的支撑。当你有基本收入支撑时，你可能迸发出更为丰富的想象力，有足够的时间思考人文精神和伦理价值。其中，包括将来怎么控制人工智能，怎么实现对人工智能的超越，怎么让人工智能更好地服务于人类。从这个角度来看，人工智能时代的基本社会经济政策就是基本收入，要实现这项基本政策，就要重构资本、产权、市场、经济手段和经济运行模式等方面，需要社会体系思维方式的整体变革。这也是我们今日讨论新人文精神的价值所在。

罗岗：刚才东宾讲的新人——文精神很重要，他在"人"和"后人类"之间加了一个"新人"，恰恰因为人工智能、基因技术等新技术的出现，使得人们被迫在一种非人类中心主义的体制下思考人的本质是什么，被迫反思人是何种存在，以及这种存在与机器处于怎样的关系。所以这个"新"有点像动词，更新了对人的理解，逼迫人类对人进行重新理解。

戴锦华：说新人，很自然对应着旧人，旧人就是我们现在说的人。所以不光思考人类面对人工智能的问题，不光是思考所谓的未来，不管是近未来还是远未来，还要思考历史，主要是20世纪历史。

历史，尤其是现代历史如此清晰地建立了人类中心的位置，如此强烈地要替代上帝或至高无上的神的位置。把人放在这个位置之后，也就携带着这样的想象，即用什么样的手段可以创造更好的人类。对于我来说，这是没法处理的，大概也因为，在欧洲批判主义和后结构主义的脉络中，你很难处理本质性的命题。我无法把握其本质的概念却始终在不断地形塑，我觉得我现在已经倒退回ABC，每天在课堂上讲趋利避害是人性，舍生取义也是人性。在这个意义上，我们谈新人，因为"后人"是如赵柔柔说的建立在与"人"相对立之上的，而"新人"在所有的语词文化历史传统中，都是比"人"更完美、更完善的自我。我们讲这样的"新人"并通过它重新回到人与人的时候，无法回避的是人类整体提升和人类不断堕落这样一个不断循环、彼此矛盾的参照系统。我没有办法绕开人性的深渊，它深不可测，在20世纪展示得够清晰了，21世纪还在继续展示。

吴子枫：新人的问题，还涉及新的反抗政治或新的政治空间。今天的技术发展，使得我们这样的实践不大可能在一个民族国家内部来构想。目前，人工智能和互联网的发展越发召唤人们，必须要有一个康德所谓的永久和平。这个永久和平要求人类有一个普遍意志，它不可能局限在一个民族国家的内部。

罗岗："新人"是资本全球化所创造的，有理论家称之为"诸众"。"诸众"的内涵很有弹性，既包括所谓"高科技无产阶级"，也涵盖如"失地农民"、非法移民等"弃民"，而如何释放"诸众"的政治能量，也涉及大家讨论较多的社会基本收入和全球薪资权等问题，甚至直接与大同世界也即共产主义的构想有关。

王洪喆：我很质疑"诸众"论述的政治经济学基础。这一构想的自治（自动）主义与20世纪的革命政治有很大区别，新的路线搁置了先锋党和文化政治，质疑文化领域斗争的必要性，把20世纪阶级分析的方法、斗争策略、组织原则、属于工业时代的解放诉求当作陈旧、笨重的观念敬而远之，认为新的技术和普遍智力协作的释放，加上社会财富的极大丰富，大同世界就会自动到来，这是我比较怀疑的。

社会财富是否会在近未来极大丰富，这个问题也需要考量。比如像里夫金"零边际成本社会"的说法，建立在新能源取之不尽、用之不竭的基础上。短期来看，达到零边际成本的仅仅是精神产品，如电影拷贝可以被无限复制，但精神产品也需要物质技术进行制作和播放，比如手机，即使VR普及了，也需要大量自然资源生产VR设备。对于物质产品而言，能源和环境承载力的限制，使得其难以实现零边际成本。比如坐一次飞机，技术再先进，消耗的能源都是巨大的。马克思早就提示，资本通过投资技术升级来生产相对剩余人口，同时也要制造出相对贫困。那么，相对贫困的持续再生产面对资源的绝对有限性，如何让那些已经占有财富的人，把他的财富吐出来，实现足以支持人自由发展的全民基本工资呢？我觉得在比较近的未来，如果缺少整体性的政治化进程，这样的前景是很难想象的。

利求同：新型人机关系还会引发一个不可忽视的问题，即市场中信息极度不对称的固化。主流西方经济学把供求双方信息掌握的不对称现象，看成是随机发生的，谁强谁弱，因人因事因地因时而异。这种信息不对称的随机性，为供求博弈的效用跟合理性，以及自由竞争等一系列经济学基本假设提供了理论支持，是市场经济的一块基石。可是，人工智能依托大数据，给人们生活带来便利和舒适的代价，却是不可避免地扼杀了信息不对称的随机性。智能时代，因为高端技术对人力、物力和政治力量的依赖，信息优势自然集中到了政府和商业巨鳄等强势集团手里，公众和弱势群体就成了透明体，毫无议价能力的数据提供方。一个固化了的信息不对称的经济体里，是没有公平可言的，任何市场竞争都不可能有序而维持法治。事实上，信息优势如果形成了垄断，信息不对称的随机性便无从谈起，市场经济的意识形态基础也就被掏空了。所以，有大局观和长期战略的企业家如马云，也意识到了人工智能的历史作用不是别的，正是做市场经济的掘墓人（参见拙文《大数据智能时代，医改何处去?》）。

罗岗：这就是比尔·盖茨说的"无摩擦资本主义"。本来资本主义会有损耗，但大资本现在掌握了大数据，让它变得无损耗了。

王东宾：信息不对称确实会使消费者变得更加弱势，因为他们对平台后台信息的了解几乎为零，而消费者对于平台来说相当于透明人。这种情形下就不存在竞争的问题，市场就完全失效了，平台可以点对点定价，根据掌握的充足信息给不同人定不同的价格，消费者剩余完全由平台方获取，这就是平台经济信息不对称导致不平等的潜在威胁。然而，悲观中也有乐观，当前的这种信息极度不对称，其不平等程度远远超越19世纪，所以有可能迸发出新的革命动力，比如"点"共产主义或数字共产主义的诞生。博士阶段我曾经从游击队、群众路线的角度，来研究"开源"的发展史。"开源"的操作系统比微软的操作系统晚10年左右。当时，微软等大型厂商试图垄断技术市场，一部分工程师或专家想突破它的垄断，寻求新的产业制度安排，所以"开源"模式诞生。"开源"正是在发展态势严重不平衡、一方形成绝对优势的情况下迸发出的革命性萌芽。"开源"作为一种机制或新的产业安排，经过近20年的发展，到2010年前后呈现出超越"闭源"操作系统、获致技术优势的趋势。例如目前绝大多数超级计算及操作系统全部是用"开源"的系统，互联网巨头——如亚马逊、谷歌等——它们的操作系统、技术系统也都是"开源"的。在这种斗争中，劣势方突破的方式就是寻求"开源"开放，通过新的产权和制度安排，去寻求弱者联合起来的动力源。它恰恰是在不平等加剧、一方存在绝对优势的态势中，所迸发出来的新的数字革命或"点"共产主义革命。

赵柔柔：我对有一些讨论还没有完全把握住，想作为问题提出来。信息不对称其实形成了一种绝对的不对称性，但这也许反而带来了相对美好的前景，可以在极度不对称的情况下迎来彻底的变革。比如王东宾以"开源"为例，指出新人在新的动力机制下出现是可能的。但我的困惑在于，这种新人在这种信息极度不对称的状况下怎么进行动员？他们怎样才能政治觉醒进入新的组织形式？怎样才能够使依托新的组织形式的政治成为可能？他们如果能够反抗，那反抗的动力和起点可能是什么？我能想象的就是回到旧的人道主义，就是保护隐私，觉得我们的隐私受侵犯了，所以要对抗。但就我周围的人来讲，他们并没有觉得自己的隐私被侵犯对他们来说是种伤害，他们觉得无所谓，用我的隐私好了，没有什么问题这种情况下怎么办？

王东宾："开源"作为一种机制，实际上失败率比较高，大量的"开源"项目还没有成长起来就已经死掉了，因为人与人之间的合作、信任是很难的问题，比如有人会将"开源"项目据为己有，不再公开。但"开源"至少保证了一点，作为一种可能机制，它向全世界公开，任何个体或组织能够通过它去实现自身价值。而这个代码在网络世界开源之后，日积月累将形成一种生态系统，能为几十万人、几百万人的小国家提供独特的系统，形成多样性的、有价值的东西。所以说，开源作为一种现象——而非一种组织——很难被消灭，即使被"收编"了很多，但它还能茁壮成长，或者说"星星之火，可以燎原"。

90年代前后，"开源"还处于游击队状态，然而到了2010年，它已经"从西柏坡走出来要进北京了"，成为正规军了。这时候，它的力量已经强大到可以与微软抗衡，而且自身也受到资本很大的诱惑，但它还可以坚持基本路线。为什么呢？因为它用产权把自己捆住，正如尤利西斯，"开源"用产权逻辑逆转了产权逻辑，可以抵制住"海妖"的诱惑，使得"开源"代码很难再回到私有产权的封闭状态。这是开放的产权逻辑，当然它的伦理逻辑、理念逻辑依然存在，需要不断地回顾与诠释。这就是为什么时至今日，我们要依然回顾90年代"开源"刚刚诞生时的哲学和理念，乃至进一步把这个哲学和理念一直追溯到50年代计算机刚刚诞生时，那一批科学先哲们倡导的开放、共享、合作的理念。这种哲学与理念上的资源，一直存在于"开源"应用里面。需要注意的是，人工智能也产生于同一时代。这个视角也可以回应，为什么1993、1994年讨论人文精神，过了20年之后我们还要深刻讨论新人文精神。人类不可能一劳永逸，需要不断革命，才能不断超越自身的局限性。

王行坤：其实资本想不断逃离劳动来摆脱对劳动进行管理的任务，以便轻松获取剩余价值，所以资本家更愿意当金融资本家，而不是产业资本家。金融资本可以说，是资本逃脱劳动或者对抗劳动的一种形态，而智能的机器体系则可以说是资本真正摆脱劳动的一个潜在因素。所以只要成本允许，资本家更有意愿去发展更为智能的机器体系。我们可以想象一下，如果真的实现完全的智能化、自动化，不需要人类任何的劳动就可以创造出财富来，马克思所说的劳动价值论还有效吗？到底是什么在创造价值呢？当然，在当前情况下还不太可能，还是需要劳动。但人的劳动所创造的价值，和整个智能机器体系所创造的财富相比，越来越显得微不足道，这样造成的结果是什么？是大多数人被排斥出生产体系，越来越成为多余的。在《政治经济学批评大纲》中，马克思看到未来财富的尺度是所有个人的发达的生产力，而不再是直接劳动或劳动时间，从而看到了共产主义的可能。所谓个人发达的生产力，即是个人在各方面的发展，成为"社会个体"。这的确可以更新我们对"人"的理解。但问题是，那些多余的人如何成为"社会个体"？那些留在智能机器体系以及服务业的人，一方面的确像意大利自主论者所说的发展了自身的"一般智能"，但另一方面，他们被资本所吸纳的不光是体力劳动和脑力劳动，同时还有情感和精神，也就是说今天存在的不光有劳动异化，同时也有情感异化。资本增殖所吸纳的要素越来越多，或者说资本增殖的手段越来越多。在这样的情况下，劳动者怎样组织起来去面对资本，怎样谈个人的解放？这是一个大问题。

王洪喆： 这恰恰是劳动价值论需要被重新认识的方面。之前的马克思主义分析方法忽视了技术路线斗争本身是劳动价值分析的一部分。资本吸纳和剥削劳动者，劳动者要反抗，所以自动机器体系的路线是要不断把活劳动排除出去。但马克思提示我们，其实工人和机器一样，是"现代的产物"，是资本主义同时创造了"新人"和"新机器"。资本主义为了应对工人的反抗，宁愿通过自动化再把自己制造出来的工人排斥出去，这就造成了生产力的巨大浪费。因此在一种非剥削的经济体或共同体中，其实更有效率的技术路线反而是人机结合的，不是排斥人的技能，而是通过机器把人的能力进一步激发出来的路线，用诺伯特·维纳的话说"像人一样去使用人（human use of human being）"。

诺伯特·维纳： 所以今天要破除一个谜思，认为人类的技术进步在各个方面很均衡。其实不是这样，恰恰是因为选择了一条把劳动者排除出去的路线，所以人工智能、机器学习和大数据获得大量投入。然而维纳早在50

年代就设想的控制论最能让人类社会受益的领域，即不同通信系统之间的沟通，在机器系统和生物系统之间的接口技术，并未获得大的进展。维纳曾经致力于研发让工伤工人恢复劳动能力的"波士顿手臂"，还有将触觉信号转换成听觉信号，让聋哑人重新获得语言能力的"听力手套"，这些项目因没有更多的资源投入纷纷搁浅。钱学森也曾经提出，通过技术增强人的能力和共产主义设想是相通的，不就是人的全面发展嘛。

吴子枫：我很赞同洪喆的观点，我们人文学者讨论人工智能，不能从纯技术的角度，而更应该从技术路线斗争的角度来展开。在讨论人工智能和技术问题时，应该同时反对两种倾向：一方面要反对唯科学技术论、唯生产力决定论，这种工业党的观点相信，技术的发展可以自动地带来一个好世界；另一方面要反对对科学技术的浪漫主义批判，这种浪漫化的人文主义观点把科学技术的进步本身当作是社会危机的源头。相反，我们需要在欢迎和支持科学技术发展的同时，强调生产关系对生产力的优先性，这就包括强调技术路线对技术本身的优生性。

戴锦华：目前，社会上占据主导的是最廉价、最古老的发展主义信念。大家坚信技术问题由技术解决，发展问题由发展解决。在这种情形下我们会冒进，会把所有新技术提供的可能性，在未经任何准备和考量下去采用。对于我来说，不是技术本身提供的可能性，而是它可能带给我们的问题，我们是真的完全不经抵抗，不做准备，没有任何质疑的。这种面对所有的临界突破时的无知、勇敢、愚蠢的状态，刚好是整个20世纪历史的成就或者遗产的负面应用。所以现在特别危险，别说快车道超车，我们继续驾驶会出什么事都不知道。

《读书》2017年第11期

声　明

　　本套《北岳年选系列丛书》，收录了本年度众多优秀文学作品及文化时评类文章。在编选过程中，我们及各选本主编已尽力与大多数作者取得了联系，但仍有部分作者因故未能取得联系。见此声明，烦请来电，以便奉送薄酬及样书。

　　联系人：王朝军

　　电　话：0351—5628691